|红色经典丛书|

毛泽东诗词

季世昌 徐四海 等 编著

江苏凤凰文艺出版社
JIANGSU PHOENIX LITERATURE AND
ART PUBLISHING, LTD

图书在版编目（CIP）数据

毛泽东诗词 / 季世昌等编著. — 南京：江苏凤凰文艺出版社，2017.1（2025.3重印）
（红色经典丛书）
ISBN 978-7-5399-9726-1

Ⅰ.①毛… Ⅱ.①季… Ⅲ.①毛主席诗词 Ⅳ.①A44

中国版本图书馆CIP数据核字(2017)第004959号

毛泽东诗词

季世昌　徐四海　等 编著

出 版 人	张在健
总 策 划	汪修荣
责任编辑	孙金荣
封面设计	马海云
责任印制	刘 巍
出版发行	江苏凤凰文艺出版社
	南京市中央路165号，邮编：210009
网　　址	http://www.jswenyi.com
印　　刷	南京新洲印刷有限公司
开　　本	880毫米×1230毫米　1/32
印　　张	9.125
字　　数	195千字
版　　次	2017年1月第1版
印　　次	2025年3月第25次印刷
书　　号	ISBN 978-7-5399-9726-1
定　　价	35.00元

江苏凤凰文艺版图书凡印刷、装订错误，可向出版社调换，联系电话 025-83280257

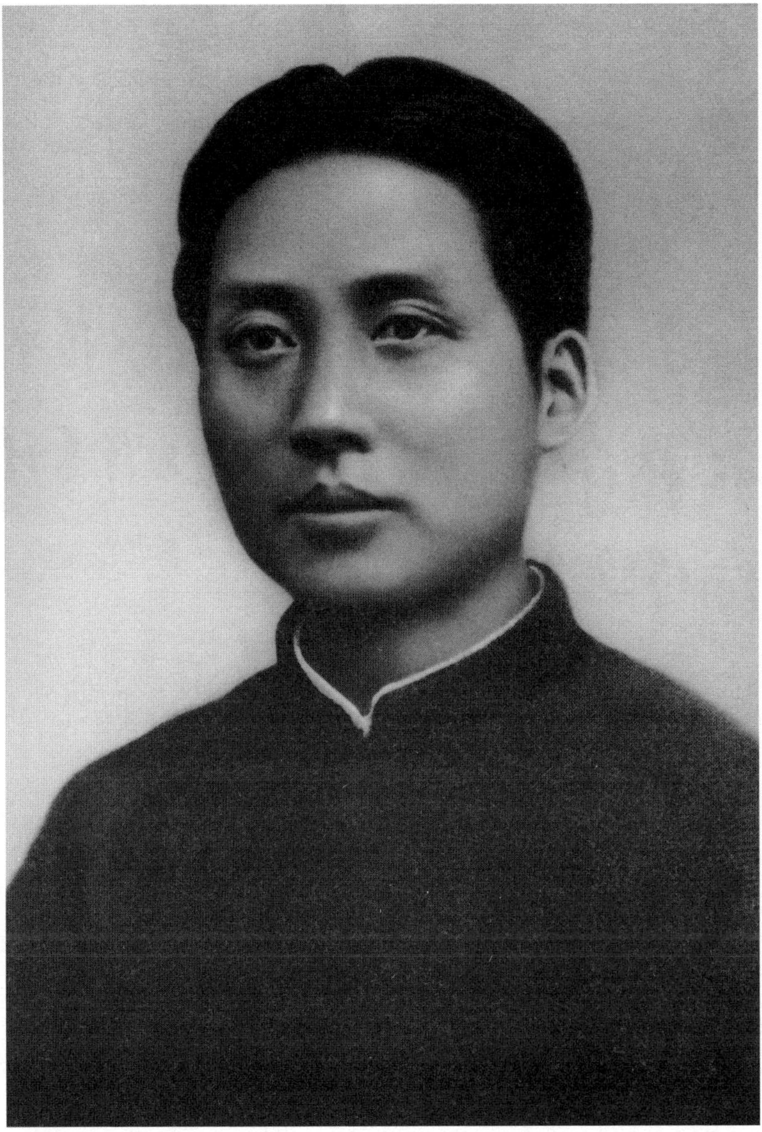

宣传普及毛泽东诗词,弘扬中华民族精神和时代精神,走毛泽东诗词的创作道路。

逄先知题

(逄先知 中国毛泽东诗词研究会名誉会长)

目录

前言 ··· 001

第一章 概论篇 ·· 001
一、毛泽东诗词的思想内容 ······················· 002
二、毛泽东诗词的艺术成就 ······················· 005

第二章 言志述怀篇 ·· 011
一、忧国忧时 ··· 012
  沁园春　长　沙 ································· 013
  菩萨蛮　黄鹤楼 ································· 027
二、壮心未已 ··· 036
  水调歌头　重上井冈山 ····················· 036
三、人生哲理 ··· 044
  采桑子　重　阳 ································· 044
  清平乐　会　昌 ································· 049
四、托物寄意 ··· 055
  念奴娇　昆　仑 ································· 055
  沁园春　雪 ·· 063
  卜算子　咏　梅 ································· 073

| 第三章 | 战争史诗篇 ┈┈┈┈┈┈┈┈┈┈┈┈┈┈┈ 083
一、土地革命战争的历史写照 ┈┈┈┈┈┈┈┈ 084
　　西江月　井冈山 ┈┈┈┈┈┈┈┈┈┈┈ 085
　　菩萨蛮　大柏地 ┈┈┈┈┈┈┈┈┈┈┈ 094
二、二万五千里长征的壮丽史诗 ┈┈┈┈┈┈┈ 099
　　忆秦娥　娄山关 ┈┈┈┈┈┈┈┈┈┈┈ 100
　　七　律　长　征 ┈┈┈┈┈┈┈┈┈┈┈ 108
　　清平乐　六盘山 ┈┈┈┈┈┈┈┈┈┈┈ 117
三、解放战争的凯歌 ┈┈┈┈┈┈┈┈┈┈┈┈ 124
　　七　律　人民解放军占领南京 ┈┈┈┈┈ 124

| 第四章 | 爱情友谊篇 ┈┈┈┈┈┈┈┈┈┈┈┈┈┈┈ 133
一、刻骨铭心的爱情 ┈┈┈┈┈┈┈┈┈┈┈┈ 134
　　蝶恋花　答李淑一 ┈┈┈┈┈┈┈┈┈┈ 134
二、诚挚坦荡的友情 ┈┈┈┈┈┈┈┈┈┈┈┈ 145
　　六言诗　给彭德怀同志 ┈┈┈┈┈┈┈┈ 145
　　临江仙　给丁玲同志 ┈┈┈┈┈┈┈┈┈ 149
　　七　律　和柳亚子先生 ┈┈┈┈┈┈┈┈ 154
三、亲切浓郁的乡情 ┈┈┈┈┈┈┈┈┈┈┈┈ 164
　　七　律　答友人 ┈┈┈┈┈┈┈┈┈┈┈ 164

| 第五章 | 祖国颂歌篇 ┈┈┈┈┈┈┈┈┈┈┈┈┈┈┈ 173
一、社会主义革命和建设颂 ┈┈┈┈┈┈┈┈┈ 174
　　浣溪沙　和柳亚子先生（长夜难明赤县天）
　　┈┈┈┈┈┈┈┈┈┈┈┈┈┈┈┈┈┈┈ 175
　　浪淘沙　北戴河 ┈┈┈┈┈┈┈┈┈┈┈ 182
　　水调歌头　游　泳 ┈┈┈┈┈┈┈┈┈┈ 188

　　　　七律二首　送瘟神 …………………… 196
　　二、英模人物和时代风尚赞 …………………… 207
　　　　七　绝　为女民兵题照 …………………… 208

| 第六章 | 山水游览篇 …………………… 215
　　七　律　登庐山 …………………… 216
　　七　绝　为李进同志题所摄庐山仙人洞照
　　　　　　　　　　　　　…………………… 223

| 第七章 | 读史咏史篇 …………………… 229
　　贺新郎　读　史 …………………… 230

| 第八章 | 国际风云篇 …………………… 241
　　满江红　和郭沫若同志 …………………… 242

| 附录 |

　一、毛泽东诗论撷英 …………………… 256
　二、旧体诗词知识简介 …………………… 261
　三、毛泽东诗词书法艺术的特色
　　　　　　　　　　　　…………………… 272
　四、主要参考文献 …………………… 273

003

前言

打开这个散发着墨香的读本,您一定要问为什么要学习毛泽东诗词?这正是我们想回答您的问题。

在刚刚过去的20世纪,孙中山、毛泽东、邓小平是举世公认的三位伟人,其中毛泽东又是唯一可称得上政治家诗人、诗人政治家的伟大人物。外国友人称之为"一个诗人赢得了一个新中国"。还有人说,有华人的地方就有毛泽东诗词。要了解中国就要了解毛泽东,要了解毛泽东就不能不读他的诗词。在中国历代诗人中,除了屈原、李白、杜甫外,就要数毛泽东知名度最高了。不仅在中国家喻户晓,而且在世界诗坛上也有崇高的地位,许多外国政要在讲话中都乐意引用毛泽东诗词。

毛泽东诗词到底有什么重要价值?当代诗坛泰斗、歌剧《白毛女》的作者贺敬之是这样阐释的:

第一,毛泽东诗词是毛泽东思想的重要组成部分和艺术结晶。毛泽东博大精深的思想,包括精辟的革命理论、崇高的社会理想、深邃的人生哲理等等,都在他创作的诗词中得到了生动的艺术表现。阅读和研究毛泽东诗词,可以使我们收到潜移默化的革命的诗教,即受到毛泽东思想的教育和启迪。

第二,毛泽东诗词是中国革命和建设的伟大史诗。它谱写了中国革命和建设的历史进程,勾画了各个历史时期的重大历史事件,咏唱了英雄时代的英雄业绩,跳动着时代的脉搏,闪耀着历史的光辉,是我国人民推翻旧中国的战歌,建设新中国的颂歌。阅读和研究毛泽东诗词,可以丰富我们的历史知识,唤起我们的民族自豪感,激发我们的爱国热情。

第三,毛泽东诗词蕴含着巨大的精神力量。它展现了崇高的革命精神,豪迈的民族气魄,优美的人格魅力,显示出崇高美的艺术境地。阅读和研究毛泽东诗词,可以使我们提升精神境界,磨砺斗争意志,陶冶革命情操,提高心理素质,从而给我们以奋发向上的精神力量。

第四,毛泽东诗词具有丰富的美学内涵。它寄寓了毛泽东的美学思想,体现了毛泽东的美学个性。它营造的美的园地是绚烂多彩的,它的美学特征是多种多样的,如史诗美、情操美、形象美、意境美、哲理美、悲壮美、嘲讽美、色调美、声韵美等。阅读和研究毛泽东诗词,可以欣赏它的雄奇瑰丽的艺术风格,给我们以高尚的审美享受,培育我们健康的诗美情趣。

第五,毛泽东诗词为当代诗词的革新提供了范例。它是我国当代诗歌的精品,是中华诗词的瑰宝,为旧体诗词在当代诗坛赢得了一席地位,并对新诗的创作产生了不可磨灭的影响。阅读和研究毛泽东诗词,可以继续激励旧体诗词的创作,而且将给新格律诗的创造和新诗的创新注入新的生命力,从而使我国诗坛出现以新诗为主体、新旧体诗歌各放异彩的局面。

仅从以上简述数端就可看出,毛泽东诗词是我们最宝贵的精神财富,它对社会主义精神文明建设有着极其重要的意义和不可估量的作用。

著名的毛泽东研究专家、曾在毛泽东身边工作过的逄先知也多次指出:毛泽东诗词今天仍然是我们最宝贵的精神财富,它对建设社会主义精神文明和构造社会主义和谐社会,都是不可缺少的重要教材。要求我们:下功夫做好宣传和普及工作,使毛泽东诗词走进工厂、农村、校园,走进青少年的心田。

中国共产党的著名理论家胡乔木曾预言,毛泽东诗词可能比他的其他著作要流传得更远、更久。这句话揭示了文学作品的巨大魅力和艺术特点。文学作品是通过艺术形象来认识世界,改造世界的。毛泽东诗词反映了当代社会广阔的现实生活,表现了现代人的情感和意识,使用了鲜活的现代语言和古代有生命力的语言,采用了传统的格律诗词形式,赢得了广大人民群众的喜爱和传诵,具有永久的艺术魅力。

毛泽东诗词自结集出版以来,就成为一门"显学"。毛泽东诗词研究著作可谓汗牛充栋,但是适合学生和青年读者学习的读本却是凤毛麟角。笔者有感于此,编撰了这个读本。全书体例如下:(一)精选毛泽东诗词中有代表性的作品29首,按照诗词题材和主题分章讲解。(二)详细列举毛泽东本人的自注自解,为读者提供第一手研究资料。(三)注释详细而赏析简要,既便于读者自学又给读者留下广阔的思考空间。(四)对所选诗词均作了散译,方便读者阅读和理解毛泽东诗词。(五)设立拓展阅读栏目,包括时代背景、诗词本事、诗词佳话、诗词链接、跟毛泽东学习写作诗词、书法欣赏、毛泽东诗词歌曲等,意在扩大读者视野,提高阅读和学习写作格律诗词的兴趣。(六)书末编有附录,包括毛泽东论诗和诗词创作、旧体诗词知识简介、毛泽东诗词书法艺术的特色、主要参考文献,为读者深入学习和研究毛泽东诗词提供参考。

这本书可作为校园诗教的教材和教师诗词教学的辅导用书,也可以作为学习写作格律诗词的入门书。中小学生可以选读若干篇毛泽东诗词的优秀代表作;学校诗社的成员和其他诗词爱好者可以进一步学习拓展阅读的内容,特别是有关写作格律诗词的知识。教师指导学生阅读和辅导学生学习诗词写作,则可阅读全部内容,并融会贯通。

著名语言学家王力教授在其《诗词格律》"引言"中说:"我们学习毛主席的诗词,自然要学习其思想内容和精神实质。但是,我们可以通过形式去了解内容:诗词既然是有一定格律的,我们在学习毛主席的诗词的时候,如果能够知道关于诗词格律的一些基本知识,那就更能欣赏其中的艺术的美,更能体会政治内容和艺术形式的统一性了。"一些学者曾经讲到过他们自己的亲身经历和经验之谈,他们之所以热爱格律诗词以及学会写作格律诗词,就是因为读了毛泽东诗词,以及看了王力教授这本大量以毛泽东诗词为例的《诗词格律》,引导他们走上了从事古典诗词研究和写作之路。这对我们今天的青少年读者,也不失为通向学习和写作格律诗词的大门和捷径。当然要真正学会写作格律诗词,我们还要读一些其他的书,读更多的古典文学作品,进一步钻研诗词格律,掌握我国古典诗词所积累的丰富的艺术经验和技巧,进而登堂入室,得其三昧。

本书在编写过程中,得到了中国毛泽东诗词研究会、江苏省毛泽东诗词研究会领导的高度重视和大力支持。中国毛泽东诗词研究会名誉会长逄先知先生为本书题词,在此一并表示诚挚的谢意!

这本书我们虽竭尽努力,想把它编成一本真正切合青少年和诗教需要的书,但是能否达到预期的目标,还请广大读者检验和批评指正。

第一章 绪论

一、毛泽东诗词的思想内容

毛泽东从1915年至1966年52年间所创作的诗词现存近百首。毛泽东诗词题材丰富，内容博大精深。毛泽东诗词的创作分期和思想内容概述如下：

（一）早年和大革命时期

这一时期是毛泽东从读书到开始从事革命活动的时期，也是毛泽东诗词创作的学习期和成长期。到本期后半期，毛泽东的诗词创作已达到了较高的水平，并初步形成了雄奇瑰丽的风格。这一时期的作品有抒发恋人和夫妻亲情的《枕上》、《别友》；有悼念挚友、送别同志的《挽易昌陶》、《送纵宇一郎东行》；也有表现远大理想和抱负以及革命豪情壮志的《长沙》。值得注意的是，这时期产生了标志毛泽东诗词创作走向成熟的代表作《别友》和《长沙》，以及毛泽东诗词中少有的两首爱情诗，即以继承传统婉约风格为主的《枕上》和兼具婉约、豪放两种风格的《别友》。

（二）大革命失败以后至土地革命战争时期

这一时期是中国革命最困难的时期，也是中国革命找到了一条开展武装斗争，建立革命根据地，走农村包围城市道路的时期。这一时期是毛泽东诗词创作的发展期，也是毛泽东诗词创作的第一个高潮期。这一时期的作品大多是短小的词，主要内容是表现革命斗争和革命战争，初步显示出毛泽东诗词作为中国革命史诗的性质。其中有反映党内右倾机会主义者葬送了大革命的前途，为革命前途担忧而充满苍凉心情的《黄鹤楼》；有反映创建中国工农红军、中国第一个革命根据地，开展武装斗争扩大革命根据地的《秋收起义》、《西江月·井冈山》、《蒋桂战争》、《重阳》、《元旦》、《广昌路上》、《从汀州向长沙》；有反映粉碎蒋介石对中央革命根据地"围剿"的《反第一次大"围剿"》、《反第二次大"围剿"》；有反映革命的人生观、战争观，不怕任何艰难困苦，始终保持革命乐观主义精神的《大柏地》、《会昌》。

（三）长征和到达延安初期

长征是中国革命史上的奇迹，是世界军事史上的伟大壮举。这一时期是毛泽东诗词创作的第二个高潮期。这一时期的作品，主要反映了中国工农红军二万五千里长征历尽千难万险，终于从挫折走向胜利的历史进程。有反映坚定的革命信念和崇高的共产主义理想的《十六字令三首》、《娄山关》、《长征》、《昆仑》、《六盘山》等英雄史诗；有反映党中央和红军到达陕北后打胜了第一仗的《给彭德怀同志》；有反映对投身革命的知识分子欢迎和礼赞的《给丁玲同志》；还有讴歌祖国壮丽河山，纵论古今人物的《沁园春·雪》。其中《长征》和《雪》分别被人们称为毛泽东诗词创作中诗的极品和词的极品。

（四）抗日战争和解放战争时期

这一时期是毛泽东诗词创作的沉寂期。这一时期诗词作品虽少,却题材重大,意义深远。有悼念国民党抗日爱国将领,体现中国共产党民族统一战线思想的《挽戴安澜将军》;有真实地反映转战陕北艰苦战斗历程的《张冠道中》和歌颂解放区军民转入大反攻的《喜闻捷报》;更有标志着蒋家王朝被彻底推翻、人民解放战争取得辉煌胜利的丰碑式的史诗《人民解放军占领南京》。

(五) 社会主义革命和建设时期

这一时期是毛泽东诗词创作新的发展期,也是毛泽东诗词创作的第三个高潮期。这一时期的作品,有反映全国各族人民大团结盛况、宣扬爱国主义精神,以及对老友诚挚的劝慰和开导的两首《和柳亚子先生》诗和词;有反映社会主义建设取得巨大成就的《北戴河》、《游泳》、《送瘟神》二首、《登庐山》;有缅怀革命先烈和亲人杨开慧的《答李淑一》;有反映人民领袖诚挚深厚的乡情、亲情和友情的《到韶山》、《和周世钊同志》;有反映工作之余旅游休憩的"闲适诗"《看山》《莫干山》、《五云山》和《观潮》;有表现中国人民和中国共产党不屈不挠,奋发图强,高举马列主义大旗,反对帝国主义和霸权主义,对胜利充满信心的《为李进同志题所摄庐山仙人洞照》、《咏梅》、《冬云》、两首《和郭沫若同志》的诗和词以及《鸟儿问答》;也有反映社会主义建设继续取得新成就的《答友人》,讴歌妇女在建设祖国、保卫祖国中发挥重要作用的《为女民兵题照》;还有痛悼亲密战友的《吊罗荣桓同志》;有重游革命故地,抚今追昔的《重上井冈山》、《念奴娇·井冈山》,还有表现诗人运用历史唯物主义观点审视历史的咏史之作《读史》。其中《有所思》对当时国内阶级斗争形势的错误估计,其内容当然是应当否定的,但却有助于人们认识毛泽东晚年沉郁悲凉的心境和在"左"的思想指导下发动"文化大革命"的历史悲剧。

以上按时间顺序大致叙述了毛泽东诗词各个时期的思想内容，如果按题材和主题归类也可分为七个方面：(一) **言志述怀**。包括忧国忧时，壮心不已，人生哲理，托物寄意。(二) **战争史诗**。包括土地革命，二万五千里长征，抗日战争和解放战争。(三) **吟咏爱情友情乡情**。包括妻子、儿女、同窗好友、战友烈士、乡人亲朋。(四) **社会主义革命和建设颂**。包括建设成就，英模和先进人物精神风貌。(五) **寄情山水**。包括登山，观潮，题照。(六) **读史咏史**。(七) **政治斗争**。包括"反帝"、"反霸"和"文化大革命"。

本书根据这七个题材和主题精选了29首毛泽东诗词代表作，在每一部分导语中均作了简要分析，这里不再重复。同时，要强调一点，毛泽东诗词贯穿了马克思主义的红线，反映了中国共产党人的世界观、人生观和价值观，表现了中华民族精神和时代精神，当然也有失误和不足。每一首诗词的思想内容也不是单一的，其中不少是相通的，兼而有之的，我们只是从不同角度，不同侧重点作了大致的分类罢了。

二、毛泽东诗词的艺术成就

在艺术上，毛泽东诗词取得了极高的成就，是继承和发展我国优秀传统文化的杰出典范。主要表现在以下几个方面：

(一) 赋予古典格律诗词形式以崭新的内容

毛泽东诗词在题材、主题、构思、语言等方面，都富有鲜明的时代色彩和诗人独特的个性。

以毛泽东诗词中最具特色的史诗为例。第一,它典型地表现了决定现代中国命运的重大事件。毛泽东诗词完整地反映了从新民主主义革命到社会主义建设初期各个阶段的历史进程,艺术地表现了推动中国不断进步的时代主流,反映了社会生活的本质。第二,鲜明地表现了20世纪的时代精神。毛泽东诗词反映了中国无产阶级登上历史舞台的先进思想和历史意识以及反抗旧世界和创造新世界的革命精神,表现了一往无前的革命英雄主义、不畏艰难险阻的革命乐观主义和高瞻远瞩的革命理想主义,集中反映了现代中国人民的意志和情感。第三,体现了史诗般崇高壮美的艺术风格。毛泽东诗词表现重大的历史事件和高昂的时代精神,气魄雄伟,境界壮阔,形象瑰丽,想象奇特。

毛泽东诗词超越前人的思想和艺术的成就主要表现在:其一,完整地反映了一个时代的转变。以往许多史诗大多是反映一个重大历史事件、一场战争或是一个民族兴衰的某些人物或侧影,而毛泽东诗词则完整地反映了有几亿人口的大国的革命和历史,这在诗歌史上是罕见的。其二,毛泽东诗词写的是历史上全新的革命创举。以往历史上政权的更迭,都是剥削阶级之间的内部斗争或一种剥削制度代替另一种剥削制度,而毛泽东诗词反映的却是中国人民推翻一切剥削制度的革命。其三,诗词的作者本人就是现代中国革命的伟大领袖和统帅,毛泽东同志始终处于革命的旋涡和居于革命的中心地位,推动历史的发展,并且取得了斗争的胜利。他集诗人、政治家和革命领袖于一身,既创造了历史,又创造了史诗,这在中外史诗艺术上是绝无仅有的。

再以其他一些诗词为例。咏梅,古往今来不知多少诗人写过歌咏梅花的诗词,但毛泽东却一反过去那种孤傲清高、寂寞感伤的形象,塑造出一种俏丽挺拔、豁达乐观的崭新形象,成为新时代集体英雄主义的象征。又如咏雪,古来写雪的诗词并不少见,但写得好的却寥若晨星,更没有一首像毛泽东的《雪》这样雄视古今、妩媚壮丽。再如写山的诗也不计其数,可是从来没有像毛泽东的《登庐山》、《五云山》这样与革命建设、与祖国面貌的变化联系在一起,而且写得这样意蕴深刻,形象生动。

(二) 遵守格律,而又不为格律所羁绊

在古代诗人中,虽也有人在个别地方突破格律的,但毛泽东在这点上尤其明显,而且这是他改革、发展格律诗词的指导思想在文艺创作中的自觉实践。毛泽东诗词中,在平仄方面,有不以词害意而不拘平仄的,如"七百里驱十五日";也有以引用民谣或成句而不拘平仄的,如"离天三尺三"、"子在川上曰",有以人名、地名、物名或数据而不拘平仄的,如"成吉思汗"、"橘子洲头"、"桂花酒"、"坐地日行八万里"等。

在押韵方面,有以方言语音押韵的,如《西江月·井冈山》词,按韵书,"闻"、"遁"、"重"、"动"、"隆"、"城",本属三个不同的韵部,这里按湖南方音押韵;也有的不以词害意而不按韵书押韵的,如《答李淑一》词,按词牌要求,上下阕各四仄韵,全词共八个韵脚,而"舞"、"虎"、"雨"三个韵脚与前面的"袖"、"酒"、"有"、"九"、"柳"五个韵脚不同韵,毛泽东自注说:"上下两韵,不可改,只得仍之。"更有不少的诗词突破了原来不可通押的规定,而采用了邻韵通押或今韵通押。这些韵脚读起来,同样琅琅上口,音韵和谐。

(三) 独特的艺术风格

毛泽东是一位在诗词创作领域具有独特个性和风格的作家。

毛泽东诗词的艺术风格,表现在以下几个方面:

1. 壮美与优美的结合。毛泽东诗词的主导方面是崇高、雄浑、豪放,诗词中所塑造的形象突出了时间的悠久、空间的广阔、内在的力度和思想的深邃,同时亦有俊逸清新、轻松快适的一面。例如,"北国风光,千里冰封,万里雪飘",是何等的壮观,气魄宏伟!"看红装素裹,分外妖娆",又是多么秀丽,鲜艳夺目!"长夜难眠赤县天,百年魔怪舞翩跹",是多么的深沉,富有历史的纵深感!"一唱雄鸡天下白,万方乐奏有于阗",又是多么的欢快,激动人心!甚至以气势磅礴著称的《长征》,也因"更喜岷山千里雪,三军过后尽开颜"这样的诗句,使雄奇壮烈与清新俊逸完美地结合了起来。

2. 现实与浪漫的结合。毛泽东诗词是中国革命的宏伟史诗,真实、形象、生动地再现了中国革命的历程,对不少重大事件都留下了极为珍贵的艺术记录。在这些史诗式的作品中,毛泽东善于把现实主义与浪漫主义两种创作方法巧妙地结合起来,或采用神话,如《答李淑一》中的吴刚、嫦娥、月宫、桂树;或采用传说,如《反第一次大"围剿"》中的共工和不周山;或采用民间故事,如《送瘟神》中的牛郎;或忽发奇想,如《昆仑》中,诗人欲拔倚天之剑,愿"环球同此凉热";或抒发内心激越的情感,如《人民解放军占领南京》中,诗人情不自禁地高唱"天若有情天亦老,人间正道是沧桑"!

3. 叙事、写景、抒情与哲理的结合。毛泽东不仅是杰出的诗人,而且是伟大的哲学家、思想家。毛泽东诗词充满了辩证法,例如"高天滚滚寒流急,大地微微暖气吹";"红旗卷起农奴戟,黑手高悬霸主鞭";"梅花欢喜漫天雪,冻死苍蝇未足奇"等,不一而足。我国古代文艺理论的传统,一向重视诗的教化作用,毛泽东也讲过诗"可以兴观群怨嘛!"毛泽东诗词中的"世上无难事,只要肯登攀","多少事,从来急","一万年太久,只争朝夕",至今仍是鼓舞人们奋发向上,克服前进道路上的困难,夺取胜利的强大精神力量。

4. 精雕细刻与粗犷质朴的结合。毛泽东诗词,大部分是精雕细刻的作品,作品的风格既豪放又细腻,字字句句,千锤百炼,且多用比兴,十分注意运用形象思维,然而也有不少是直陈其事,直抒胸臆的,如"七百里驱十五日","前头捉了张辉瓒"等。《八连颂》更如行云流水,一泻无遗,全篇用明白如话的现代口语,毫无雕章琢句、晦涩难懂之嫌。

5. 庄严与诙谐的结合。毛泽东诗词的主题大多是重大的、严肃的,然而却不乏以诙谐幽默的语言出之。《雪》词,批判两千年的封建主义,词中却只写道:"惜秦皇汉武,略输文采;唐宗宋祖,稍逊风骚。"《和柳亚子先生》诗中"牢骚太盛防肠断,风物长宜放眼量",对老友的劝慰和开导,何等委婉含蓄,亲切感人!《鸟儿问答》用寓言的方式,调侃的口吻,讽刺那些懦夫在貌似强大的帝国主义、霸权主义的压力下惊恐万状:"怎么得了,哎呀我要飞跃。"笔锋何等犀利,入木三分!

毛泽东对于诗歌既有比较系统、全面的理论,又有丰富、成功的创作实践,这在诗人中是极其难能可贵的。毛泽东诗词的创作,是在马列主义文艺理论指导下的具体实践,毛泽东诗词创作的成功,又极大地丰富了马列主义文艺理论的宝库。

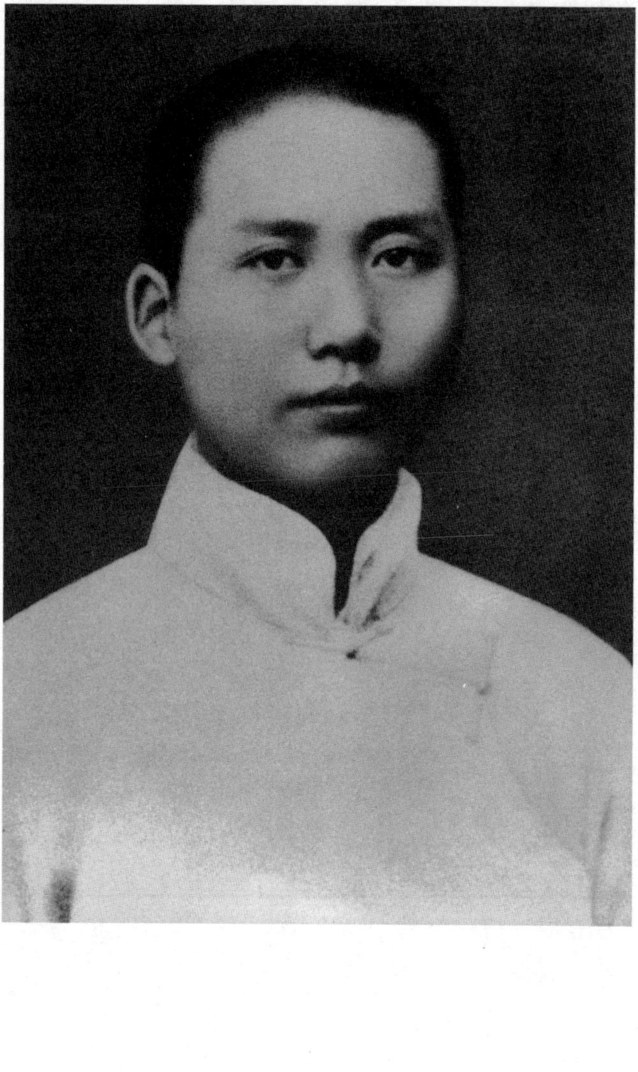

第二章 言志述怀篇

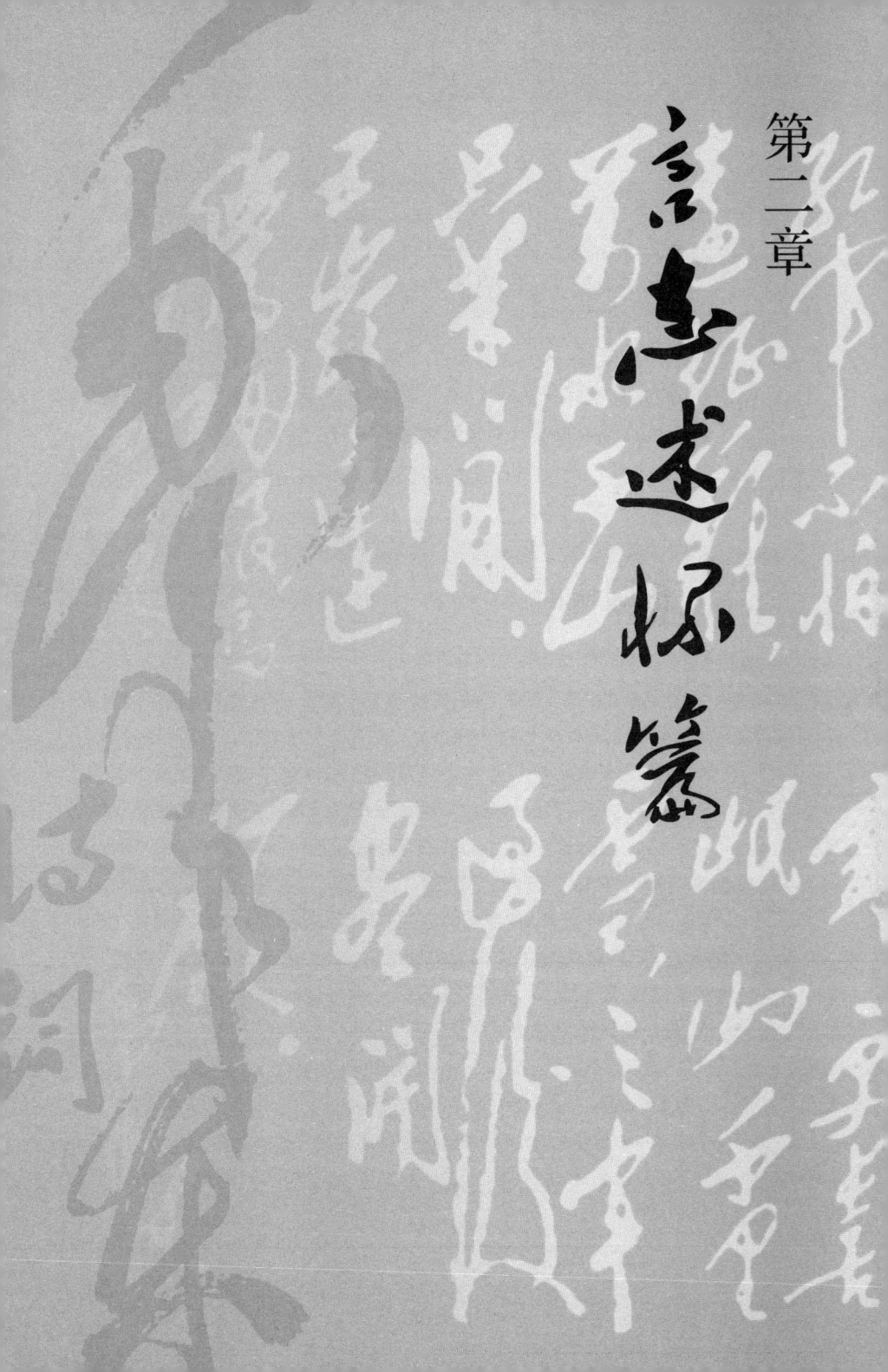

"诗言志",出自儒家经典《尚书·舜典》,是我国诗歌的主要理论和优秀传统,也是毛泽东诗论的主要纲领。伟大的革命理想和意志贯穿于他的一生,贯穿于他的大部分诗作。

毛泽东诗词之所以惊天地,泣鬼神,撼人心,就是因为它有着无与伦比的宏伟之志,有着充斥于天地之间的浩然正气。作为政治家诗人、诗人政治家的毛泽东,他的诗词表现了他崇高的志向和伟大的人格。这里从四个方面来赏析。

一、忧国忧时

毛泽东之"志"有着丰富的内容,既包括了远大的理想和抱负,又包涵着深刻的思想和高尚的情操。在我国传统的诗论中,"志"和"情"本来就是相通的,儒家经典《毛诗大序》说:"诗者志渐之也。在心为志,发言为诗。""情动于中形于言,言之不足故嗟叹之,嗟叹之不足,故咏歌之。"只是有的偏重于志,有的偏重于情,也有的将二者融合起来。故"志""情"二字名异实同。毛泽东1925年创作的《长沙》如屈原天问式的:"问苍茫大地,谁主沉浮?"表现了诗人"先天下之忧而忧"的胸怀和"天将降大任于斯人也"的使命感。写于1927年的《菩萨蛮·黄鹤楼》则抒发了诗人对革命前途忧虑的沉重心情以及将革命进行到底的坚定信心。

沁园春
长　沙
一九二五年

独立寒秋，湘江北去，橘子洲头。
｜｜—△　　——｜｜　｜｜—△

看万山红遍，层林尽染；
｜｜｜—｜　　——｜｜

漫江碧透，百舸争流。
——｜｜　｜｜—△

鹰击长空，鱼翔浅底，万类霜天竞自由。
—｜——　　—｜｜｜　　｜｜——｜｜—△

怅寥廓，问苍茫大地，谁主沉浮？
｜—｜　｜——｜｜　——｜—△

携来百侣曾游。
——｜｜—△

忆往昔峥嵘岁月稠。
｜｜｜——｜｜—△

恰同学少年，风华正茂；
｜—｜｜—　——｜｜

书生意气，挥斥方遒。
——｜｜　—｜—△

指点江山，激扬文字，粪土当年万户侯。
｜｜——　｜——｜　｜｜——｜｜—△

曾记否，到中流击水，浪遏飞舟？
— ｜｜　｜——｜｜　｜｜—△

注：

为便于读者了解和掌握平仄和用韵，本书在诗词正文字下标注符号，说明如下；以下各首同此例。

— 表示平声
｜ 表示仄声
。 表示入声普通话读平声（阴平或阳平）
· 表示入声普通话读仄声（上声或去声）
△ 表示押平声韵
▲ 表示押仄声韵

【毛泽东自注自解】

1958年12月21日，毛泽东在文物出版社同年9月刻印的线装大字本《毛主席诗词十九首》上批注：

击水：游泳。那时初学，盛夏水涨，几死者数。一群人终于坚持，直到隆冬，犹在江中。当时有一篇诗，都忘记了，只记得两句：自信人生二百年，会当水击三千里。

1964年1月27日，毛泽东口头答复外国文书籍出版局《毛泽东诗词》英译者问：

怅寥廓，问苍茫大地，谁主沉浮：这句是指：在北伐以前，军阀统治，中国的命运究竟由哪一个阶级做主？

到中流击水："击水"指在湘江中游泳。当时我写的诗有两句还记得："自信人生二百年，会当水击三千里。"那时有个因是子（蒋维乔），提倡一种静坐法。

【注释】

①**沁园春**：词牌名。词牌就是词调的名称。**长沙**：题目。**一九二五年**：写作时间。以下各首词同此体例。词也可以用词牌做题目，不另标题目。

词是一种文体，属于韵文的一种。词起源于隋唐，盛行于宋代。词的句子大都长短不一，因此又叫长短句。最初的词都配有曲调，用来歌唱，因此最早叫做曲子词。后来发展成为一种特殊的文学样式，绝大多数曲调都已失传，词只能吟诵而不能按原调唱了。词的句子平仄和押韵方式都有一定的格律。词牌最初有一部分是根据词的内容命名的，后来的作词者大都只按照一定词牌的格式来填词，所以曲调的名称与词的内容就不一定有联系了。在词牌之外可以依词的内容另加题目，如《长沙》。根据字数的多少，可以把词分为小令、中调、长调三种类型，58字以内的为小令，59字至90字的为中调，91字以上的为长调。词又按分段的多少，有单调、双调、三叠、四叠的不同。小令、中调、长调一般分两段，称为上阕(què)、下阕，又称作上片、下片。阕是音乐终止的意思，分上阕和下阕表示奏乐在中间要停顿一下，文面上则用空两格或空一行来表示。

长沙：湖南省的省会。作者的青年时代，大部分时间在长沙学习和从事革命活动。1925年9月，毛泽东在即将离开长沙赴广州创办农民运动讲习所之际，重游橘子洲，触景生情，写下了这首词。

②**独立寒秋**：独立，卓然特立，有所思虑的意思。杜甫《独立》："天机近人事，独立万端忧。"柳宗元《笼鹰词》："独立四顾时激昂。"寒秋：深秋，晚秋。深秋气候已渐寒冷，故曰寒秋。

③**湘江**：湖南省境内最大的河流，源出广西壮族自治区灵川县海洋山西麓，向东北流贯湖南省东部，经过长沙，北入洞庭湖，全长817公里。

④**橘子洲**：一名水陆洲，是长沙城西湘江中一个狭长的沙洲，南北大约11里，东西最宽处约1里。西面靠近著名游览胜地岳麓山。宋代祝穆《方舆胜览》说，洲上多产美橘，故名。

⑤**看万山红遍**：看，领起字。根据词律，领起"万山"至"百舸"四句，根

据文意,这里领起"万山"至"万类"七句。万山红遍:所有的山都红了。万山:指岳麓山及湘江两岸连绵起伏的许多山峰。岳麓山附近的枫树林最茂盛,秋末枫叶经霜后变红。岳麓山山腰有爱晚亭,因唐代杜牧《山行》"停车坐爱枫林晚,霜叶红于二月花"诗句而得名。

⑥ **层林尽染**:一层层的山林都像染上了颜色似的。层林:重重叠叠的树林,随着起伏的山势一层层地高上去。尽:全部,都。染:染色,这里指染上红色。

⑦ **漫江碧透**:漫江,满江。碧透:江水碧绿,清澈见底。碧:青绿色。

⑧ **百舸争流**:舸(gě),大船。扬雄《方言》:"南楚江湘,凡船大者谓之舸。"这里泛指船只。争流:争着在水上行驶。嵇康《琴赋》:"尔乃颠波奔突,狂赴争流。"

⑨ **鹰击长空**:鹰像搏击似的在辽阔的天空里矫健地飞翔。击:搏击,形容鹰飞得迅猛矫捷。长空:辽阔的天空。《汉书·五行志》:"故立秋而鹰隼击。"

⑩ **鱼翔浅底**:翔,本指鸟在空中盘旋。《淮南子·览冥》:"翱翔四海之外。"高诱注:"翼一上一下曰翱,不摇曰翔。"这里指鱼儿在水中游得活跃轻快。浅底:水下清澈可见底。因江水清澈,一望见底,而显得江水浅。唐代储光羲《钓鱼湾》诗:"潭清疑水浅,荷动知鱼散。"

⑪ **万类霜天竞自由**:这里是说众多的生物都在深秋的自然环境中争着自由地活动。万类:即万物,统指宇宙间一切生物。晋张华《答何劭》诗之二:"洪钧陶万类,大块禀群生。"霜天:下霜的天气,这里指深秋,寒秋。《月令七十二候集解》:"九月中,气肃而凝,露结为霜矣。"竞:竞赛,竞争。自由:不受拘束,自在适意。

⑫ **怅寥廓**:怅(chàng),惆怅。这里指沉浸在一种深远的感慨思索之中。寥廓(liáo kuò):高远空阔。《楚辞·远游》:"下峥嵘而无地兮,上寥廓而无天。"洪兴祖补注引颜师古曰:"辽阔,广远也。"这里指广阔的宇宙。杜甫《桔柏渡》:"孤光隐顾眄,游子怅寂寥。"

⑬ **苍茫**:旷远迷茫的样子。李白《关山月》诗:"明月出天山,苍茫云海间。"

⑭ **谁主沉浮**：究竟是谁主宰着世间万物的升沉起伏？通过联想，可以进一步理解为：在这军阀统治下的中国，到底应该由谁来主宰国家兴衰和人民祸福的命运呢？主：主宰，支配。沉浮：本指物体在水面上沉没和浮起，后用来比喻事物的盛衰、消长。《庄子·知北游》："天下莫不沈浮，终身不故。""沈浮"同"沉浮"。

⑮ **携**：带。**百侣**：许多朋友。侣：伴侣，朋友。

⑯ **峥嵘岁月稠**：峥嵘(zhēng róng)，形容山势高峻的样子，这里比喻超越寻常，不平常。岁月：日子，喻指斗争生活。陆游《十二月二十九日夜半雨雪作披衣起听》诗："明朝送除夕，岁月惊峥嵘。"稠：多。

⑰ **恰**：正当，恰值。这里是领起字，领起以下四句。

⑱ **风华正茂**：风华，风采，才华。温庭筠《中书令裴公挽歌词》："王俭风华首，萧何社稷臣。"茂：丰盛。

⑲ **书生意气**：书生，读书人。指作者和蔡和森等同学。高适《酬贺兰大夫》："鲁连真义士，陆逊岂书生。"意气：意态气概。《史记·管晏列传》："拥大盖，策驷马，意气洋洋，甚自得也。"杜甫《赠王二十四侍御契四十韵》："由来意气合，直取性情真。"

⑳ **挥斥方遒**：热情奔放，正充满活力。挥斥：无拘无束，自由奔放。《庄子·田子方》："夫至人者，上窥青天，下潜黄泉，挥斥八极，神气不变。"郭象注："挥斥，犹纵放也。"方：正，正当。遒(qiú)：强劲有力。

㉑ **指点江山**：评论国事。指点：指说，评论。江山：江河和山岭，常用来指代国家和国家的政权。

㉒ **激扬**：义同褒贬，即激浊扬清，抨击丑恶，宣传美善。《后汉书·臧洪传》："洪辞气慷慨，闻其言者，无不激扬。"

㉓ **粪土当年万户侯**：粪土，秽浊的泥土，比喻恶劣下贱的东西。《后汉书·李固传论》："其顾视胡广、赵戒，犹粪土也。"这里的"粪土"作动词用，是名词的意动用法，即"把……看作粪土"的意思。万户侯：食邑万户的侯。《史记·李将军列传》："惜乎，子不遇时。如令子当高帝时，万户侯岂足道哉！"后泛指有高爵显位的人。这里指当时掌权的上层人物。

㉔ **曾**：犹，尚。

㉕ **中流击水**：中流，水流的中央。《史记·周本纪》："武王渡河，中流，白鱼跃入王舟中。"这里指湘江江心。击水：拍打着水。指游泳。

㉖ **遏**(è)：阻止。

【赏析】

《沁园春·长沙》最早披露于萧三《毛泽东同志的青少年时代》，北京新华书店1949年8月发行。后正式发表于《诗刊》1957年1月号。这首词是毛泽东亲自审定出版的1963年人民文学出版社出版的《毛主席诗词》的开篇，是毛泽东早期词的代表作。这是一首旧地重游的纪游之作，反映了毛泽东早期的革命思想和革命活动。

上阕着重描绘今日深秋的绚烂景色。起首三句交代季节，点明地域。"独立"一词描绘出作者自我独立的形象。"湘江北去，橘子洲头"两句，仿佛把读者带到了湘江中的橘子洲头，欣赏深秋时长沙一带的美丽景色。接下来十句，全由"看"字领起。先写山，"万山红遍"概写群山颜色；"层林尽染"则具体写红色呈现于山林的情形。再写江，以"碧透"写江水的清澈见底，以"争流"写船只的竞发，用以展现江上的生机弥漫。"鹰击长空"为仰望所见，"鱼翔浅底"为俯视所见。"击"、"翔"两个动词，充分表现了鹰与鱼的活力。通过一系列实景的描写，最后自然得出"万类霜天竞自由"的结论。这一结论写足了自然界万物万类的自由竞争状态。作者写景的目的是为了写人，人才是"万类霜天"的主角。作者用一"怅"字一转，由景入情，抒发了自己胸中深沉的心事。民族的命运，国家的前途，应由"谁主沉浮"？"沉浮"，就是人世间升沉起伏，也就是国家的兴衰荣辱。"谁主"一问，说明作者对天下大事极其关心，"国家兴亡，匹夫有责"。作者阔大的胸怀，高远的志向，充分地展现在了读者眼前。这一阕先写景,然后自然转入抒情,两者融合无间,堪称为借景抒情的范例。

面对眼前景色,下阕作者自然地转到回忆起往昔与少年同学来这里游览的情景,抒写昂扬的意气和豪迈的激情。"携来百侣曾游"点明过去作者常和志同道合的同学来橘子洲游览。"忆往昔",明确说明以下是回忆往昔作者和同学们一起度过了多少"峥嵘岁月"。那时正是同学年少,"风华正茂"之时,"挥斥方遒"正是这群"书生意气"的体现,"指点江山"也是理所当然的了。这几句词采用层层推衍的手法,写出了"风华正茂"的同学们的心意气度。他们针对当时掌权的上层人物,写出了反对弊政,提倡革新的激浊扬清的文章。在风华正茂的同学们看来,这些掌权的上层人物毫不顾及国家和民族的前途,为人们所不齿。他们虽身居高位,如同封建社会的万户侯一样,实则粪土不如,这个比喻也是"激扬文字"的具体化。最后三句仍承"忆往昔"写出,照应上阕的"湘江"等句意,也照应下阕的"曾游"。这三句是写实,作者与同学们常来湘江学习游泳,锻炼身体,又是借游泳来寓写少年同学的远大志向,是对前面的革命实践和革命情怀作进一步的抒发。"到中流击水,浪遏飞舟"的夸张描写,也是一种令人兴奋神往的景观,我们可称之为因情而出景。同时这两句词也隐指作者和"百侣"在"五四"运动中所作的英勇无畏的拼搏。他们同心同德,全力以赴,在时代的大潮中,推波击浪,所向披靡。今天,历史发展到了新的阶段,"曾记否",一声亲切的发问,表达作者多么希望昔日的"百侣"同自己一道"到中流击水",以掀起中国革命的新浪潮啊!

长于写景,融情于景,情景交融,是这首词的一个特色。上阕一个"看"字,领出了"万山红遍,层林尽染;漫江碧透,百舸争流。鹰击长空,鱼翔浅底,万类霜天竞自由"等许多优美的景物,描写层次分明,由远及近,由上而下,由具体到概括,十分形象生动,真有点儿令人目不暇接。下阕虽以叙事抒情为主,却也能因情出景,"到中流击水,浪遏飞舟",就是一种令人兴奋神往的景观。

全词给人以豪放的风格和崇高的美感。

【译文】

在寒秋的季节,
我独自站立在橘子洲头,
湘江从面前滚滚向北流去。
我向远处望去,许许多多的山都呈现了一片红色,
那层层叠叠的树林都像染上了艳丽动人的颜色,
再看看近处,满江清澄的水碧绿透了,
很多船只争相行驶,破浪前进。
仰望天空,雄鹰搏击于万里长空,
俯视湘江,鱼儿在清澈见底的水里飞翔似的轻快游动,
一切事物在秋天里都竞相自由自在地生存活动着。
面对广阔无垠的宇宙引起我深沉的思索,
我不禁要向苍茫的大地发问:
"究竟是谁在主宰着这一切事物的盛衰消长的命运呢?"

过去我曾经与朋友结伴携手来这里游览。
回想起从前许多令人难忘的不平常的岁月。
那时正当同学们青春年少,
风采焕发,才华横溢,
读书人的意态气概潇洒豪迈,强劲奔放。
批评议论国是,
写出许多激昂慷慨的文章,

把当年的反动军阀官僚视如粪土一般。
亲爱的老同学,您还记得吗?
那时我们游泳到江中,
奋力击水,激起的浪涛几乎把飞快行驶的船只都阻挡住了。

拓展阅读

一、诗词本事:重访橘子洲写下著名的青春诗篇

长沙,是湖南省省会,是毛泽东早年读书和从事革命活动的地方。他在长沙学习和工作达十余年之久。1911年春,毛泽东考入湘乡驻省中学读书。同年10月辛亥革命爆发,毛泽东参加长沙的起义新军。1912年3月清帝退位,袁世凯就任临时大总统后,毛泽东退伍,先考入公立高级商业学校,一个月后又考入湖南全省高等中学(后改名省立第一中学)。同年秋,毛泽东退学寄居湘乡会馆自学,每天到湖南省立图书馆读书。1913年春,毛泽东考入湖南省立第四师范学校预科。1914年2月,省立第四师范学校合并于省立第一师范学校。因为一师是秋季招生,3月,毛泽东编入预科第三班重读了半年预科,秋季编入本科第八班,直到1918年6月毕业。在读书期间,毛泽东常和同学们攀登岳麓山,到橘子洲游览,畅游湘江,一起研究学问,讨论国家大事,寻求革命真理,以后又在长沙工作和从事革命活动,多次领导反对军阀政府的斗争。

1915年9月,毛泽东印发反对袁世凯称帝的小册子,开展反对袁世凯的斗争。1917年发起组织新民学会,1918年4月正式成立。1917年开办了中国第一所革命的工人夜学。1919年主编《湘江评论》,下半年积极领导了湖南人民驱逐北洋军阀张敬尧的运动。1920年创办"文化书社"、"马克思主义研究会"、"俄罗斯研究会"。1921年8月与何叔衡创办"湖南自修大学",1923年4月与李达等创办湖南自修大学校刊《新时代》。特别是,1920年与何叔衡组织湖南共产主义小组和社会主义青年团。1921年代表湖南共产主义小组到上海出席中国共产党第一次全国代表大会。回湖南后,建立了党的第一个省委中共湘区委员会,毛泽东任书记。1922年10月,领导了长沙6 000多泥木工人罢工,经过20天英勇斗争,获得完全胜利。

1925年2月毛泽东与夫人杨开慧,携带长子毛岸英、次子毛岸青回家乡韶山养病,并领导农民运动。同年8月28日,由于韶山大恶霸地主成胥生告密,湖南军阀省长赵恒惕电令湘潭县团防局逮捕毛泽东,就地正法。毛泽东得到消息后,趁着月色,扮成乡下郎中,用轿子抬出了韶山,经宁乡道林到九江庙,然后坐小船,秘密来到赵恒惕的眼皮底下——长沙。在长沙逗留一些日子后,9月上旬毛泽东与准备到农民运动讲习所第五期学习的庞叔侃、周振岳由长沙动身赴广州。就在毛泽东回到长沙,即将离开湖南去广州办农民运动讲习所期间,重访橘子洲,抚今追昔,激情澎湃,写下了这首词。

二、跟毛泽东学习写作诗词

沁园春,词牌名。长调,双调,114字,一韵到底,用平韵。"沁园"二字出自东汉沁水公主园林。"沁园"是东汉时期汉明帝女儿沁水公主的园林,因其奢华为当时园林之最,外戚窦宪心怀艳羡,遂凭借权势强取豪夺,将沁园占为己有。后有人作诗以咏其事,《沁园春》词牌因此得名。上阕四平韵,下阕五平韵。

此调最初见于北宋张先词。其格调开阔,韵位较疏,宜抒发激越壮阔之豪情,苏辛一派最喜用之。又名《寿星明》、《东仙》、《洞庭春色》、《念离群》等。

词的格律，主要表现在平仄、用韵和对仗方面。为了分析和说明的方便，本书和分析诗一样，也拟定了一些符号表示：

- 　— 　表示平声
- 　｜ 　表示仄声
- 　⊖ 　表示可平可仄
- 　⊕ 　表示可仄可平
- 　。 　在字下表示入声字普通话读平声（阴平或阳平）
- 　• 　在字下表示入声字普通话读仄声（上声或去声）
- 　‖ 　表示上、下阕格式相同
- 　△ 　表示押平声韵
- 　▲ 　表示押仄声韵

《沁园春》常见的格式是：

　　⊕｜——，　　　　　　（可以用韵）
　　⊕｜——，
　　｜｜｜—△。
　　｜——｜｜，　　　　　　（上一下四）
　　⊖—⊕｜；
　　⊖—⊕｜，
　　⊕｜—△。
　　⊕｜——，
　　⊖—⊕｜，
　　⊕｜——⊕｜—△。
　　—⊖｜，
　　｜⊖—⊕｜，　　　　　　（上一下四）
　　⊕｜—△。

⊖—⊕｜—△。
⊕｜｜、——⊕｜△。
｜—⊖⊕｜,　　　　（上一下四）
⊖—⊕｜；
⊖—⊕｜,
⊕｜—△。
⊕｜——,
⊖—⊕｜,
⊕｜——⊕｜△。
—⊖｜,　　　　　　（或｜—｜）
｜⊖—⊕｜,　　　　（上一下四）
⊕｜｜—△。

全词25句。上阕13句,下阕12句。上、下阕后9句格式相同。

上阕四平韵,下阕五平韵。首句可以用韵,也可以不用。若首句用韵,上阕则为五平韵。

据万树《词律》说,起首三句平仄多不拘。

上阕第四句第一字和下阕第三句第一字必须用一字逗,领以下四句,而所领四句,多用对仗。

下阕起句,依《词律》应分两句,上二下四,但一般都作六字句。第二句,《词谱》《词律》认为应作上三下五,前人多作上一下七。下阕结尾以一字领下四言二句,宜用去声字。

毛泽东《沁园春·长沙》句子平仄方面,按一般词书,上阕第二句"湘江北去""江"当仄而平,"北去"当平而仄。第三句"橘子洲

头""洲"当仄而平。第四句"看万山红遍""万"当平而仄,"红"当仄而平。下阕第三句"恰同学少年""学"当平而仄,"年"当仄而平。其余平仄合律。但按万树《词律》所说"首起三句平仄多不拘"和陈明源《常用词牌详介》所说,上阕第四句可作"|①—⊖|",下阕第三句可作"|①|⊖—",以及"橘子洲头"是地名,平仄可不拘,则本词平仄全部合律。

用韵方面,全词押下平声十一尤,属词韵十二部。按词谱,首句不必用韵,这里"秋"属诗韵下平声,十一尤,是添叶。按今韵,同属新诗韵十三侯,也押韵。也可认为这首词用湖南方音相押。

其他方面,上阕第四句第一字"看"和下阕第三句第一字"恰"用一字逗领起以下四句,均用对仗。下阕起句作六字句。第二句作上一下七。结尾以一字"到"领起下面四言二句,用去声。

三、书法欣赏:毛泽东草书的代表作《沁园春·长沙》

毛泽东这幅手迹浩荡雄阔,气势洒脱不羁,是十分成功的草书作品。全幅作品有100多字,作者的笔势和墨色随着书情而变化。如,第一行词牌名用墨较浓,书者的情绪较稳定。开篇一个"獨"字,一笔连绵,以独占半行的雄姿,领起了全幅书作的宏大气势,然后笔触纵横挥洒,忽放忽收,忽大忽小,气势涌动。"寒"字结体奇特,左放右收的宝盖下,只有连绵的四小横。"看萬山红遍"之后,行笔加快,笔势飞动,在笔歌墨舞之间,欣赏着祖国的美好风光,流淌着诗人的无限情思。"層"字的左撇拉长直下笼盖着"層"的声旁"曾"和下面的"林"字,使两个字形成了山峦高耸的意境。"自由"二字一笔连绵,"自"字较小,"由"字不仅奇大,还用三条弧线相交环转分割大块布白,且与左右上角"怅"、"类"两字,构成犄角呼应之势。"怅寥廓"句,墨又稍浓,书情恢复稳定,给人以一种沉思感。

回忆"同学少年"以至"中流击水",走笔又显疾速,"書生"、"江山"、"記否"诸字,牵丝连属,作者书情复又高昂。最后"浪遏飛舟"四字,书写速度减缓,墨又稍浓。"遏飛舟"三字,以两行的空间挥就,笔锋劲厉,大有力透纸背不可阻挡之势。以一笔写成的左右盘旋的"飛"字,尤显结字奇美,更产生了群鸟竞飞的动态美,从而使人感到浪势之猛和"同学少年"的革命意气之盛,其气韵与开篇吻合一致,从而使作品产生了一种整体结构美。

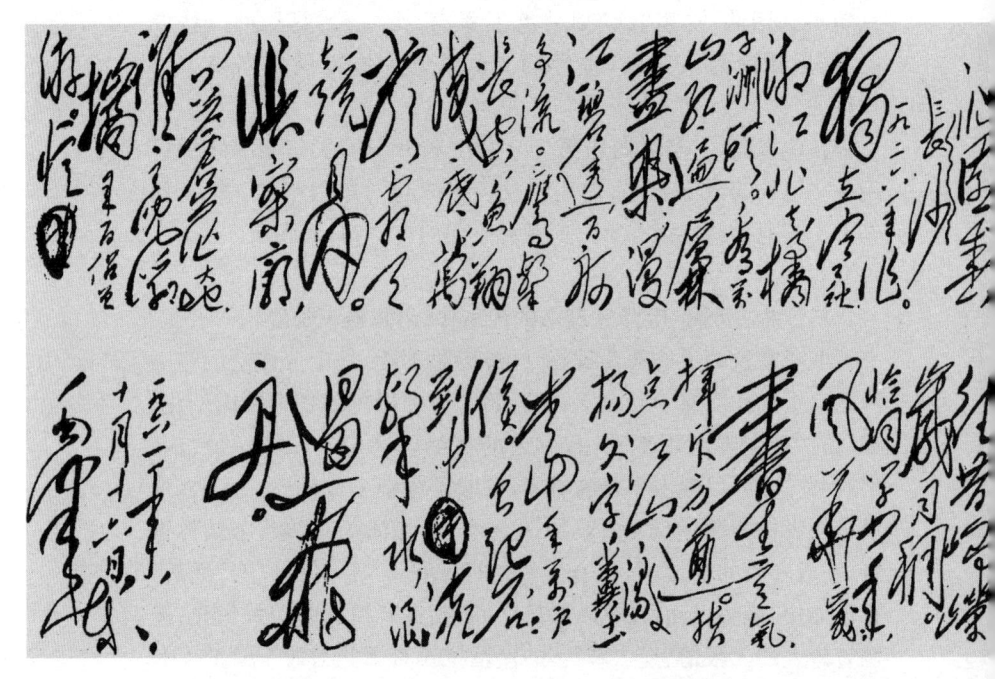

字的枯润浓淡、大小长短,各得其宜,布局错落有致,是这幅作品的另一个特点。作者挥洒自如,字字飞动,虽然多数字各自独立,但文气连贯,流畅自然,给人以"飞流直下三千尺"的雄壮气势,作品的诗情、书情达到了完美的和谐统一。

菩萨蛮
黄鹤楼
一九二七年春

茫茫九派流中国，沉沉一线穿南北。

烟雨莽苍苍，龟蛇锁大江。

黄鹤知何去？剩有游人处。

把酒酹滔滔，心潮逐浪高！

【毛泽东自注自解】

1958年12月21日，毛泽东在文物出版社同年9月刻印的线装大字本《毛主席诗词十九首》上批注：

心潮：一九二七年，大革命失败的前夕，心情苍凉，一时不知如何是好。这是那年的春季。夏季，八月七号，党的紧急会议，决定武装反抗，从此找到了出路。

毛泽东在《清平乐·会昌》批注中提到这首词说：

踏遍青山人未老：一九三四年，形势危急，准备长征，心情又是郁闷的。这一首《清平乐》，如前面那首《菩萨蛮》一样，表露了同一的心境。

这里所说的"菩萨蛮",当指毛泽东《菩萨蛮·黄鹤楼》词。

1957年5月21日,毛泽东在学英语休息时说:"《菩萨蛮·黄鹤楼》是描述大革命失败前夕,心潮起伏的苍凉心境。"(林克《忆毛泽东学英语》,见《毛泽东的读书生活》,生活·读书·新知三联书店,1986年9月第1版)

【注释】

① **菩萨蛮**:词牌名。黄鹤楼,古亦名黄鹄(hú)楼,旧址在湖北省武汉市武昌城西蛇山上的黄鹄矶北端,紧靠长江边,即今武汉长江大桥南端西侧,是长江汉水一带著名的古迹。始建于三国吴大帝孙权黄武二年(公元223),南朝以后就很著名,有"天下绝景"之称。楼在历史上曾几经毁坏和修复,最后一次焚毁是光绪十年(1884)八月。光绪末年,在黄鹤楼旧址建筑了警钟楼,是西式楼房。由于黄鹤楼久负盛名,警钟楼又建在黄鹤楼旧址上,所以有人习惯上把警钟楼叫做黄鹤楼。1955年修建武汉长江大桥时拆去遗留建筑物,1985年6月在蛇山顶上重建新的黄鹤楼。

黄鹤楼因矶得名。《元和郡县图志·江南道三·鄂州》载:"城西临大江,西南角因矶为楼,名黄鹤楼。"但也有人说起于神话。神话有两种不同说法:《南齐书·州郡志》:"黄鹤楼在黄鹄矶上,仙人子安乘黄鹤过此。"宋代乐史《太平寰宇记》:"昔费祎(yī)登仙,每乘黄鹤于此憩驾,故号为黄鹤楼。"意思是说,蜀汉时费祎,成了仙,曾经骑着黄鹤飞行,在这里休息过。由于那里风景壮丽,又流传着美丽的神话传说,因此,引起历代许多诗人的吟咏和赞叹。唐代诗人崔颢(hào)曾写过有名的《黄鹤楼》诗。黄鹤楼因而名声更大。

1927年春,大革命失败前夕,毛泽东来到黄鹤楼旧址,触景生情,感怀国事,写下了这首词。

② **茫茫九派流中国**:茫茫,辽阔,深远。这里形容长江水势广大的样子。明代林章《登黄鹤楼作》:"望里山川是楚乡,美人何处水茫茫。"九派:

九条支流。相传在湖北、江西一带有九条支流同长江汇合,所以称九派。这里指长江中游的河流。鲍照《登黄鹤矶》诗:"三崖隐丹磴,九派引沧流。"派:江河的支流。流:奔流。中国:国之中部,指我国的中部地区。李白《金陵望汉江》诗:"汉江回万里,派作九龙盘。横溃豁中国,崔嵬飞迅湍。"

③ **沉沉一线穿南北**:沉沉,深远的样子,指铁路伸向远处。一线:指当时长江以南的粤汉铁路和以北的京汉铁路。1957年武汉长江大桥建成,两条铁路接通后改称京广铁路。穿南北:伸向南方北方的尽头。从黄鹤楼上俯视,细长的铁路如一条直线贯穿南北。

④ **烟雨莽苍苍**:烟雨,指迷蒙如烟的雨势。莽苍苍:本指草木茂盛,这里指烟雨迷蒙,若隐若现,远望不甚分明。《庄子·逍遥游》:"适莽苍者,三餐而返。"成玄英疏:"莽苍,郊野之色,遥望不甚分明也。"陆游《哀郢》:"云梦风烟归莽苍。"

⑤ **龟蛇锁大江**:龟山、蛇山夹江对峙,好像要把长江锁住一样。龟蛇:龟山和蛇山。龟山在汉阳,形如龟;蛇山在武昌,形如蛇。

⑥ **黄鹤知何去?剩有游人处**:神话中的黄鹤不知飞往何处去了,现在只剩下供人游览的地方。这两句化用唐代崔颢《黄鹤楼》诗:"昔人已乘黄鹤去,此地空余黄鹤楼。黄鹤一去不复返,白云千载空悠悠。"何去:去何,去到了什么地方? 处:地方,处所。

⑦ **把酒酹(lèi)滔滔**:用酒祭奠滔滔的大江。把:动词,拿着,端着。酹滔滔:把酒浇到滚滚滔滔的江水里。酹:古代把酒浇在地上祭奠鬼神或对自然界事物设誓的一种习俗。《后汉书·张奂传》:"〔奂〕召主簿于诸羌前,以酒酹地,曰:'使马如羊,不以入厩;使金如粟,不以入怀。'"苏轼《念奴娇·赤壁怀古》:"人生如梦,一樽还酹江月。"滔滔:形容水势盛大的样子。《诗经·小雅·四月》:"滔滔江汉,南国之纪。"这里指长江,形容词作名词用。

⑧ **心潮逐浪高**:心潮,潮水般激荡着的思想情绪。逐:跟着。

029

【赏析】

《菩萨蛮·黄鹤楼》最早发表于《诗刊》1957年1月号。

这首词是作者携夫人杨开慧同游武昌黄鹤楼时所作。黄鹤楼历来是供游人游览之胜地,站在楼上,可以俯瞰波澜壮阔的长江和武汉三镇的雄姿,风景极其壮丽,又有美丽的神话传说,所以引起历代不少诗人的吟咏和赞叹。在这首诗中,作者触景生情,感怀国事,抒发了对革命前途忧虑的沉重心情,同时也表现了作者汹涌的革命激情和将革命进行到底的坚定信心。

上阕写景。"茫茫九派流中国,沉沉一线穿南北",这是作者站在黄鹤楼上所见到的阔大景象。放眼望去,看到的是横贯东西,波涛汹涌,阔大深远,一片迷茫的长江。"九派",这里是长江的同义语。"流中国",点明长江源远流长,辽阔无尽。大江之外,最显眼的就是穿越南北的铁路了。"沉沉",形象地描绘了铁路的延伸之辽远。这两句词写得气象阔大。近看,眼前是"烟雨莽苍苍,龟蛇锁大江"。大地烟雨迷茫,隔江对峙的龟山和蛇山好像要锁住奔腾的大江。这两句词,寓情于景,虽是景语,也是情语,暗示了作者当时苍凉的心境。

下阕抒情。"黄鹤知何去?剩有游人处"两句,巧妙地记述作者的黄鹤楼之游。同时也隐含着作者因革命前途而产生的忧虑。"把酒酹滔滔,心潮逐浪高"两句,写洒酒祭江的行为和内心如潮逐浪的感受。把酒酹江并非真的以酒祭奠江水,只是一种借用。借把酒酹江这一习俗,对江盟誓,形象地反映了作者当时在如烟如雨的政治形势面前的心情,即"大革命失败的前夕,心情苍凉,一时不知如何是好"。"心潮逐浪高"一句,与上阕所形成的感情色彩相对照,感情激动,心潮澎湃,抒发了作者要以身许国的豪情壮志。

文有文眼,诗有诗眼,词有词眼,这首词的眼在"心潮"二字上。

这一"词眼"展示了词人当时悲壮苍凉的情怀,表达了词人深沉、深邃的崇高审美追求,是理解全词的关键。杨开慧当时就称赞说:"这首词真好,前几句太苍凉了,后几句一变而显得昂扬,激动,我听了心绪也难平。"

使事用典,信手拈来,是这首词的一大特点。如黄鹤的故事、"把酒酹滔滔"等典出,运用深化无迹,高妙自然。

【译文】

很多支流到这里汇集成浩荡奔流的长江,流贯我国中部,
深远漫长的平汉铁路和粤汉铁路在这里连成一线,纵穿南方和北方。
暮春时节,武汉三镇仿佛笼罩在烟雨弥漫之中,一片莽莽苍苍,龟蛇两山隔江对峙,像一把大锁似的锁住了激荡奔腾的万里长江。

从前传说中的黄鹤不知道到哪里去了?
此地现在只剩下一座供人游览的空楼。
我不由得端起酒浇向滚滚滔滔的江水,
心中翻腾起伏的思绪随着大江汹涌澎湃的浪涛,一浪高过一浪!

❖❖❖ 拓展阅读 ❖❖❖

一、诗词本事:大革命失败前夕苍凉心境的写照

1926年7月,国民革命军从广东出师北伐,分三路进军:第一路7月攻入长沙,10月攻克武昌;第二路11月占领南昌、九江;第

三路12月占领福建、浙江两省。同时,冯玉祥部国民军9月从绥远五原挥师南下,11月控制了山西、甘肃等省。1927年春,汉口、九江工人驱逐英帝国主义者,收回两地租界。上海工人武装起义,占领了上海。以湖南为中心的全国农民运动轰轰烈烈开展起来。革命势力迅速发展到长江、黄河流域。这时,以蒋介石为首的国民党右派和帝国主义勾结起来,积极准备叛变革命。中国共产党内以陈独秀为代表的右倾思想逐步发展为机会主义,1927年初在党的领导机关中占了统治地位。他们拒绝以毛泽东为代表的正确路线,放弃无产阶级领导权,对国民党右派的反革命行动采取妥协退让政策,对工农群众运动进行压制和阻挠,并在革命的紧要关头交出工农武装。

1927年4月12日,蒋介石在上海发动反革命武装政变,解除上海工人纠察队的武装,捕杀中国共产党人。同年7月15日,汪精卫也公开叛变革命,蒋汪合流,更加疯狂地镇压革命。轰轰烈烈的第一次国内革命遭到失败。

1926年11月底或12月初,毛泽东自上海来到武汉建立中共中央农委办事处,领导全国农民运动。1927年3月,他在董必武等同志的支持和帮助下,于武昌创办了中央农民运动讲习所。他的住地武昌都府堤41号和主要办公地点都距黄鹤楼遗址不远。1927年春,大革命失败前夕,毛泽东来到黄鹤楼旧址,触景生情,写下了这首词。

二、诗词链接:让李白甘拜下风的崔颢《黄鹤楼》诗

崔颢(?～754),唐代诗人,汴州(今河南开封)人。唐开元十一年(723)及进士第,曾任太仆寺丞、司勋员外郎。早期诗作,轻薄浮艳。晚年诗风一变而为慷慨高峻,所作边塞诗雄浑豪放。曾游武昌,登黄鹤楼,感慨赋诗。传说李白来,叹曰:"眼前有景道不得,崔颢题诗在上头。"无作而去。《黄鹤楼》诗被称为唐人七律第一。

黄鹤楼

昔人已乘黄鹤去，此地空余黄鹤楼。
｜—｜｜—— ｜｜——｜｜△

黄鹤一去不复返，白云千载空悠悠。
—｜｜｜｜·· ｜——｜——△

晴川历历汉阳树，芳草萋萋鹦鹉洲。
——｜｜｜—｜ ——————｜△

日暮乡关何处是？烟波江上使人愁。
｜｜——｜｜· ———｜｜—△

【注释】

① **昔人**：指传说中的仙人。
② **空余**：只剩下。
③ **空悠悠**：形容白云飘渺的样子。
④ **晴川历历汉阳树**：意思是说，在天气晴朗时，汉阳的树木看得很清楚。历历：清楚的样子。汉阳：在武昌西面，中间隔着长江。
⑤ **芳草萋萋鹦鹉洲**：萋萋，草长得茂盛的样子。鹦鹉洲：在武昌北面，离汉阳不远的江中，今已沉没。东汉祢衡曾作《鹦鹉赋》，后为黄祖所杀，埋于洲上，因而得名。
⑥ **乡关**：故乡。
⑦ **烟波江上**：江上的烟雾波涛。

【译文】

古代传说中的仙人已骑着黄鹤飞去了，
这里空留下一座黄鹤楼。

黄鹤一去不再回来，
只有白云千年万载在天空悠闲地飘荡。
隔江相望的汉阳绿树环绕，在晴天看去历历分明，
江中的鹦鹉洲长满了茂密的芳草。
太阳快要落山了，我日夜思念的故乡在哪里呢？
只看到江上烟波浩渺，勾起了我心中无限的惆怅。

三、跟毛泽东学习写作诗词

菩萨蛮，词牌名。小令，双调，44字，上下阕均两仄韵转两平韵。原为唐教坊曲名。《菩萨蛮》原是今缅甸境内古代罗摩国的乐曲，后经汉族乐工改制而来的，与佛教语中"菩萨"无关。另有一说，唐苏鹗《杜阳杂编》说："大中（唐宣宗年号，公元850年前后）初，女蛮国入贡，危髻金冠，璎珞被体，号'菩萨蛮队'。当时倡优遂制《菩萨蛮》曲；文士亦往往声其词。"此说不可信。据《教坊记》载，开元年间已有《菩萨蛮》曲名。上下阕各四句。《词谱》定李白《菩萨蛮》词为正体。又名《子夜歌》、《重叠金》等。

《菩萨蛮》常见的格式是：

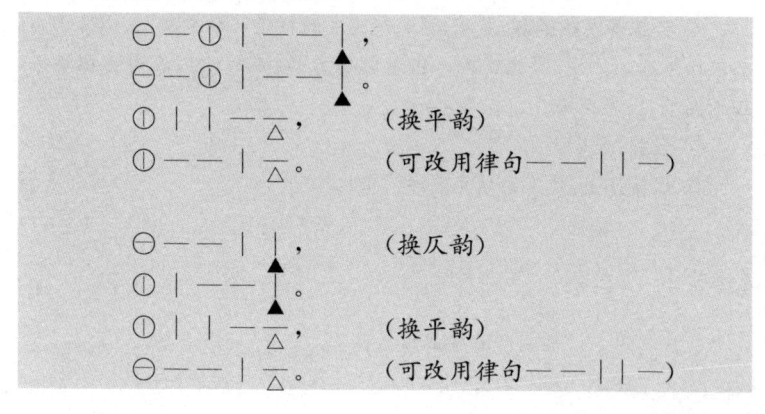

⊖－⊙｜－－｜，
⊖－⊙｜▲－－▲｜，
⊙｜｜－△，　　（换平韵）
⊙｜｜－△。　　（可改用律句－－｜｜－）

⊖－－｜｜▲，
⊙｜－－▲。
⊙｜｜－△，　　（换平韵）
⊖－－｜△。　　（可改用律句－－｜｜－）

全词八句,上下阕各四句。上、下阕后二句格式相同。上、下阕末句,第一字可平,第三字可仄,如第三字用仄,第一字必须用平,否则犯孤平。

平仄换韵。上、下阕一、二句押仄韵,三、四句押平韵。上阕首二句往往用对仗。上、下阕结句多用拗律(即 | ― ― | ―),也可改用律句(即用 ― ― | | ―)。

毛泽东《菩萨蛮·黄鹤楼》句子平仄方面,按一般词书,本词下阕首句"黄鹤知何去"的"鹤"当平而仄,"何"当仄而平。其余平仄合律。若按陈明源《常用词牌详介》所说,下阕首句可作仄起律句,即① | ― ― |,则全词平仄合律。

用韵方面,本词用两平两仄共四韵。上阕第一句"国"、第二句"北"属诗韵入声十三职,词韵十七部。下阕第一句"去"、第二句"处"均属诗韵去声六御,词韵四部,均以诗韵同韵、词韵同部入声相押。上阕第三句"苍"属诗韵下平声七阳,第四句"江"属上平声三江,均属词韵二部,以词韵同部平声相押。下阕第三句"滔"、第四句"高"均属诗韵下平声四豪,词韵八部,以词韵同部平声相押。按今韵,也可以说以湖南方音相押。

其他方面,本词上阕起首二句用对仗。上、下阕末句用律句。

二、壮心未已

> 1965年毛泽东重上井冈山,回顾了38年所走过的充满坎坷最终取得胜利的道路。这一时期的创作,构成了诗人丰富而复杂的内心世界的最后乐章,表现了"烈士暮年,壮心未已"的思想和情操。

水调歌头

重上井冈山

一九六五年五月

久有凌云志,重上井冈山。
｜｜——｜ —｜｜—△

千里来寻故地,旧貌变新颜。
—｜——｜｜ ｜｜｜—△

到处莺歌燕舞,更有潺潺流水,高路入云端。
｜｜——｜｜ ｜｜——｜ —｜｜—△

过了黄洋界,险处不须看。
｜｜——｜ ｜｜｜—△

风雷动,旌旗奋,是人寰。
——｜ ——｜ ｜—△

三十八年过去，弹指一挥间。
—｜｜—｜｜ —｜｜—△

可上九天揽月，可下五洋捉鳖，谈笑凯歌还。
｜｜｜—｜｜ ｜｜｜—｜｜ —｜｜—△

世上无难事，只要肯登攀。
｜｜——｜ ｜｜｜—△

【注释】

① **重上井冈山**：1927年大革命失败后，毛泽东亲自发动和领导了湘赣边界的秋收起义，率领起义的工农革命军到达井冈山，创建了第一个革命根据地。从此，中国革命事业进入了一个新的发展阶段，开辟了一条由农村包围城市、最后夺取全国政权的道路。1965年5月下旬，作者重上井冈山游览视察。5月22日，先后到黄洋界和茨坪(cí píng)。在茨坪居住期间，了解井冈山地区水利、公路建设和人民生活，会见了老红军、烈士家属、机关干部和群众，同他们亲切交谈。5月29日下山。这首词是毛泽东重上井冈山后写下的。井冈山：位于江西、湖南两省边界的罗霄山脉中段，在江西省宁冈、遂川、永新和湖南省酃(líng)县四县交界的众山丛中，山势险峻陡峭，海拔近千米，中间多盆地，方圆有550里。井冈山上有五条出入的小路，被称作五大哨口：即南面的朱砂冲，东面的桐木岭，西面的双马石，北面的八面山，西北面的黄洋界。

② **凌云志**：凌云，升高至云霄，这里是登高之意。志：心愿，想法。《后汉书·冯衍传》说，冯衍自谓"常有陵云之志"。"陵"通"凌"。《水浒传》第三十九回："他时若遂凌云志，敢笑黄巢不丈夫。"

③ **千里**：从北京到井冈山，千里迢迢。故地：曾经生活、战斗过的地方。

④ **莺歌燕舞**：黄莺歌唱，燕子飞舞，形容春光美好。苏轼《披锦亭》有：

037

"烟红露绿晓风香,燕舞莺啼春日长"句。

⑤ **潺潺**(chán chán):形容水流的样子或水流的声音。

⑥ **高路**:高山上的公路。

⑦ **黄洋界**:也作望洋界或汪洋界。位于井冈山区西北部,海拔1 342米,两侧是深谷、峭壁。黄洋界距井冈山的中心茨坪25里,上下15里,形势雄峻险要,有"一夫当关,万夫莫开"之势,是通往井冈山五大哨口中最险要的一个。

⑧ **不须看**:不须,不必。《汉书·冯奉世传》:"不须复烦大将。"看:此处读平声。

⑨ **风雷**:风吹和雷鸣,比喻无产阶级革命运动。

⑩ **旌旗奋**:旌(jīng)旗,旗帜的总称。奋:奋飞,飞扬。

⑪ **人寰**(huán):人世。鲍照《舞鹤赋》:"去帝乡之岑寂,归人寰之喧卑。"

⑫ **三十八年过去**:从1927年10月毛泽东率领秋收起义部队上井冈山算起,到这次重来,已经过去了38年。

⑬ **弹**(tán)**指一挥间**:弹一下指、挥一下手的时间。弹指:佛教用语,极言时间短暂。王维《六祖能禅师碑铭》:"饭食讫而敷坐,沐浴毕而更衣,弹指不流,水流灯焰,金身永谢,薪尽火灭。"

⑭ **九天揽月**:九天,天的极高处。屈原《离骚》诗:"指九天以为正(证)兮。"李白《望庐山瀑布》诗:"飞流直下三千尺,疑是银河落九天。"揽月:摘取月亮。李白《宣州谢朓(tiǎo)楼饯别校书叔云》:"俱怀逸兴壮思飞,欲上青天揽明月。"

⑮ **五洋捉鳖**:五洋,指太平洋、大西洋、印度洋、北冰洋、南冰洋。这里泛指世界。捉鳖:成语有瓮中捉鳖。这里比喻擒拿敌人。

⑯ **谈笑**:笑语言谈,形容十分轻松,不费气力。左思《咏史》诗:"吾慕鲁仲连,谈笑却秦军。"凯歌:胜利的歌。陆游《出塞四首借用秦少游韵》其一:"壮士凯歌归。"还:归来。

【赏析】

　　这首词"可上九天揽月，可下五洋捉鳖"两句最早发表于1967年8月21日《解放军报》的一篇文章中。全词最早发表于《诗刊》1976年1月号，是毛泽东生前最后发表的两首词之一。

　　这首词写重上井冈山后所看到的情景以及由所见而生发的所感。

　　上阕写重上井冈山之后的高兴之情以及所看到的崭新面貌。起始两句紧扣重上井冈山题意。"久有凌云志"，是说自己希望重登井冈山的心志已经很久了。一个"久"字透露出作者对井冈山的一往深情，因为井冈山是作者领导中国工农红军创建的第一个革命根据地。"重上井冈山"，今天真的上井冈山来了，夙愿得偿，该多高兴啊！"千里来寻故地"，出语亲切，也可见作者用心之诚。"旧貌变新颜"，概写井冈山的巨变。接下来三句，从三个方面细写井冈山的变化。"到处莺歌燕舞"，写如今的井冈山处处充满勃勃生机；"更有潺潺流水"，写环境的优美；"高路入云端"，写井冈山的建设成就。最后两句写黄洋界的险峻壮观。"险处不须看"，是衬托黄洋界的，凝结着作者的深厚感情，同时还隐含着某种生活哲理：在中国革命与建设的道路上，只要咬着牙冲过那最艰难的一段路程，前面就没有什么不能克服的困难。

　　下阕侧重抒发壮志豪情。作者看到井冈山的社会主义建设事业兴旺繁荣景象，很自然地想到了"昨天"。"风雷动，旌旗奋，是人寰"三句，语句短促有力，写得精炼生动。"风雷"比喻中国人民和世界人民的革命斗争如风雷激荡；"旌旗奋"是描写社会主义革命和建设中广大人民群众意气风发的盛大场面；"是人寰"点明这些万马奔腾的壮阔景象就出现在当今的世界上。"三十八年过去，弹指一挥间"两句，语气放缓了一些，对于人类历史的长河来说，三十八年，只是一段很短的时间。对于过去来讲，这么短暂的时间，中国就已经发生了翻天覆地的变化。"可上九天揽月,可下五洋捉鳖",作者以浪漫主义手法,描写中国人民在新的历史时期的凌云壮志。由于中国人民具有战无不胜、气吞山河的勇气和豪情壮志,终于"谈笑凯歌还",这里充分肯定了人民的斗争一定会胜利,理想一定会实现。最后两句,作者感慨深沉地写道:"世上无难事,只要肯登攀。"这两句词既总结以往,又激励后来,具有极为深邃的哲理意义,同时也照应全词的开篇,使"凌云志"进到了一个崭新的、更高的境界。

  细细品读这首词,可以强烈感受到充溢于词中的轻松愉悦情绪和满怀自信的豪迈气概。豪迈是这首词的一个基调。叙事、写景、抒情、议论的巧妙结合,是该词的第二个特点。上阕开头四句是叙事,但其中也含有景和情的描写。接下来五句写景,而景中有情、有理。最后两句揭示了一种生活哲理。下阕前三句登高望远,眼前仿佛浮现出一片大好形势,既是叙事,也含有抒情和绘景。中间五句回顾漫长的历史征程,不胜感慨,面对现实和未来的斗争,满怀豪情,也是叙述、议论、抒情三者的结合。最后两句则是在眼前景、往日事的基础上生发出来的充满哲理意味的总结。整首词真正做到了情景交融,景中有情,情中有景。善于用典、化用前人诗句和运用俗语、谚语入诗是毛泽东诗词的共同特点,当然也是这首词的一个特点。

【译文】

  很久以前我就怀有登高望远的凌云壮志,
  今天终于重新登上了井冈山。
  千里迢迢来寻访当年创建革命根据地的地方,
  昔日的面貌已经换成了新的容颜。
  到处耳闻黄莺呖呖歌唱,眼见紫燕翩翩起舞,

还有那潺潺流淌的溪水,
蜿蜒的盘山公路绕山环岭高入云端。
越过了最险要的黄洋界,
其他险要的地方就不必再看了。

无产阶级革命斗争和民族解放运动蓬勃兴起,风雷滚滚激荡,
革命的红旗高高举起,奋力挥舞,到处飘扬,
这正是人间革命斗争如火如荼,方兴未艾,发生翻天覆地变化的景象。
从当年率领秋收起义的工农革命军上井冈山,到今天已经三十八年过去了,
这仿佛是一弹指一挥手的瞬间。
无产阶级革命者有上九重天摘取明月的凌云壮志,
有下五大洋活捉大鳖,打倒国内外一切敌人的英雄气概,
在谈笑间把敌人消灭,高奏凯歌,胜利归来。
世界上没有做不到的事情,
这就如同登山,只要努力攀登,就一定能够到达光辉的顶点。

拓展阅读

跟毛泽东学习写作诗词

水调歌头,词牌名。长调,双调,95字。平韵。宋人于上、下阕中两个六字句,多兼押仄韵。也有句句通押同部平仄声韵的。唐代有大曲《水调歌》,为隋炀帝开凿汴河时所作,声韵悲切。凡大曲必有歌头,此词牌是截取《水调歌》的开头一段另创的新调。上、下阕各用四个韵。又名《凯歌》、《元会曲》、《台城游》、《花犯念奴》等。

《水调歌头》常见的格式是：

⊙｜⊖－｜，
⊙｜｜－⊖̄。
⊖－⊙｜－｜⊙｜｜－⊖̄。
　　　　　　（上六下五或上四下七）
⊙｜⊖－⊙｜，
⊙｜⊖－⊙｜。（五六两句可押仄韵）
⊙｜｜－⊖̄。
⊙｜⊖－｜，
⊙｜｜－⊖̄。

⊖⊖⊖，　　　（可作－－｜，｜－
　　　　　　｜，－｜｜，｜｜｜，
　　　　　　｜－－）
⊖⊖｜，　　　（可作－－｜，－｜
　　　　　　｜，｜－｜）
｜⊖⊖̄。
⊖－⊙｜－｜⊙｜｜－⊖̄，（上六下五或上四
　　　　　　　　　　　　下七或作⊙　⊙
　　　　　　　　　　　　⊖－｜｜，
　　　　　　　　　　　　⊙　｜
　　　　　　　　　　　　｜－－）
⊙｜⊖－⊙｜，
⊙｜⊖－⊙｜，（五六两句可押仄韵）
⊙｜｜－⊖̄。
⊙｜⊖－｜，

①｜｜｜—△。

全词十九句。上阕九句，下阕十句。上、下阕后七句格式相同。

上阕第三句、下阕第四句各为一个十一字句，中间稍有停顿，上六下五或上四下七均可。但近代词人常把它分成两句，并且是上六下五。

毛泽东《水调歌头·重上井冈山》句子平仄方面，上阕第三句"千里来寻故地""里"当平而仄，"寻"当仄而平，"故"当平而仄。下阕第四句"三十八年过去""十"当平而仄，"年"当仄而平，"过"当平而仄。其余平仄合律。若按陈明源《常用词牌详介》所说，上阕第三句可作"① ① ⊖ — ① ｜"，按王力《诗词格律概要》所说，下阕第四句作"① ① ⊖ — ｜ ｜"，或按陈明源《常用词牌详介》可作"① ① ⊖ — ｜ ｜"则本句平仄合律。

用韵方面，韵脚字"山""颜""寰"属诗韵上平声十四寒，"端""间""还""攀"属诗韵上平声十五删，均属词韵十七部。词韵同部平声相押。按今韵，这些韵脚字属诗韵十四寒，也押韵。上阕第一句"志"、第三句"地"、下阕倒数第二句"事"属诗韵去声四寘(zhì)，上阕第六句"水"属上声四纸，均属词韵三部，暗叶。下阕第六句"月"、第七句"鳖"属诗韵入声九屑，词韵十八部，暗叶。《毛泽东诗词大典》认为，"这就构成了平声韵为主韵，添叶两部仄声韵为辅韵的新格局，别有一种音韵之美。"这首词还可以说是用湖南方音押韵。

其他方面，上阕起首两句用对仗，是流水对、宽对。下阕第一、二两句用对仗，是正对、工对。第六、七两句用对仗，反对、工对。

043

三、人生哲理

> 毛泽东诗词揭示的哲理是丰富多样、精彩纷呈的。有揭示自然规律的,如"岁岁重阳,今又重阳";有揭示人生哲理的,如"人生亦老天难老","踏遍青山人未老"等。而揭示自然规律,实质上仍然是为了揭示人生哲理。
>
> 毛泽东诗词中一些富寓哲理的诗句,无不闪耀着马克思主义的光辉。毛泽东是用辩证唯物主义和历史唯物主义的观点来看待一切事物的,因而他加进了前人所没有的东西。同时其诗词又继承和发扬了我国诗词的优良传统,具有丰富而鲜明的形象性,因而具有强烈的感染力和永久的艺术魅力。

采桑子

重 阳

一九二九年十月

人生易老天难老,岁岁重阳。

今又重阳,战地黄花分外香。

一年一度秋风劲,不似春光。

胜似春光,寥廓江天万里霜。

【注释】

① **重(chóng)阳**:节令名,农历九月初九叫重阳,又叫重九。古人以单数为阳数,因日、月都逢九,两阳相重,故叫重阳。古人有重阳节登高赏菊的习俗。

② **天难老**:天,指大自然,宇宙。难老:指宇宙的发展变化不易看到。

③ **岁岁**:年年。岁岁重阳:每年都有一个重阳节。

④ **今又重阳**:指农历己巳年的重阳,这一天是公历1929年10月11日。

⑤ **战地黄花**:战地,指战场。《孙子·虚实》:"凡先处战地而待敌者佚,后处战地而趋战者劳。"此处指福建省的上杭县一带。这年秋天,红四军在福建省西部长汀(tīng)一带歼灭土著军阀,攻克了上杭县。黄花:指菊花。我国古代菊花品种主要是黄的,故称黄花。一说典出《礼记·月令》:"季月之令,鞠有黄华。"鞠:通"菊";黄华:同"黄花"。又《吕氏春秋·季秋纪》:"季秋之月……菊有黄华。"后因此称菊花为黄花。

⑥ **一年一度**:每年一次。王安石《送吴显道》诗其五:"唯有春风应最惜,一年一度一归来。"劲:强劲,猛烈。

⑦ **不似春光**:不似,不像,不同于。春光:春天的景致。

⑧ **胜似**:胜过,胜于。张相《诗词曲语词汇释》:"似,犹于也,意则犹过也。"刘禹锡《秋词》:"自古逢秋悲寂寥,我言秋日胜春朝。"

⑨ **寥廓江天万里霜**:寥廓,空阔远大。江天:江和江上的天空。杜甫《游修觉寺》:"野寺江天豁,山扉花竹幽。"万里:极言广阔。霜:借指秋色。古典文学中有丹霜、紫霜、青霜的说法。这句写江天广阔,秋高气爽,五彩斑斓,一片美妙的秋色。

【赏析】

《采桑子·重阳》最早发表于《人民文学》1962年5月号。

九九重阳,传统佳节,金风送爽,丹桂飘香。这首词写的是重阳节令,但并不是纯写重阳节,而是借重阳节赞美战地风光。透过写景,抒发了革命豪情,通篇洋溢着革命乐观主义精神。

上阕热情歌颂革命根据地红军的战争。"人生易老天难老,岁岁重阳",这两句蕴涵着深刻的自然与人生发展的辩证唯物主义真理。不是吗,人生短暂,容易衰老,可是老天——宇宙自然界却难于衰老,每一年都有重阳节,景色依旧,而人的年龄却年年有变化,不断增加。这两句充满人生苦短的感慨,但却并没有悲观的情调,反而含有"人生易老",我们要珍惜光阴,在有限的时间里,干一番流传千古的事业之意。因此,接下来"今又重阳,战地黄花分外香"两句,更加显示了作者十分开朗的情怀。岁岁重阳看似没有什么变化,可是今又重阳的情景大不一样了,那就是战地开放的菊花格外芳香。"战地黄花分外香"的更深层次的意思是:革命根据地的战争将改变社会、人生,因而在革命者看来,菊花变得分外芳香,因为自然界的菊花也多情,为红军战争的胜利而更加芬芳。

下阕进一步赞美秋天的美丽景色。"一年一度秋风劲,不似春光。胜似春光",其中的"劲"字,写出了秋天的个性,也融进了作者的个性特点。一年一度的强劲秋风,使大地景色不像美丽的春天,但是又胜过春天的美丽景色,可见作者对强劲秋风中的景色是十分喜爱的。作者采用欲扬先抑、以退为进的手法,写出了自己的个性。结句"寥廓江天万里霜",作者豪情激荡,大笔挥洒,描绘了一幅万里霜天的空阔深远景象,这也是"胜似春光"的形象化说明。

这是一曲战地秋景的颂歌。历代的诗人、作家，一接触"秋"字，总是要发一通悲秋的感叹，在他们的笔下"悲"和"秋"往往难以分开。这首词一反悲秋的情调，把秋天写得无比可爱，分外美丽，堪称历代写重阳节诗词中的杰作。全词上下两阕的末句，都是以景作结，上阕写黄花吐香，下阕写江天寥廓。写黄花是近景，写江天是远景。一近一远，前后呼应，生动地展现了一幅秋色万里、生意盎然的动人画卷，格调高昂，境界辽阔，充满了浓烈的诗情画意。

这首词语言朴素自然，音节回旋跌宕，气势雄浑磅礴，意境宏远瑰丽。

【译文】

人的生命短暂，容易衰老，自然界的发展变化则比较缓慢，好像不容易衰老一样。

每年都会有一个重阳节。

今天又到重阳节了，

然而战场上盛开的野菊花却使我们感觉它吐露出更加浓烈的芳香。

这时一年一度的秋风猛烈地吹着，

与春天和煦明媚的风光迥然不同。

但它却更胜过春天，

从靠近江河的地方看去，水天相接，秋高气爽，一片美好的景色。

拓展阅读

一、诗词本事：在逆境中的人生感怀之作

1929年6月22日，中共红四军第七次代表大会在龙岩城内召开。代表们围绕从井冈山斗争以来的各方面问题进行讨论。会议所作的决议对许多具体问题的结论是正确的或比较正确的，但错误地否定了毛泽东提出的党对红军领导必须实行集权制（当时对民主集中制的称谓）和必须反对不要根据地的流寇思想的正确意见。通过的决议说："流寇思想与反流寇思想的斗争，也不是事实"，还把"集权制领导原则"视为"形成家长制度的倾向"。会议认为，毛泽东是前委书记，对争论应多负些责任，给予党内"严重警告"处分。大会改选了红四军党的前敌委员会，在选举前委书记时，由中共中央指定的前委书记毛泽东没有当选，陈毅被选为前委书记。

7月，毛泽东离开红四军主要领导岗位，到闽西农村一面休息养病，一面指导地方工作。10月，毛泽东因身体不好，不得不坐担架，从永定县胡雷的塘下辗转到堂堡的合溪就医。10月11日重阳节前后，从合溪沿汀江赴上杭县城。抵达上杭县城后住广福楼（后称临江楼）。可能就是在这一段期间，毛泽东看到临江楼庭院中黄菊盛开，汀江两岸霜花一片，触景生情，填写了这首词。10月22日，红四军前委收到党中央9月28日的指示信，指出毛泽东应仍为前委书记。11月26日，毛泽东回到前委。

二、跟毛泽东学习写作诗词

> **采桑子**，词牌名。小令，双调，44字。全词八句。平韵。唐教坊大曲有《杨下采桑》，《采桑子》可能是从大曲截取一片而成独立的一个词牌。又名《丑妞儿令》、《罗敷媚歌》等。

《采桑子》常见的格式是：

```
‖ ⊖ — ⊕｜ — — ｜，
  ⊕ ｜ — ̄△。
  ⊕ ｜ — ̄△，
  ⊕ ｜ — — ⊕ ｜ — ̄△。‖
```

全词八句。上、下阕各四句，格式相同。上、下阕第二、三句可用叠句，也可只叠韵而不叠句。一韵到底，用平韵。上、下阕各三平韵。

毛泽东《采桑子·重阳》句子平仄方面，符合格律。

用韵方面，用下平声七阳，属词韵二部。同部平声相押。按今韵，几个韵脚字都属新诗韵十六唐，也押韵。

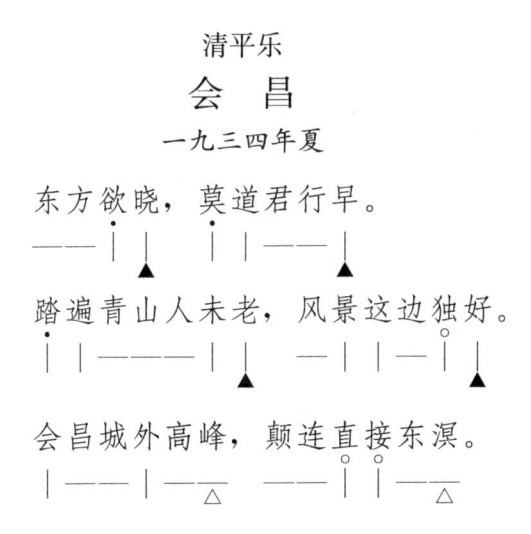

清平乐

会　昌

一九三四年夏

东方欲晓，莫道君行早。
— — ｜ ｜ ， ｜ ｜ — — ｜▲

踏遍青山人未老，风景这边独好。
｜ ｜ — — — ｜ ｜▲ — ｜ ｜ — ｜ ｜

会昌城外高峰，颠连直接东溟。
｜ — — ｜ — △ ， — — ｜ ｜ — △

战士指看南粤，更加郁郁葱葱。
| | | | — — | 　　 | — | | — △

【毛泽东自注自解】

1958年12月21日，毛泽东在文物出版社同年9月刻印的线装大字本《毛主席诗词十九首》上批注：

　　踏遍青山人未老：一九三四年，形势危急，准备长征，心情又是郁闷的。这一首《清平乐》，如前面那首《菩萨蛮》一样，表露了同一的心境。

1964年1月27日，毛泽东口头答复外国文书籍出版局《毛泽东诗词》英译者问：

　　莫道君行早："君行早"的"君"，指我自己，不是复数，要照单数译。会昌有高山，天不亮我就去爬山。

【注释】

① **会昌**：县名，位于江西省东南部，东连福建省，南经寻乌县通广东省，是第一次国内革命战争时期中央苏区内的城市之一，距红色首都瑞金46公里。早在1929年，毛泽东为开辟赣(gàn)南革命根据地，就曾率领红军到过会昌。1931年10月，在会昌建立了革命根据地，这以后作者经常途经和居住在这里。1933年8月中共粤赣省委成立，省委办公地设在会昌。这首词是1934年夏天作者在会昌进行调查研究和指导工作时所作。

② **欲晓**：快要天亮。欲：将要。晓：天亮。

③ **莫道君行早**：莫道，不要说。君：第二人称敬词，相当于"您"，这里是作者自称之词。行：动身，出发。清代《增广贤文》有："莫道君行早，更有早行人。"

④ **踏遍青山人未老**：踏遍青山，从1927年9月秋收起义以来，毛泽东

率领工农红军转战千里,脚下踏过湖南、广东、江西、福建等地的无数山岭,故云。踏遍:走遍。人:指作者自己。陆游《渔家傲·寄仲高》词:"行遍天涯真老矣,愁无寐,鬓丝几缕茶烟里。"

⑤ **风景这边独好**:风景,风光,景色。刘义庆《世说新语·言语》:"过江诸人,每至美日,辄相邀新亭,藉卉饮宴。周侯中坐而叹曰:'风景不殊,正自有山河之异。'皆相视流泪。"这边:指会昌一带中央革命根据地南线。独:唯独。

⑥ **会昌城外高峰**:指会昌城西北的会昌山,又名岚山岭。作者曾回忆说:会昌有高山,天不亮我就去爬山。

⑦ **颠连直接东溟**:颠连,山峰一个连着一个,连绵不断。颠:同"巅",山顶,这里指山峰。直接:一直接到。东溟(míng):东海。李白《古风五十九首》其十一:"黄河走东溟,向日落西海。"这里指福建地区。溟:即海。福建地区濒临东海。

⑧ **南粤**(yuè):古代地名,也叫南越,在今广东、广西一带。这里指广东。因其在江西省的南边,立足于江西而南望广东,故言南粤。

⑨ **郁郁葱葱**:草木苍翠茂盛的样子。《后汉书·光武帝纪》:"气佳哉,郁郁葱葱然!"这里喻指革命前途光明美好。

【赏析】

《清平乐·会昌》最早发表于《诗刊》1957年1月号。

这首词表现了作者豪迈的气概,宽广的胸怀以及对革命胜利的乐观精神和坚定信念。

上阕写晨起登山的情景与感慨。起始两句"东方欲晓,莫道君行早",交代时间环境。近似白描的两句词勾勒了一幅天将破晓的夏日晨曦图,图中的人当然是作者自己。"莫道"二字是说不要说我们走得早,还有比我们更早的人呢! 这表现了作者昂扬向上的人生态度和奋发有为的革命精神。"踏遍青山人未老",紧承前一句的"行"字,联系作者的自注看,内中颇有深意。作者自1927年率领秋收起义队伍进入井冈山,建立革命根据地,历经国民党的多次"围剿"和党内严重的路线斗争,转战于江西、福建等地,确实是踏遍了青山。到写这首词的时候,七八年过去了,人的年龄有所增长,但革命意志并没有衰退。所以结句出现了"风景这边独好"的评说。作者对自己亲手建立的革命根据地怀有深厚的感情。

下阕写登会昌山所见,实际上是"风景这边独好"的具体描述。"会昌城外高峰,颠连直接东溟"两句,写登上城外会昌山高峰所看到的极为开阔辽远的风光。作者站在高峰上,向东望去,峰峰相连,山山相接,绵延无尽,似乎与东海直接相连。"战士指看南粤,更加郁郁葱葱",写南方的美丽景色。作者借同行的战士指看,所见到的是"更加郁郁葱葱"的南国风景。

作者写作这首词时,在党内正受到排挤打击,被调离军事领导岗位,改做政府工作;同时,当时的军事斗争,在党内"左"倾路线的控制下,经过一年仍未打破敌人的"围剿",革命根据地日渐缩小,形势危急,红军被迫即将长征。但从这首词可以看出作者对革命前途仍然充满信心,坚信革命最终必将获得胜利,这是非常难能可贵的。

叙事写景、情景交融是这首词的一个显著特点。作者从平常之事,联想到关系中国命运的大事;从眼前的自然美景,联想到革命前途的远景。这种举重若轻的大家气度,娴熟高超的艺术技巧,实在令人叹为观止。

【译文】

东方天快要破晓,
不要说我们行军出发得太早。

革命战士踏遍青山万重,人并没有衰老。
要论风景,只有革命根据地这边最好。

会昌城外的高峰连绵起伏,
一直连接到波涛汹涌的东海之滨。
红军战士们指着逶迤磅礴的山岭,眺望广东那边,
树木更加葱茏茂密,一派美好壮丽的气象。

❖❖ 拓展阅读 ❖❖

一、诗词本事:会昌岚山峰登山赋词

早在1929年,毛泽东为开辟赣南根据地,就率领红军到过会昌。1931年10月26日解放会昌,是1931年第三次反"围剿"胜利后第一个收复的地区。之后,苏区粤赣省委就设在会昌城外的文武坝。1931年建立红色政权后,毛泽东曾几次到会昌视察工作,1933年3月至1934年6月,又曾在这里住过一段时间。1933年10月,蒋介石调集了100万军队、200架飞机,对中央根据地开始了空前规模的第五次大"围剿"。他们采用步步为营、碉堡推进的"堡垒政策",从四面八方向根据地压缩。那时中央红军只有10万人。由于当时党的临时中央局全面推行"左"倾机会主义,排斥了以毛泽东为代表的正确主张,采取所谓"正规战争"的战略方针,企图"御敌于国门之外",结果打了一年,反"围剿"战争仍不能取胜,革命根据地被压缩得越来越小。

1934年夏,当时的形势十分危急,在关键时刻,毛泽东来到会昌。这一年7月23日左右,天未亮,毛泽东携同粤赣省委书记刘晓、省军区司令员何长工等十多人,从文武坝出发,渡过绵水,过五里排和黄坊,从小路登上会昌城外的岚山峰,顿生豪情,归来后,毛

泽东在文武坝创作了这首词。

二、跟毛泽东学习写作诗词

清平乐，词牌名。小令，双调，46字。上阕押仄韵，下阕换平韵。也有全押仄韵者。原为唐教坊曲名。其本意为"祈求海内清平之乐曲"，而不是指曲子的清调平调。最早见于《尊前集》中记载的李白《清平乐》词四首。上阕四句22字，下片四句24字。又名《清平乐令》、《醉东风》、《忆萝月》等。

《清平乐》常见的格式是：

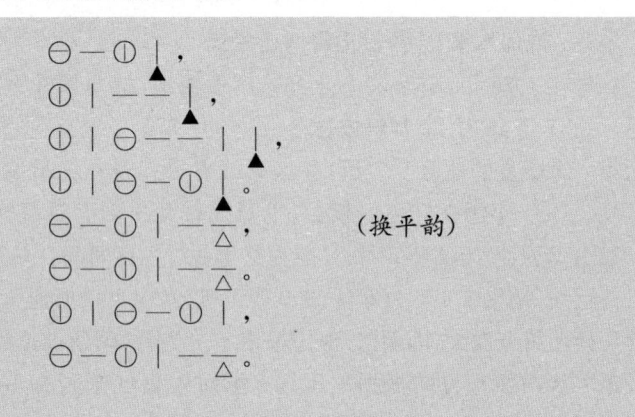

（换平韵）

全词八句。上、下阕各四句。平仄换韵。上阕四仄韵，下阕三平韵。

毛泽东《清平乐·会昌》句子平仄方面，符合格律。

用韵方面，上阕第一句"晓"属诗韵上声十七筱，第二句"早"、第三句"老"、第四句"好"，属诗韵上声十九皓，同属词韵八部。词韵同部上声通押。下阕第一句"峰"属诗韵上平声二冬，第四句

"葱"属诗韵上平声一东,均属词韵一部,第二句"溟"属诗韵下平声九青,属词韵十一部。"峰""葱"词韵同部平声通押,但与"溟"词韵不同部,也不通押。本词用湖南方音取叶。按今韵,上阕"晓"、"早"、"老"、"好"属新诗韵十二豪,属十三辙遥条辙;下阕"峰"、"溟"属新诗韵十七庚,"葱"属新诗韵十八东,同属十三辙中东辙,可通押。

四、托物寄意

毛泽东在致陈毅谈诗的一封信中说:"诗要用形象思维。"诗言志,可以通过叙事、议论表达作者的思想情感,但更多的却是通过描写某种事物或景象,寄寓作者所要表达的情感和思想,达到"言志"的目的。毛泽东诗词中广泛地运用了这一手法抒情言志。大至天文气象、山川风景,小至动植物,甚至神话传说中的事物,从而构成了丰富多彩的艺术形象,使其诗词作品魅力无穷,光彩照人。有的更成为描写的主体,独立地成为雄奇、壮美的诗篇,如《昆仑》、《雪》、《咏梅》等。

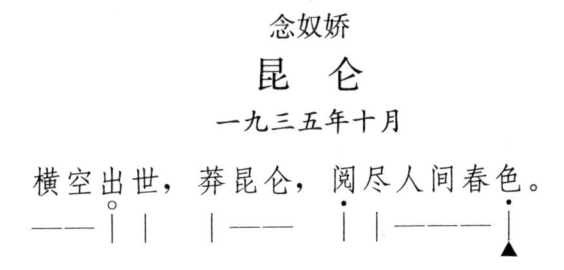

念奴娇

昆　仑

一九三五年十月

横空出世, 莽昆仑, 阅尽人间春色。
——｜｜　｜——　｜｜———｜

飞起玉龙三百万，搅得周天寒彻。
—｜｜——｜｜　｜｜———｜

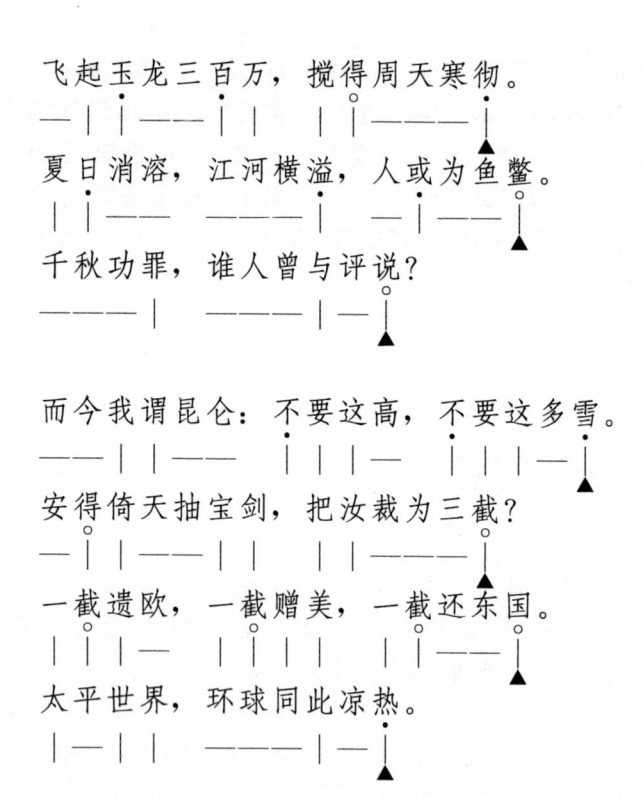

夏日消溶，江河横溢，人或为鱼鳖。
｜｜——　—————　———｜｜

千秋功罪，谁人曾与评说？
————｜　————｜—｜

而今我谓昆仑：不要这高，不要这多雪。
——｜｜——　｜｜｜—　｜｜｜—｜

安得倚天抽宝剑，把汝裁为三截？
—｜｜—｜｜｜　｜｜———｜

一截遗欧，一截赠美，一截还东国。
｜｜｜—　｜｜｜｜　｜｜——｜

太平世界，环球同此凉热。
｜—｜｜　———｜—｜

【毛泽东自注自解】

毛泽东原注：

　　前人所谓"战罢玉龙三百万，败鳞残甲满天飞"，说的是飞雪。这里借用一句，说的是雪山。夏日登岷山远望，群山飞舞，一片皆白。老百姓说，当年孙行者过此，都是火焰山，就是他借了芭蕉扇扇灭了火，所以变白了。

毛泽东在一件手书后自注：

　　宋人咏雪诗云："战罢玉龙三百万，败鳞残甲满天飞。"昆仑各脉之雪,积世不减,登高远望,白龙万千,纵横飞舞,并非败鳞残甲。夏日部分消融,危害中国,好看不好吃,试为评之。

(《毛泽东诗词集》,中央文献出版社,1996年9月第1版)

1958年12月21日,毛泽东在文物出版社同年9月刻印的线装大字本《毛主席诗词十九首》上批注:

昆仑:主题思想是反对帝国主义,不是别的。改一句:一截留中国,改为一截还东国。忘记了日本人是不对的。这样,英、美、日都涉及了。别的解释,不合实际。

【注释】

① **昆仑**:山脉名,其主脉在新疆维吾尔自治区和西藏自治区交界处。西接帕米尔高原,东段分三支延伸。其南支向东延伸后与岷山相接,因而红军长征时所经过的岷山,也可以看作昆仑山的一个支脉。昆仑山是我国最大的山脉,也是亚洲最大的山脉之一,平均海拔高度在5 000米以上。最高峰是木孜塔格山,海拔7 723米。1935年10月,中国工农红军胜利到达陕北,完成了史无前例的二万五千里长征。红军在陕北建立了抗日根据地,极大地鼓舞了全国人民的斗志。此时此刻,作者有感于怀,挥笔写下了这首以反对帝国主义为主题的词。

② **横空出世**:横空,横亘(gèn)空中。宋代周紫芝《水龙吟·天申艺祝寿词》:"黄金双阙横空,望中隐约三山眇。"出世:超出人世,形容昆仑山的雄伟高大和险峻。

③ **莽**:草木茂盛的样子。这里有巍峨、庞大的意思。杜甫《秦州杂诗》:"莽莽万重山,孤城山谷间。"

④ **阅尽人间春色**:阅尽,看尽,看足。表示昆仑经历年代久远。这是拟人化的手法。人间春色:喻指人世间一切盛衰兴废。

⑤ **飞起玉龙三百万**:终年积雪的昆仑山脉蜿蜒(wān yán)起伏,好像无数的白龙正在空中飞舞。玉龙:白色的龙。比喻经夏积雪不消的雪山。

三百万:极言其多,说明昆仑山积雪面积之大、雪峰之多。这句化用宋代张元"战罢玉龙三百万,败鳞残甲满天飞"诗句。

⑥ **搅得周天寒彻**:搅得,搞得,闹得。周天:满天,整个天空。寒彻:寒冷透彻。意即非常冷。

⑦ **江河横溢**:江河,长江、黄河。《墨子·亲士》:"江河之水,非一源之水也;千镒之裘,非一狐之白也。"横溢:水行不由河道而流出来,即洪水泛滥。横(hèng):不由正道。曾巩《与孙司封书》:"皇祐三年,邕有白气起廷中,江水横溢。"

⑧ **人或为鱼鳖**:人们多被洪水淹死。或:有的,有些。为鱼鳖:成为鱼和鳖,即有的人因水灾而葬身鱼腹。南朝梁代萧统《文选·辩命论》:"历阳(在今安徽省和县西)之都,化为鱼鳖。"

⑨ **千秋功罪**:历史功罪。千秋:千年。李陵(少卿)《与苏武》诗:"嘉会难再遇,三载为千秋。"这里指从古到今。功罪:功劳和罪过,意为几千年来昆仑山积雪融化,给长江、黄河输送水源,给人民带来好处,孕育了中华民族文化,这是功;冰雪融化造成洪水泛滥,给人民带来灾祸,这是罪。这里是偏义复词,主要指罪过。

⑩ **谁人曾与评说**:谁人,何人。曾:曾经。与:介词,如同为(wèi)。《孟子·离娄上》:"所欲与之聚之。"评说:评判,评论。

⑪ **而今我谓昆仑**:而今,现在,如今。谓:告诉,对……说。

⑫ **安得倚(yǐ)天抽宝剑**:即"安得抽倚天宝剑"。安得:怎么能够。《国语·楚语》:"民瘠瘠(jí)矣,君安得肥?"倚天抽宝剑:唐代李白《大猎赋》:"于是攉(zhuó)倚天之剑。"倚天剑相传出自楚国宋玉《大言赋》:"长剑耿介,倚天之外。"形容宝剑之长,拔出来,一头放在天上。倚:凭借,靠着。抽:拔。

⑬ **把汝裁为三截**:汝,第二人称代词,你。裁:剪断,这里指用剑劈开。截:段。

⑭ **遗(wèi)**:送,赠给。欧:指欧洲,包括英国。

⑮ **美**:指美洲,包括美国。

⑯ **还东国**:还,还给。东国:东方国家,包括日本。

⑰ **世界**:本为佛家语,犹言宇宙。《楞严经》卷四:"何名为众生世界?

世为迁流,界为方位。"这里指世上,人间社会。

⑱ **环球同此凉热**:世界大同,人类皆得饱暖安乐。环球:也作寰球,整个世界。凉热:冷暖,喻指饱暖安乐。字面上指气候,实是双关语。

【赏析】

《念奴娇·昆仑》最早发表于《诗刊》1957年1月号。

这首词通过对昆仑山功罪的评论和拔剑裁山的奇特想象,充分表现了无产阶级革命家改造自然、造福人类、实现共产主义的崇高理想和抱负。

上阕着重写昆仑。起笔"横空出世,莽昆仑,阅尽人间春色"三句,从空间与时间两个维度写出了昆仑的高耸广袤(mào)和历尽人间沧桑的悠久历史。"横空出世",突出了高高横亘于空中超然独立于人世间的宏伟形象。"莽",则突出了昆仑莽莽苍苍,远大而无穷无尽的气势。"飞起玉龙三百万,搅得周天寒彻",写昆仑山常年积雪,皑皑(ái ái)雪山带来的是寒冷。因昆仑山绵延万里,其寒冷笼罩的范围非常广大,所以作者说"搅得周天寒彻"。作者以奇异的想象比喻昆仑的运动变化形态及其巨大的自然作用力。"夏日消溶,江河横溢,人或为鱼鳖"三句,写这些"玉龙"的缺点,它们曾经给江河两岸的人民带来频繁的水灾。作者把自然的昆仑与人类的历史盛衰联系起来,使得昆仑不仅与人类的历史命运密切相关,而且赋予了昆仑极其丰富的历史文化意蕴(yùn)。"千秋功罪,谁人曾与评说"两句,使读者仿佛看到了作者那史学家的睿(ruì)智眼光和革命家的博大胸襟。

下阕写作者的奇想。"而今我谓昆仑:不要这高,不要这多雪"三句,作者与昆仑对话,根据昆仑使"江河横溢"的缺点,提出设想:不要这么高,也不要这么多雪,就不会造成水灾。怎样才能使昆仑

059

不要这么高,不要这么多雪?接下来三句作者发挥了奇特的想象:"安得倚天抽宝剑,把汝裁为三截",作者希望能抽出倚天长剑,把昆仑裁为三截。以下就"三截"进一步发挥想象:"一截遗欧,一截赠美,一截还东国"。这样就能"太平世界,环球同此凉热"了。人类这个大家园有着大致相同的气温,不致冷的过冷,热的过热。这种写法是一种象征的手法,把昆仑山作为人类历史文化的象征,而"我"则是无产阶级的自觉代表,词中表达了中国共产党人的世界观和革命理想,即要消灭帝国主义,彻底改造人类社会,实现共产主义的世界大同。

全词气魄宏伟,笔力雄健,风格豪放,堪称前无古人,后启来者。把革命浪漫主义和革命现实主义创作方法结合起来,表达宏伟的革命情怀和巨人般的非凡气概是这首词的又一艺术特点。

【译文】

横亘天空,超出人世,
巍峨雄伟的昆仑山,
不知经历了多少年代,看尽了人世间的沧桑变化。
昆仑群山的积雪像千万条白色的巨龙横空飞舞,
把整个天空搅得冷透了。
夏天昆仑山的积雪融化了,
雪水流入长江、黄河而使江河到处泛滥,
甚至有些人丧生,化为鱼鳖。
昆仑千万年来的功绩和罪过,
又有谁曾经对它作出评论呢?

如今我对昆仑说:

不要你这么高,
不要你这么多的雪。
我怎么才能靠着天抽出极长的宝剑,
把你劈成三段?
一段赠送给欧洲,
一段赠送给美洲,
一段归还给东方诸国。
将来创立一个真正太平盛世,即大同世界,
使全世界都能受到一样的冷暖,享受饱暖安乐。

拓展阅读

跟毛泽东学习写作诗词

念奴娇,词牌名。长调,双调,100字。仄韵,也有用平韵者。原为唐教坊曲名。念奴是唐天宝年间(742~756)著名歌伎,元稹《连昌宫词》说:"力士传呼觅念奴,念奴潜伴诸郎宿……春娇满眼睡红绡,掠削云鬟旋妆束。"调名由此而得。上阕49字,下阕52字,各十句四韵。

此调音节高亢,英雄豪杰之士多喜用之,宜于抒写豪情壮志。又名《大江东去》《酹江月》《百字令》《大江西上曲》《壶中天》《杏花天》《赤壁谣》《千秋岁》等。

《念奴娇》常见的格式是:

⊖—①|,
|—⊖、①|⊖——|。(或|———①|、
　　　　　▲　　　①———|,即上三
　　　　　　　　　　　下六或上五下四)

⊙｜⊖——｜｜，
⊙｜⊖——｜。
⊙｜——，
⊖—⊙｜，
⊙｜——｜，
⊖—⊖｜，
⊖——｜—｜。

⊖｜⊖｜——，　　（或⊖—⊙｜——）
⊖——｜，　　　（或⊙｜——）
⊙｜——｜。
⊙｜⊖——｜｜，
⊙｜———｜。
⊙｜——，
⊖—⊙｜，
⊙｜——｜，
⊖—⊖｜，
⊖——｜—｜。

全词二十句。上、下阕各十句。上、下阕后七句格式相同。一韵到底，用仄韵，且常用入声韵。上、下阕各四仄韵。本调平仄相当灵活，而且用一些拗句。词中四言对句往往用对仗。

毛泽东《念奴娇·昆仑》句子平仄方面，按一般词书，下阕第二句"不要这高""这"当平而仄，第三句"不要这多雪""这"当平而仄，第六句"一截遗欧""遗"当平而仄，第七句"一截赠美""截"当平而仄。其余平仄合律。若按陈明源《常用词牌详介》所说，下阕第六句可作"⊖｜　｜—"，则该句平仄合律。本词除下阕第二、三、七句外，其余平仄合律。但这几句都是口语入词，平仄可不拘。

用韵方面，上阕第三句"色"、下阕倒数第三句"国"，属诗韵入声十三职，词韵十七部，词韵同部入声相押。上阕第五句"彻"、第八句"鳖"、第十句"说"，下阕第三句"雪"、第五句"截"、末句"热"属诗韵入声九屑，词韵十八部。"色""国"与"彻""鳖""说""雪""截""热"词韵不同部，也不通押。本词是用湖南方音相押。按词谱，上阕第七句不必押韵，这里"溢"属诗韵入声四质，属词韵十七部，是添叶。

沁园春

雪

一九三六年二月

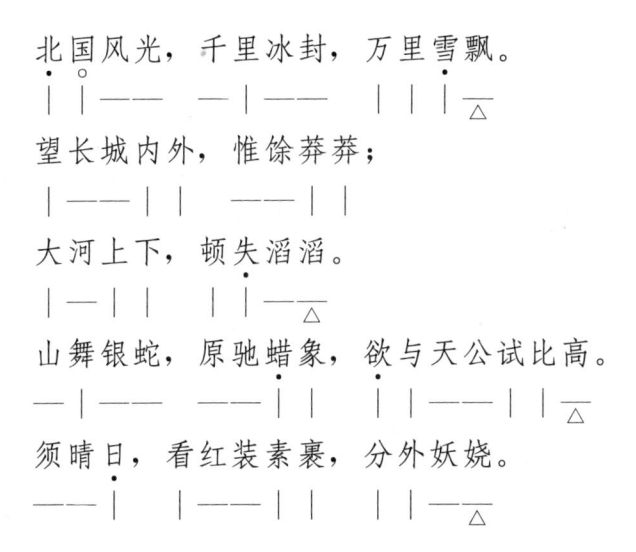

北国风光，千里冰封，万里雪飘。
｜｜—　—｜—　｜｜｜△

望长城内外，惟馀莽莽；
｜——｜｜　——｜｜

大河上下，顿失滔滔。
｜—｜｜　｜｜—△

山舞银蛇，原驰蜡象，欲与天公试比高。
—｜——　——｜｜　｜｜——｜｜—△

须晴日，看红装素裹，分外妖娆。
——｜　｜——｜｜　｜｜—△

063

江山如此多娇，引无数英雄竞折腰。
———｜—— ｜—｜——｜。
　　　　　　　　　　　△

惜秦皇汉武，略输文采；
｜——｜｜ ｜—｜—

唐宗宋祖，稍逊风骚。
——｜｜ —｜—。
　　　　　　△

一代天骄，成吉思汗，只识弯弓射大雕。
｜｜——｜｜—— ｜｜——｜｜—。
　　　　　　　　　　　　　　△

俱往矣，数风流人物，还看今朝。
—｜｜ ｜———｜ —｜——。
　　　　　　　　　　　　△

【毛泽东自注自解】

毛泽东原注：

　　原指高原，即秦晋高原。

1958年12月21日，毛泽东在文物出版社同年9月刻印的线装大字本《毛主席诗词十九首》上批注：

　　雪：反封建主义，批判二千年封建主义的一个反动侧面。文采、风骚、大雕，只能如是，须知这是写诗啊！难道可以谩骂这一些人们吗？别的解释是错的。末三句，是指无产阶级。

【注释】

　　① 雪：这首词作于红一方面军1936年2月由陕北准备东渡黄河进入山西省西部抗日前线的时候。1945年8月，毛泽东赴重庆与国民党谈判，谈判期间，会见了柳亚子先生。柳亚子向毛泽东索句，毛泽东就把这首词

抄赠给他。后来这首词在《新民报晚刊》《大公报》上发表出来,引起了不小的轰动。作者于1945年10月7日给柳亚子的信中说,这首词作于"初到陕北看见大雪时"。

② **北国**:就是国北,国家的北部。苏轼《韩维三代妻·曾祖处均燕国公制》:"是用因上公之旧秩,开北国之新封。"

③ **千里冰封,万里雪飘**:这两句是互文见义,即千里万里都是冰封,千里万里都是雪飘。冰封:被冰雪所覆盖。

④ **望**:领起字,根据词律,领起以下四句;根据文义,领起以下七句。内外:内部和外部,里面和外面。

⑤ **惟馀莽莽**:惟,只。馀:剩下。莽莽:本指草木茂盛的样子,这里指空旷无际的样子。杜甫《对雨》诗:"莽莽天涯雨,江边独立时。"

⑥ **大河上下,顿失滔滔**:黄河因冰封而立刻消失滚滚的波浪。大河:指黄河。古代以"河"为黄河的专称,也称大河。《楚辞·九章·悲回风》:"望大河之洲渚兮,悲申徒之抗迹。"上下:上游和下游。顿:顿时,立刻。失:消失。滔滔:形容水势盛大的样子。

⑦ **山舞银蛇**:冰雪覆盖着的山峦,蜿蜒曲折,绵延起伏地伸向远方,远远望去,像白色的蛇在舞动。山:这里指陕西和山西一带的高原。

⑧ **原驰蜡象**:被冰雪覆盖着的秦晋高原,丘陵起伏,似蜡白色的象群在奔驰。驰:奔驰。蜡象:白色的象。蜡:作形容词用,白色。

⑨ **天公**:老天爷,这里指天空。陆游《残雨》诗:"五更残雨滴檐头,探借天公一月秋。"龚自珍《己亥杂诗》:"我劝天公重抖擞,不拘一格降人才。"

⑩ **须晴日,看红装素裹,分外妖娆**:等到晴朗的日子,看到红日和白雪互相映照,好像装饰艳丽的美女裹着白色的披风,格外娇媚。须:等到。红装:妇女的艳丽服饰,也代指美丽的女子,此处两用皆可。素裹:裹素的倒装。裹:包,穿。素:洁白净美的服饰。宋代蒲宗孟《望梅花》:"被天人,制巧妆素艳。"妖娆:娇媚艳丽。曹植《感婚赋》:"故有怀兮妖娆,用搔首兮屏营。"

⑪ **江山如此多娇,引无数英雄竞折腰**:祖国的河山是这样的美好啊,

引得无数英雄争着为之奔走操劳。江山:本指江河和山岭。《庄子·山木》:"彼其道远而险,又有江山,我无舟车,奈何?"又借指国家的疆土。《三国志·吴书·贺邵传》:"割据江山,拓土万里。"这里两种意思都有。如此:像这样。多娇:十分娇美。娇:妩媚可爱。元稹《莺莺传》:"无力慵移腕,多娇爱敛躬。"引:招致。竞:比赛,争着。折腰:鞠躬,躬着腰侍候。《晋书·陶潜传》:"吾不能为五斗米折腰。"李白《梦游天姥吟留别》:"安能摧眉折腰事权贵,使我不得开心颜。"这里引申为倾倒,崇敬之意。

⑫ **惜秦皇汉武,略输文采**:可惜秦始皇、汉武帝武功甚盛,对比之下,文治方面的成就略有逊色。惜:可惜。这里是领起字。根据词律,领起以下四句;根据词义,领起以下七句。秦皇:即秦始皇,名嬴(yíng)政(公元前259~前210),秦朝的创业皇帝。汉武:即汉武帝,名刘彻(公元前156~前87),汉朝武功最盛的皇帝。古代即有以"秦皇""汉武"对举的。庾信《温汤碑》:"秦皇馀石,仍为燕齿之阶,汉武旧陶,即用鱼鳞之瓦。"略输:稍微差一点儿。文采:本指辞藻,才华。《汉书·韦玄成传》:"玄成为相七年,守正持重不及父贤,而文采过之。"这里含有文治的意思。

⑬ **唐宗宋祖,稍逊风骚**:唐太宗、宋太祖的文学才华稍次。唐宗:即唐太宗李世民(599~649),唐朝建立统一大业的皇帝。宋祖:即宋太祖赵匡胤(yìn)(927~976),宋朝的开国皇帝。稍逊(xùn):稍微逊色。风骚:风,指《诗经》中的《国风》;骚:屈原作的《离骚》,后来用以代指《诗经》《楚辞》这两部书。又引申为文学作品的代称。这里指文章的辞采,含有文治的意思。

⑭ **一代天骄,成吉思汗**:一代,整个一个时代。王充《论衡·宣汉》:"周有三圣,文王、武王、周公并时猥出。汉亦一代也,何以少于周?"天骄:"天之骄子"的略语。汉代匈奴自称为"天之骄子",意思是上天所骄纵的人物。《汉书·匈奴传上》:"单于遣使遗汉书云:'南有大汉,北有强胡。胡者,天之骄子也'。"成吉思汗:即元太祖,本名铁木真(1162~1227),是古代蒙古族统治阶级的领袖和军事家。成吉思汗是1206年统一蒙古后的尊称,意思是"强者之汗"。汗(hán):可(kè)汗的省称,即王。1271年成吉思汗被推尊为建立元朝的始祖。

⑮ **只识弯弓射大雕**:只不过以武功见长,缺乏文治。识:知道,懂得。弯弓:拉弓,拉满弓准备放箭。雕:一种鹰,属大型猛禽,多生活在北方沙漠地带,飞得又高又快,不容易被射中,所以古代以"射雕手"比喻高强的射手。《史记·李将军列传》:"生得一人,果匈奴射雕者也。"

⑯ **俱往矣,数风流人物,还看今朝**:俱:全,都。往:动词,过去。矣:语气助词,了。数(shǔ):点算。风流人物:指一代极有影响的人物。宋代苏轼《念奴娇·赤壁怀古》:"大江东去,浪淘尽,千古风流人物。"这里指无产阶级革命者。风流:本指仪表,风度。《三国志·蜀书·刘琰传》:"〔刘备〕以其宗姓,有风流,善谈论,厚亲待之。"后指英俊,杰出。《世说新语·赏誉》:"范豫章谓王荆州:'卿风流俊望,真后来之秀。'"这里指英俊的,杰出的。今朝(zhāo):今天早晨。这里引申为现在,当今。

【赏析】

《沁园春·雪》最早发表于 1945 年 11 月 14 日重庆《新民报晚刊》,后正式发表于《诗刊》1957 年 1 月号。这首词是毛泽东影响最大、成就最高的一首词,是毛泽东诗词的又一首代表作。

这是一首北国风光的赞歌,同时也表达了作者崇高的革命气概和无产阶级英雄主义和革命乐观主义精神,抒发了作者的伟大抱负和雄视百代的豪情。

上阕主要写景咏物,歌颂祖国山河的壮丽。"北国风光,千里冰封,万里雪飘"三句,起笔就大气磅礴,有包举宇内之势。作者以"背负青天朝下看"的审美视野,纵览祖国北方的河山。"千里"、"万里"都说明地域之广,"冰封"、"雪飘"交代是冬天的风光。"望"字承上启下,既望千里万里,又望北国特有景物。最显眼的景物首推"长城内外,惟馀莽莽"、"大河上下,顿失滔滔"。长城、黄河,有着极其丰厚的历史文化意蕴。作者以"莽莽"渲染长城早已是一片冰雪,无边无际,以"顿失"状写黄河因为被冰雪覆盖,滔滔洪水已不见踪影,突出了冰雪的威力。长城与黄河相应,写得极有气势。接下来望到的是"山舞银蛇,原驰蜡象,欲与天公试比高",冰雪覆盖的群山状如银蛇起伏向前,绵延无尽,冰雪覆盖的高原如蜡象奔驰,好像要与高高在上的"天公"一比高低。一"舞"一"驰"的动态描写,把北方冰雪世界中的群山、高原写得气雄力足,生机勃勃,显示出了一种大无畏的抗争精神。结片"须晴日,看红装素裹,分外妖娆"三句,作者妙想奇发,着笔雪天雪景,去描绘云散天晴冬阳暖照的晴天雪景。作者以美人的装束"红装素裹"设喻,描写晴日照耀下的北国冰雪江山的风景,确实是"分外妖娆"。

下阕着重论史抒怀。"江山如此多娇,引无数英雄竞折腰"两句在结构上称为"过片",起承上启下的作用。首句用深情的赞美承"分外妖娆",第二句紧接首句意脉而又大开思路以启下,把上下两阕连缀得天衣无缝。"惜秦皇汉武,略输文采;唐宗宋祖,稍逊风骚。一代天骄,成吉思汗,只识弯弓射大雕",共有三层意思,作者以一感情色彩十分浓厚的"惜"字领兴,既肯定秦始皇、汉武帝、唐太宗、宋太祖、成吉思汗是为如此多娇的江山"竞折腰"的英雄,又评说他们的历史局限:"略输文采"、"稍逊风骚"、"只识弯弓射大雕"。作者对秦始皇、汉武帝、唐太宗等几个历史时代的巨人给予了美学意味的评说。"俱往矣"一句总括过去千百年历史中的许多英雄人物,引出今朝。"数风流人物,还看今朝",这是全词中最具伟力的诗语,作者雄视百代,超越千古,充分表达了无产阶级肩负历史使命的自豪与完成历史使命的自信。

《沁园春·雪》的美学成就,达到了登峰造极的地步。全词境界高远,气象宏伟,景象非凡,革命现实主义和革命浪漫主义得到了完美统一。柳亚子誉之为千古绝唱:"虽东坡、幼安,犹瞠(chēng)乎其后,更无论南唐小令、南宋慢词矣。"(柳亚子:《赠尹瘦石毛泽东手书〈沁园春·雪〉和自书所作和词跋》,见《毛泽东诗词书法艺

术》,中央文献出版社,2007年1月版,第535页)

【译文】

好一派祖国北方的风光,
千里大地都被冰冻封盖着,
万里长空大雪飘舞。
纵目遥望长城内和长城外,
只剩下无边无际白茫茫的一片,
黄河上游和下游的河水已经结冰,
顿时失掉了滚滚的波涛。
绵延起伏的群山像一条条银蛇在舞动,
被冰雪覆盖高低起伏的秦晋高原,像蜡白色的象群在奔跑,
好像要跟天公一比高低。
等到雪霁天晴的日子,
红日和白雪交相辉映,好像美女穿着艳丽的服饰披着素色的外衣,
格外地妩媚动人。

祖国的河山是这样美好壮丽,
引得无数英雄竞相爱慕倾倒,为之奔走操劳。
可惜秦始皇和汉武帝,
他们虽然武功卓著,而文治方面稍微差一点儿;
唐太宗、宋太祖,
具有雄才大略,而文学才华也稍次一等。
威震一时的"天之骄子",

成吉思汗,
更仅仅是武艺高强,只懂得弯弓射雕而已。
历史上的英雄人物都已经过去了,
要算到真正称得上风流人物的,
还得看今天的无产阶级革命领袖和人民群众。

拓展阅读

一、诗词本事:东征途中写下了名垂青史的《雪》词

  1936年,红军组织东征部队,准备东渡黄河对日军作战。红军从子长县出发,挺进到清涧县高杰村的袁家沟一带时,部队在这里休整了16天。2月5日至20日,毛泽东在这里居住期间,曾下过一场大雪,长城内外白雪皑皑,隆起的秦晋高原,冰封雪盖。天气严寒,连平日奔腾咆哮的黄河都结了一层厚厚的冰,失去了往日的波涛。毛泽东当时住在农民白治民家中,深夜,见此情景,颇有感触,填写了这首词。

二、诗词佳话:毛泽东《沁园春·雪》词发表引起的一场文化激战

  1945年8月28日,毛泽东赴重庆与国民党举行和平谈判。8月30日,柳亚子到毛泽东住地重庆桂园探望毛泽东。9月6日,毛泽东偕周恩来、王若飞去沙坪坝南开学校的南津村柳亚子寓所回拜。在毛泽东赴重庆谈判的40多天中,二人时有诗信交流。这期间,柳亚子曾写诗送给毛泽东,并向毛泽东索诗。毛泽东于10月7日将自己1936年2月在延安作的这首《沁园春·雪》写赠给他,并附有一信。信中说:"初到陕北看见大雪时,填过一首词,似与先生诗格略近,录呈审正。"

  柳亚子接到毛泽东派人送来的这首词后,随即就作了一首和词,题为《沁园春·次韵和毛润之初行陕北看大雪之作,不能尽如原意也》。毛泽东这首词书赠柳亚子后,很快就在重庆传开,被许多爱好者传抄。当时在重庆《新民报晚刊》副刊《西方夜谭》担任编辑的吴祖光得到词作传抄稿后,于11月14日在《新民报晚刊》第二版副刊《西方夜谭》发表了这首《咏雪》词,标题是《毛词·沁园春》。吴祖光还特意在词的后面加了一段按语:

> 毛润之先生能词,似鲜为人知。客有抄得其《沁园春·雪》一词者,风调独绝,文情并茂,而气魄之大乃不可及。据毛氏自称,则游戏之作。殊不足为青年法,尤不足为外人道也。

这首词发表后,顿时轰动了整个山城,很快就传遍全国。11月28日重庆《大公报》又将柳亚子的"和词"与《毛词·沁园春》集中在一起,以醒目地位刊出。接着,重庆有十几家报刊(几乎所有报刊)相继发表了对《沁园春·雪》步韵、唱和之作与评论文章。人心所向,舆论沸腾,使国民党当局惊恐万状。国民党中宣部召见《新民报》主管人,大加申斥并警告了一通,认为是替共产党"张目"。12月8日,《大公报》发表主笔王芸生《我对中国历史的一种看法》的署名文章,攻击毛泽东《沁园春·雪》有"帝王思想"。在蒋介石的授意下,《中央日报》《和平日报》《益世报》从12月4日起先后发表了二十多首"和词"和十几篇文章,攻击毛泽东和中国共产党人。以郭沫若为代表的进步文化人奋起反击,针锋相对地进行了有力的驳斥。

三、跟毛泽东学习写作诗词

《沁园春》常见格式见本书《沁园春·长沙》"拓展阅读"处。

毛泽东《沁园春·雪》句子平仄方面,按一般词书,本词下阕第二句"引无数英雄竞折腰""无"当仄而平,第八句"成吉思汗""吉"当平而仄,"汗"当仄而平,第十句"俱往矣""往"当平而仄,其余平

仄合律。若按陈明源《常用词牌详介》所说,下阕第二句可作"①①|⊖—⊖|—",第十句可作"⊖⊖|",则这二句平仄合律。本词除下阕第八句外,其余平仄合律。

用韵方面,本词上阕第三句"飘"、末句"晓",下阕第一句"娇"、第二句"腰"、第九句"雕"、末句"朝",属诗韵下平声二萧;上阕第七句"滔"、第十句"高",下阕第六句"骚",属诗韵下平声四豪,均属词韵八部,是词韵同部平声通押。按今韵,这几个韵脚字,都属新诗韵十二豪,也押韵。按词谱,下阕第七句不必押韵,这里的"骄"属诗韵下平声二萧,属词韵第八部,是添叶。下阕第三句"武"属诗韵上声七麌(yǔ,群聚的样子),第五句"祖"属诗韵上声六语,都属词韵四部。用别部仄声韵暗叶。

其他方面,上阕第八句、第九句用对仗,是正对、工对。下阕第一句至第四句用对仗,是扇面对、工对。

四、书法欣赏:二十世纪四十年代毛体书法杰出的代表作《沁园春·雪》

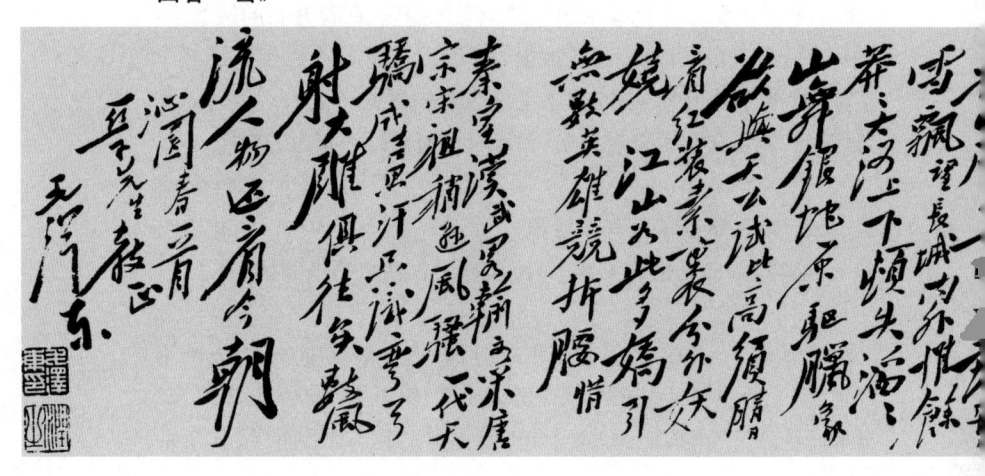

这幅字是当年毛泽东书赠柳亚子的两件"古本"之一。代表了二十世纪四十年代中期毛泽东的书风,也是那一时期毛泽东书法最杰出的代表作。还是毛泽东书法中唯一盖上了当时柳亚子请篆刻家曹立庵刻的两枚名章的书作。

毛泽东的这幅《沁园春·雪》是用行书字体,以强劲的线条、独特的结体写成的书法佳作。字的结体由右上向左下倾斜,横画左低右高,撇画远送拉长,竖画反弓内收,结字欹斜而无倾覆感。每一竖行的字大小相差虽然很明显,但每一行却保持在同一条轴线上,上下呼应,气脉贯通,错落有致。整幅作品呈乱石铺路的态势,中间有的字字大墨浓,赫然醒目。如"封"、"雪飘"、"山舞"、"欲"、"娆"、"射"、"流"、"朝"等字遥相呼应,每个大字的前后都有小字参差错落,相互配合,显示了布局的巧妙、结构的紧凑,作者情感起伏的节律跳荡于字里行间。《沁园春·雪》虽用行书写成,但气势贯穿始终,一气呵成,既有万马奔腾之动势,又有千帆竞秀之清丽,疏朗雄劲,潇洒险奇,字势与篇势和谐一致,内容与形式天然浑成,蕴涵了无限的生机。

卜算子

咏　梅

一九六一年十二月

读陆游咏梅词,反其意而用之。

风雨送春归, 飞雪迎春到。
— | | — —　— | — — ⏌

已是悬崖百丈冰, 犹有花枝俏。
| | | — — | | —　— | — — ⏌

俏也不争春，只把春来报。
｜｜｜——　｜｜——｜
　　　　　　　　　▲

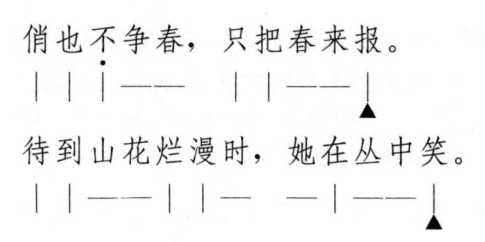

待到山花烂漫时，她在丛中笑。
｜｜——｜｜—　—｜——｜
　　　　　　　　　▲

【毛泽东自注自解】

毛泽东在一件手书及其清样所附陆游原词后写道：

　　作者北伐主张失败，皇帝不信任他，卖国分子打击他，自己陷于孤立，感到苍凉寂寞，因作此词。

1962年1月12日毛泽东在一封信中说：

　　近作咏梅词一首，是反对修正主义的，寄上请一阅。并请送沫若一阅。外附陆游咏梅词一首，末尾的说明是我作的，我想是这样的。

"末尾的说明"，即指上面所引的一段文字。

【注释】

① **咏梅**：歌颂梅花。咏：吟咏，用诗词等文学样式写作。

② **陆游**：南宋爱国大诗人，生于1125年，卒于1210年，字务观，号放翁，越州山阴（今浙江绍兴）人。他生当封建统治阶级向外来侵略势力委屈求和的时代，少年时受家庭中爱国思想的影响，中年投军，此后流转四川，前后九年。其主张抗金收复失地的爱国抱负不为时用，晚年退居家乡，但报国信念始终不渝。一生留有9 000多首诗歌，抒发政治抱负，关心社会命运，风格豪放，气象雄浑，表现出强烈的爱国情感。抒写日常生活，也多清新之作。其词在文学史上也有一定的影响。

③ **反其意而用之**：陆游的诗词中有一百来首是咏梅的，《卜算子·咏

梅》是其中的名篇。陆游写这首词时,正是他主张北伐失败,受到投降派打击,内心愤懑(mèn)抑郁,无可奈何的时候,所以词中表现出一种孤芳自赏、凄凉消沉的情绪。作者这首词用陆游原调(卜算子)原题(咏梅),但表现的思想内容和情调完全相反,所以作者说"反其意而用之"。宋代胡仔《苕溪渔隐丛话后集·王黄州》引严有翼《艺苑雌黄》说:"文人用故事,有直用其事者,有反其意而用之者。"这里是借用陆游原词,仍以卜算子为词牌、梅花为题材,写出新的《卜算子·咏梅词》。

④ **风雨送春归,飞雪迎春到**:前一句"春"指去春,后一句"春"指来春。宋代辛弃疾《摸鱼儿》词:"更能消几番风雨,匆匆春又归去。"风雨:指暮春风雨。苏轼《和秦太虚梅花》诗:"不知风雨卷春归,收拾余香还畀昊。"飞雪:指冬天的飞雪。

⑤ **百丈冰**:极言冰柱之高,寒冷之甚。唐代岑(cén)参《白雪歌送武判官归京》诗:"瀚(hàn)海阑干百丈冰,愁云惨淡万里凝。"

⑥ **犹有花枝俏**:还有梅花在枝头怒放,艳丽而俊美。犹:仍,还有。花枝:指冬梅。俏(qiào):俏丽,俊美。这里比喻中国共产党和全世界真正的马克思主义者坚贞不屈的高贵品质。

⑦ **不争春**:不与百花在春天争妍斗丽。清代叶申芗《霜天晓角·梅花》:"开向花头上,又岂为、占春忙。"

⑧ **只把春来报**:只是把春天到来的消息普告人间。欧阳修《蝶恋花》词:"雪里香梅,先报春来早。"陈亮《梅花》诗:"一朵忽先变,百花皆后香。欲传春消息,不怕雪埋藏。"这里是说真正的马克思主义者以解放全人类为己任,他们全心全意为中国和世界的绝大多数人服务,而不是为了争夺荣誉,居功自傲,只是为了迎来革命的胜利,向人民报道革命胜利的消息。

⑨ **待到山花烂漫**:待到,等到。山花烂漫:形容百花盛开,色彩鲜艳美丽。南宋严蕊《卜算子》词:"若得山花插满头,莫问奴归处。"杜甫《十二月一日》诗三首其三:"春花不愁不烂漫,楚客唯听棹相将。"韩愈《山石》诗:"山红涧碧纷烂漫,时见松枥皆十围。"

⑩ **她在丛中笑**:梅花在万紫千红中享受一份春光,与众花共同欢乐愉快地笑了。杜甫"浣花溪里花饶花"、朱熹"心期已误梅花笑",都是写花开之时"春葩含日似笑"之意。丛中:花丛之中。

【赏析】

毛泽东的《卜算子·咏梅》最早发表于1963年12月人民文学出版社出版的《毛主席诗词》。

这首词表现了梅花坚强不屈,不畏寒冷,对春天充满信心和谦虚的风格,塑造了新时代梅花全新的形象。

上阕主要写梅花傲寒开放的美好身姿。起始二句叙季节的变换。第一句才说"春归",第二句就说"春到"。春归是风雨所送,春到是飞雪所迎。很显然,作者强调的是"春到"。这里的春到,象征着当时政治形势的变化发展。作者认为,自从革命运动开展以来,虽有"风雨送春归"的曲折形势,但"飞雪迎春到"毕竟是主流。"飞雪"是严冬之时,"飞雪迎春到"体现了作者对形势发展的预测。"已是悬崖百丈冰,犹有花枝俏",承"飞雪"写出,极力渲染梅花开放的冰雪环境,这是一种衬托的手法,在"百丈冰"的时节梅花开放,是十分难能可贵的。这样一来,"犹有花枝俏"一句就格外醒目。梅花不仅在如此严寒的环境中开放,而且开放得还特别俏丽。作者以冰雪衬托梅花,以梅花象征革命者。"俏"字用得很精彩,既表现梅花的俏丽,又象征革命者坚贞美好的情操。

下阕主要写梅花的精神风貌。首句承"俏"字写出。俏丽的梅花开放于寒冬之时,它是春天的信使,预报春天就要到来,当春天真正到来时她已经飘零了。这就是梅花的性格。所以作者说梅花是"俏也不争春,只把春来报"。"待到山花烂漫时,她在丛中笑"两句,描写春天降临繁花似锦的时候,梅花那种高兴的样子。写出了梅花不仅有俏丽的身姿,而且有崇高的精神境界。

词前序中说的"反其意"是读者进入这首咏梅词艺术境界的极佳通道。陆游当时主张北伐,皇帝不信任他,朝廷中主和的投降派又排挤、攻击他,他难酬壮志,伤感悲凉,便作了《卜算子·咏梅》。

陆游以梅自况,表示要坚持爱国情操,至死不向恶势力屈服。但陆游词中的"梅"太孤寂了,要听任群芳的嫉妒,没有阳光相照,却有风摧雨浇,最后"零落成泥碾作尘",但终于保持了固有的芳香。毛泽东词中的"梅"则完全相反。陆游笔下的"梅花"是一个孤独的爱国者形象,而毛泽东笔下的"梅花"是伟大的共产主义者,她是一个人,更代表了先进的无产阶级群体。陆游笔下的"梅花"生长在"驿外断桥边",在凄风苦雨中支撑,而毛泽东笔下的"梅花"与飞雪为伍,在"悬崖百丈冰"时,傲霜斗雪成长。陆游笔下的"梅花"寂寞无主地开放,在黄昏中独自发愁,颓唐哀伤,而毛泽东笔下的"梅花"在春天即将到来时绽放,自豪,乐观。陆游笔下的"梅花""无意苦争春",与世无争,明哲保身,而毛泽东笔下的"梅花""只把春来报",要把春光迎到人间,无私奉献。陆游笔下的"梅花""一任群芳妒",孤芳自赏,无可奈何,而毛泽东笔下的"梅花"在山花烂漫的丛中欢笑,永远与百花在一起。陆游笔下的"梅花"最终结局是"零落成泥碾作尘",被人所遗忘,而毛泽东笔下的"梅花"迎来了百花盛开,在春天中得到永生。

象征和拟人化手法的运用,是这首词的最大特点。

【译文】

在一阵阵风雨中送走了春天,
漫天飞舞的大雪又将春天迎来。
已经到了悬崖峭壁垂挂百丈冰柱的严冬,
还有不畏严寒的梅花俏丽地开着。

俏丽的梅花不是为了同谁争夺美丽的春光,
只是把春天将要到来的消息告诉人世间。

等到漫山遍野鲜花艳丽开放的时候,
梅花在万紫千红的花丛中欢乐愉快地笑了。

拓展阅读

一、诗词本事：毛泽东"反其意而用之"创新词

1961年12月，毛泽东在广州筹划即将召开的中共中央扩大的工作会议。闲暇时，他读了陆游的《卜算子·咏梅》词，受到启发，联系当时国际政治斗争风云，"反其意而用之"，创作了这首词。郭沫若曾说："主席的词写成于一九六一年十一月，当时是美帝国主义和他的伙伴们进行反华大合唱最嚣张的时候。""主席写出了这首词来鼓励大家，首先是在党内传阅的，意思就是希望党员同志们要擎得住，首先成为毫不动摇、毫不害怕寒冷的梅花，为中国人民做出好榜样。斗争了两年，情况逐渐好转了，冰雪的威严逐渐减弱了，主席的诗词才公布了出来。不用说还是希望我们继续奋斗，使冰雪彻底解冻，使山花遍地烂漫，使地上永远都是春天。"（《待到山花烂漫时》，1964年3月15日《人民日报》）

二、诗词链接：宋代大诗人陆游的名篇《咏梅》词

卜算子

咏　梅

驿外断桥边，寂寞开无主。
已是黄昏独自愁，更著风和雨。

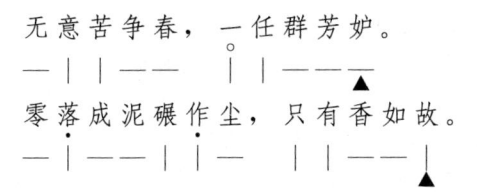

无意苦争春，一任群芳妒。
— | | — —　　| | — — ▲
零落成泥碾作尘，只有香如故。
— | — — | | —　　| | — — |
　　　　　　　　　　　　　　▲

【注释】

① **驿(yì)外断桥边**：驿外，指驿站附近。驿：驿站，古代官府供来往官员和传递公文的人中途暂住和换马的处所。断桥：残破的桥。

② **开无主**：独自开放，没有人栽培和欣赏。主：主人。杜甫《江畔独步寻花七绝句》其五有"桃花一簇开无主，可爱深红爱浅红"句。

③ **已是黄昏独自愁**：已经是到了黄昏时分，梅花正在独自悲愁。

④ **更**：再，加上。著(zháo)：同"着"，遭受，受到。

⑤ **无意苦争春**：无意，不愿。苦：极力，竭力。

⑥ **一任群芳妒**：一任，任凭，完全听凭。一：副词，完全。群芳妒：宋代杨无咎《蓦山溪·和斐州晏倅酴醾》词中有"天姿雅素，不管群芳妒"句。群芳：百花，这里作梅花的对立面，当指朝廷中打击自己的政敌。芳：花卉(huì)、草的总称。这里主要指花。

⑦ **零落成泥碾作尘**：零落，凋谢而飘零、坠落。成泥：变成泥土，与泥土混同。碾作尘：王安石《北陂杏花》诗："纵被春风吹作雪，绝胜南陌碾成尘。"这里指被车轮碾碎而化为尘埃。碾(niǎn)：压碎。

⑧ **只有香如故**：只有香气还像以前一样。陆游《言怀》诗："兰碎作香尘，竹裂成直纹。炎火炽昆冈，美玉不受焚。"这里比喻节操不变。

【译文】

　　一株梅花生长在郊野驿站外破败不堪的断桥边，
　　孤独寂寞地开放着，没有人培护。

已到了日落黄昏时分,无人过问的梅花孑然一身正独自地悲愁,
更遇到凄风冷雨,怎么承受这寂寥凄凉的煎熬呢?

春天百花怒放,梅花无意竭力和谁争妍斗艳,
完全任凭着百花去讥谗嫉妒。
即使凋谢脱落被人踩踏成泥碾作尘土,
只有永不消散的清香依然如故。

三、跟毛泽东学习写作诗词

卜算子,词牌名。小令,双调,44字。仄韵。北宋时盛行此曲。《词谱》以为此词取义于"卖卜算命之人"。上、下阕各四句,在偶数句用仄韵,奇数末字须用平声。又名《楚天谣》、《眉峰碧》、《百尺楼》、《缺月挂疏桐》、《黄鹤洞中仙》等。

《卜算子》常见的格式是:

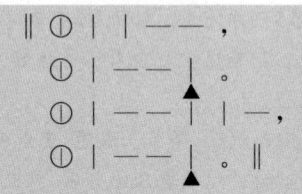

```
‖ ⊙ | | — — ,
  ⊙ | — — | 。
  ⊙ | — — | | — ,
  ⊙ | — — | 。 ‖
           ▲
```

全词八句。上、下阕各四句,格式相同。一韵到底,用仄韵。上、下阕各二仄韵。本调全用五言句、七言句组成,且均属律句。

毛泽东《卜算子·咏梅》句子平仄方面,符合格律。

用韵方面,上阕第二句"到",下阕第二句"报"属诗韵去声二十号。上阕第四句"俏",下阕第四句"笑"属诗韵去声十八啸,均属词韵八部,词韵同部去声通押。按今韵,这几个韵脚字,都属新诗韵

十二豪，也押韵。

其他方面，起首两句用对仗，是反对、宽对。

四、为毛泽东诗词谱曲

卜算子
咏　梅

劫　夫　谱曲

第三章 峨眉巢湖篇

战争是人类相互残杀的怪物。历史上的战争分正义战争和非正义战争。中国人民争取民族独立和人民解放的历史就是一部正义的战争史。《毛泽东诗词集》收录的67首毛泽东诗词中，直接写到战争的有22首，加上间接与战争有关的就更多了。例如《昆仑》与长征有关，《读史》与古代战争有关，《重上井冈山》与其一生革命军事斗争有关，《为女民兵题照》与民兵有关。

毛泽东诗词差不多对中国革命的重要阶段若干重大战争都有所反映。创作出像这样多的一系列战争史诗在我国古代是没有的，在同辈诗人中也是绝无仅有的。更为可贵的是作为全军统帅，从全局的高度反映战争的全过程，更是史无前例的。其思想艺术价值也早为世人所称道，堪称中国革命战争的英雄史诗。

一、土地革命战争的历史写照

毛泽东土地革命战争时期的诗词有三点值得一提。一是这些诗词几乎反映了革命战争的全过程。从秋收起义，进军井冈山，黄洋界保卫战，开辟赣南、闽西革命根据地，反大"围剿"，直到第五次反大"围剿"失败准备长征，反映如此完整的战争过程，这在历史上是少见的。二是这一时期的创作奠定了毛泽东"马背诗人"的称号，表现了毛泽东越是艰难困苦越是要写诗的鲜明的个性特点和诗人气质，这一时期形成了毛泽东的第一个创作高潮。三是这些诗词的原作主要以"赋"的手法，直陈其事，比较质朴，甚至比较粗糙。20世纪50年代末60年代初，毛泽东在传抄稿基础上对这些诗词都作了重要修改,增加了典故的运用,语言上进行了推敲,使之更加准确、形象、生动,深化、升华了主题,成为艺术精品。

西江月
井冈山
一九二八年秋

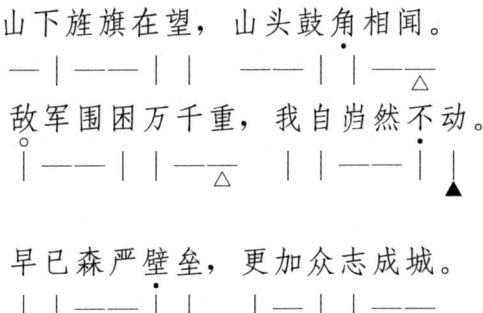

山下旌旗在望,山头鼓角相闻。
— | — — | |　— — | | — △
敌军围困万千重,我自岿然不动。
| — — | | — △　| | | — — | ▲

早已森严壁垒,更加众志成城。
| | — — | |　| — | | — — △
黄洋界上炮声隆,报道敌军宵遁。
— — | | | — △　| | | — — ▲

【毛泽东自注自解】

据臧克家回忆,1960年前后听袁水拍传达毛泽东亲自回答自作诗词问题所作的记录说:
　　山下旌旗在望,山头鼓角相闻,二句中,"在望"与"相闻"均指我方。
1964年1月27日,毛泽东口头答复外国文书籍出版局《毛泽东诗词》英译者问:

山下旌旗在望,山头鼓角相闻:"旌旗"和"鼓角"都是指我军。黄洋界很陡,阵地在山腰,指挥在山头,敌人仰攻。山下并没有都被敌人占领,没有严重到这个程度。"旌旗在望"其实没有飘扬的旗子,都卷起的。

【注释】

① 井冈山:在江西省西部,跨宁冈、永新、遂川三县及湖南省东部酃(líng)县,属罗霄山脉中段,亦即万洋山北段。外部环绕着高山,山势险峻陡峭,中间多盆地。井冈山的"井",指天然泉水,井冈山有"五井",即上井、中井、下井、大井、小井。山民依水而居,形成五个小村庄,均以井为名。山上有一条小溪,叫井江,于是得名井江山。又因当地土语"江"、"冈"音近,故又称井冈山。

井冈山以茨坪为中心,东西相距 80 里,南北相距 90 里,方圆 550 里。山上共有五条出入的小路,被称作五大哨口,即南面的朱砂冲,东面的桐木岭,西面的双马石,北面的八面山,西北面的黄洋界。这五个哨口都是悬崖绝壁间开出的小路。这首词中讲到的黄洋界是五大哨口中的主要哨口,又名汪洋界、望洋界,最高点海拔 1 342 米。站在黄洋界,数百里群山起伏,如汪洋大海,故名。是由茨坪到茅坪的必经之路。距井冈山的中心茨坪 17 里,上下 15 里,只有一条羊肠小道通往宁冈。左右两侧都是峭壁深谷,为五大哨口中最险要者,有"一夫当关,万夫莫开"之势。红军曾在此设瞭望哨一处,作战工事三处。瞭望哨设在黄洋界的最高点。红军曾在此屡次痛歼国民党军队。

1928 年 8 月 30 日,湖南、江西两省敌军各一部,乘红军主力还在赣西南欲归未归之际,重兵围攻井冈山。红军守军不足一营,面对十倍于我的敌人,凭借黄洋界天险,居高临下,奋勇抵抗,击退了强大敌军的多次进攻,胜利地保住了这个革命根据地。这首词是毛泽东在黄洋界保卫战胜利后所作,抒发了胜利后的喜悦之情。

② **山下旌(jīng)旗在望**：山下：井冈山一般习惯把茨坪、大小五井称为山上，其他称为山下。这里指山下的部分红军和井冈山一带的赤卫队、暴动队等地方武装。作者说，当时没有飘扬的旗帜，旗帜是卷起的，可见这里是作者的虚构。旌旗：旗帜的总称。这里用"旌旗"是为了增加诗的鲜明的形象感。在望：在视线内。

③ **山头鼓角**：山头，指山上。鼓角：战鼓和号角。古代军队用战鼓和号角发号施令，指挥军队行动。《孙子·军争》："言不相闻，故为鼓铎；视不相见，故为旌旗。"《太平御览·兵部·训兵》引唐代李靖《卫公兵法》："使士卒目见旌旗，耳闻鼓角，心存号令。"这里指红军守军的战鼓声、军号声。元好问《江月晃重山·初到嵩山作》有类似的句法："塞上秋风鼓角，城头落日旌旗。"

④ **重(chóng)**：层。

⑤ **我自岿然不动**：形容红军从容、勇敢、临危不惧、稳如泰山的气概。我：本义称自己，引申为我们或我方。自：本的意思。赵长卿《浣溪沙》词："我自愁多魂已断，不禁楚雨带湘云。"岿(kuī)然：山高耸屹(yì)立的样子。不动：《孙子·军争》："不动如山。"

⑥ **森严壁垒**：森严，整饬(chì)而严肃，这里形容工事严密坚固，不可侵犯。杜牧《朱坡》："偃寒松公老，森严竹阵齐。"壁垒：古代军营的围墙，这里指堡垒等防御工事。《六韬·王翼》："修沟堑，治壁垒。"

⑦ **更加众志成城**：这里是说军民团结一致，齐心协力，形成坚固的心理长城。更加：再加上。众志成城：万众一心，就坚如城堡。《国语·周语下》："故谚曰：'众心成城，众口铄金。'"

⑧ **报道敌军宵遁**：报道，报告说。宵遁(dùn)：乘夜逃窜。遁：逃跑。《左传·成公十六年》："王曰：'天败楚也夫！余不可以待。'乃宵遁。"

【赏析】

《西江月·井冈山》最早发表于1948年7月1日中共东北局宣

087

传部主持出版的《知识》杂志第七卷第六期纪念党生日的特刊上刊载的蒋锡金《毛主席诗词四首臆释》一文中。建国后又发表于1956年8月出版的《中学生》杂志刊登的谢觉哉《关于红军的几首词和歌》一文。后经毛泽东亲自审定,正式发表于《诗刊》1957年1月号。

这首词记录了第二次国内革命战争时期井冈山地区的一次重要的反"会剿"战斗,高度赞扬了保卫井冈山革命根据地的军民,是一首抒写黄洋界抗敌胜利的光辉史诗。这次战斗不仅保存了井冈山革命根据地,而且在政治上有重大意义。正如毛泽东所说:"边界红旗子始终不倒,不但表示了共产党的力量,而且表示了统治阶级的破产。"这次战斗的胜利充分体现了毛泽东人民战争的思想,是战争史上以少胜多、以弱胜强的范例,是一曲毛泽东军事思想的赞歌。

上阕写红军严整的部署和昂扬的士气。"山下旌旗在望,山头鼓角相闻"两句,从视觉和听觉两个角度概括描写了红军士气旺盛、严阵以待的雄壮声势。山下到处可以看见红旗飘扬,山上可以听到战鼓隆隆、军号阵阵。"敌军围困万千重,我自岿然不动"两句,用夸张的手法写战斗前敌我双方严重的局势和氛围。敌人数倍于红军,声势浩大,气焰嚣张,"围困万千重"。面对如此强大的敌人,早已严阵以待的红军,沉着应战,泰然自若,"我自岿然不动"。用"万千重"夸张敌军人多势众,一是敌人确实在数量上多于红军,二是衬托红军"岿然不动"的英雄气概。这两句体现了战略上藐视敌人的思想。

下阕写军民万众一心,粉碎敌人的围攻,战斗取得胜利。"早已森严壁垒,更加众志成城"两句写井冈山革命根据地军民上下协力,齐心拒敌。正所谓"军民团结如一人,试看天下谁能敌"?"早已"二字,说明作者早就料定敌人会乘虚进攻,便指令红军早做准备。"森严壁垒",形象地说明红军事前已构筑好工事,早已戒备森严地等待敌军的来临,红军打的是有准备之战,因此战斗的胜负已在预料之中。这两句体现了战术上重视敌人的思想。"黄洋界上炮声隆,报道敌军宵遁"这两句是说,这次战斗中,红军从茨坪把从南昌带来的一门迫击炮抬来安放在山顶上。红军只有三发炮弹,前两发没有打响,第三发打到敌军指挥所,敌人以为毛泽东率领的红军主力回来了,于是连夜逃走了。作者没有写战斗的具体过程,也没有渲染战场的惨烈景象,只写了战斗的重要地点和战斗的结果,词作以革命根据地军民欢庆战斗胜利,敌人连夜逃之夭夭结束。

采用对比艺术手法是这首词的突出特点。全词八句,六句写革命根据地军民,两句写敌人,意在扬我军民威风,灭敌人嚣张气焰,有利于鼓舞革命根据地军民的士气、斗志。写敌人只有两句,前一句是夸张,极言敌人声势浩大,不可一世的气势,后一句写敌人不堪一击,借着夜色的掩护逃跑了。"敌军围困万千重"与"报道敌军宵遁"也是对比,敌人以声势浩大的进攻始,以惊慌害怕连夜逃遁终。

【译文】

山下我军红旗招展,遥望可见,
山上军号嘹亮,彼此相闻。
敌人把我们重重包围,
我军却仍像大山一样巍然屹立,毫不动摇。

我军早已筑好了严密的防御工事,作好了战斗准备,
更加上军民万众一心,成了一座坚不可摧的城堡。

黄洋界上响起了一片隆隆的炮声,
传来消息说,敌人已经吓得乘夜慌忙逃跑了。

拓展阅读

一、诗词本事:黄洋界保卫战留下千古绝唱

1927年10月,毛泽东率领秋收起义部队到达井冈山区,建立了中国第一个农村革命根据地。1928年4月,朱德、陈毅率领南昌起义保存下来的部队2 000余人和湘南农民军8 000人到此与毛泽东领导的部队胜利会师。随后,两支部队合编为工农革命军第四军。不久,又根据党中央指示改称中国工农红军第四军。朱德任军长,毛泽东任党代表和前委书记。

1928年8月30日,湖南、江西两省敌军各一部,乘红军主力还在赣西南欲归未归之际,重兵围攻井冈山。红军守军红三十一团第一营会同袁文才、王佐两部,不足一营,面对十倍于我的敌人,凭借黄洋界天险,居高临下,奋勇抵抗。红军弹药不多,就削了许多尖利的竹签,埋在半山腰的草丛里,敌人尽管穿着布鞋,也能扎进脚板。再就是用绳子拴住大石块做武器,居高临下,绳子一松,大石块就滚滚落下,被石块撞上的敌人不是死就是伤。这一仗从早晨一直打到下午,敌人几次冲锋都被红军打退。8月31日中午,红军从茨坪把从南昌带来的一门迫击炮抬来,安放在山顶瞭望哨工事边。下午四点钟左右,敌人又开始进攻。红军的迫击炮只有三发炮弹,因放置过久,前两发没打响,第三发打响了,而且打到了敌军密集的地方,敌军死伤了很多。敌军大哗,以为毛泽东率领的红军主力回来了,于是逃回湘南酃县。红军胜利地完成了黄洋界保卫战。

毛泽东在《井冈山的斗争》一文中阐述了这次战斗的意义:

八月三十日敌湘赣两军各一部乘我军欲归未归之际,攻击井冈山。我守军不足一营,凭险抵抗,将敌击溃,保存了这个根据地……八月三十日井冈山一战,湘敌始退往酃县,赣敌仍盘踞各县城及大部乡村。然而山区是敌人始终无法夺取的……边界的红旗子,业已打了一年,虽然一方面引起了湘鄂赣三省乃至全国豪绅阶级的痛恨,另一方面却渐渐引起了附近省份工农士兵群众的希望。……边界的红旗子始终不倒,不但表示了共产党的力量,而且表示了统治阶级的破产,在全国政治上有重大意义。

9月8日,毛泽东率南征红军返回井冈山麓黄坳,便听到这一消息。26日,南征红军回到井冈山。大约在这前后,毛泽东感奋不已,写了这首词来赞扬这次战斗的胜利。

二、诗词佳话(一):鲁迅先生说《西江月·井冈山》有"山大王"的气概

1933年底,在上海任中共江苏省委宣传部长的冯雪峰来到瑞金中央苏区,任中共中央党校副校长。冯雪峰告诉毛泽东:"有一个日本人说,全中国只有两个半人懂得中国,鲁迅是两个中的一个,半个是毛泽东。"毛泽东听后不觉笑了起来,说这个日本人不简单,认为鲁迅懂得中国,是对的。冯雪峰又说,鲁迅读到过他(毛泽东)的诗词,戏言说有"山大王"气概。这大概说的是《西江月》等诗词。

三、诗词佳话(二):陈毅元帅为《西江月·井冈山》写跋

1960年新春,陈毅手书毛泽东《西江月·井冈山》并写下题记:

录毛主席所作井冈山词，调寄西江月。此词作于一九二八年夏。当时我军主力赴湘南。敌军企图袭取井冈山。毛主席亲率一个营将敌击退。此词表现出我军以少胜众不可震撼的英雄气概。是役，井冈山根据地赖以保全，有扭转战局的作用。读此词令人增长志气，可视敌军如草芥。我认为新中国人民应有此气概，而且已经有此气概。真可喜可贺。至于此词选调之当，遣词之工，描绘之切，乃其余事。例如在战争中尝有炮声雷鸣而敌已开始逃跑。此敌之起身炮也，此我之送行炮也。不可不知。

这里"此词作于一九二八年夏"和"毛主席亲率一个营将敌击退"记忆有误。黄洋界保卫战发生在1928年8月，敌军攻击井冈山时，毛泽东率兵一部前往桂东迎还大队，黄洋界保卫战的胜利是返回井冈山途中知道的。

四、跟毛泽东学习写作诗词

> **西江月**，词牌名。小令，双调，50字。唐五代词本为平仄韵异部间协，宋以后词则上下阕各用两平韵，例须同部。原为唐教坊曲名。调名出自李白《苏台览古》诗"只今唯有西江月，曾照吴王宫里人"。
> 　　此调始于后蜀欧阳炯。八句，上下阕相同，各25字，上下阕起首二句宜用对仗。又名《玉炉三涧雪》、《白苹香》、《江月令》、《步虚词》、《晚香时候》、《壶天晓》、《双锦瑟》等。

　　《西江月》常见的格式是：

```
‖ⓕ｜⊖－ⓕ｜,
  ⊖－ⓕ｜－⼀。
                △
  ⊖－ⓕ｜｜－⼀,
                △
  ⓕ｜⊖－ⓕ｜。‖
         ▲
```

上、下阕各四句，格式相同。平仄互押。历代在用此词牌时，押韵方式也时有变化。唐五代词中，本调为平仄异部间协，宋以后为上、下阕各用二平韵，一仄韵，同部平仄通押。上、下阕起首两句，一般多用对仗。

毛泽东《西江月·井冈山》句子平仄方面，符合格律。

用韵方面，上阕第三句"重"属诗韵上平声二冬，第四句"动"属诗韵上声一董，均属词韵一部，为词韵同部平仄互押。但第二句"闻"属诗韵上平声二文，属词韵六部，与"重""动"词韵不同部，不通押。下阕第二句"城"属诗韵下平声八庚，词韵十一部，第三句"隆"属诗韵上平声一东，词韵一部，词韵不同部，也不通押。第四句"遁"属诗韵去声十四愿，词韵六部，与"城"、"隆"词韵不同部，也不通押。此词以湖南方音取叶。

其他方面，上、下阕起首两句用对仗。

五、为毛泽东诗词谱曲

西江月
井冈山

$1={}^\flat B\ \dfrac{2}{4}\ \dfrac{3}{4}$　　　　　　　　　　劫　夫　谱曲
中速

| 5 5· | 6 5̂3 5 6̂1̇ 3̇ － | 2̇ 2̇· | 3̇ 1̇ 6̂ 2̇ |
| 山下　旌旗在　望， | 山头　鼓角相 |

093

$5 - | \dot{1}. \underline{\dot{1}} | 2 \dot{1} | 3 5 | 6 0 | \dot{1}. \underline{6} | 5 \underline{5} \underline{\dot{3}} |$
闻。　敌军围困万千重，　　我自岿然

$\underline{2\,\underline{3\,2}\,\dot{1}\,2} | \underline{\dot{3}}\,5\,\underline{6} | 5. \underline{\dot{3}} | \underline{2\,3\,\dot{1}}\,\underline{2\,\dot{3}} | \dot{1} - | \dot{1} - |$
不　　　动。我自岿　然　不　　动。

快
$\frac{3}{4} \underline{3\,\dot{2}} \dot{1} 6 | 5 - 3 | \underline{3\,5\,3\,\dot{1}} | \dot{3} - 2 | \underline{2\,\dot{3}} \underline{2\,\dot{1}} | \underline{2\,\dot{3}}\,5 |$
　早已森严壁　垒，更加众志成　城。早已森严壁　垒，

$6\,\underline{5}\,\underline{5}\,\dot{3} | \frac{2}{4}\,\dot{3} | \dot{1} | 0 0 | \underline{3\,3} | 6 6 | 6 |$
更加众志成　城。　　　黄洋界上　炮声

$\underline{\overset{3\,5}{\dot{3}}} - | 3 - | 6. \underline{\dot{5}} | \underline{3\,5\,2}\,3 | \underline{2\,\dot{3}}\,5 | \dot{3} - | \dot{1} - \|$
隆，　　报　道敌军宵　遁。

菩萨蛮

大柏地

一九三三年夏

赤橙黄绿青蓝紫，谁持彩练当空舞？
| — — | ● | — — | | | ▲

雨后复斜阳，关山阵阵苍。
| | | — — | — — | | | △

当年鏖战急，弹洞前村壁。
— — | | ● | | | | ●

装点此关山，今朝更好看。
— | | — △ — — | | △

【注释】

① **大柏地**:地名,位于江西省瑞金县城北 60 里。1929 年 1 月,毛泽东和朱德率领红军由井冈山向赣南、闽西进军。2 月 10 日(正值春节)至 11 日,红军在大柏地一带宿营,国民党赣军刘士毅部追踪而来,红军利用大柏地以南的有利地势,同敌军展开激战,战斗持续一天,红军歼敌近两个团,俘敌团长以下 800 余人,并缴获大批武器。1933 年夏天,作者到宁都视察工作,在返回瑞金县城路过大柏地时,正值天空雨停虹现,夕阳在山,作者触景生情,回忆往事,欣然命笔,写下了这首词。当时,作者已被调离军事领导职务,改任苏维埃中央政府工作。一九三三年夏:这年立夏是公历 5 月 6 日,立秋是公历 8 月 8 日。这首词当作于这一期间。

② **赤橙黄绿青蓝紫**:夏天雨后常常出现彩虹,虹呈现出各种美丽的颜色。古人也有这样七字并举的句式。韩愈《陆浑山火和皇甫湜用其韵》诗:"水龙鼍龟鱼与鼋,鸦鸱雕鹰雉鹄鹍。"

③ **谁持彩练**:持,拿着。彩练:彩色的绸带,这里喻指彩虹。练:洁白的丝绸。谢朓《晚登三山还望京邑》:"余霞散成绮,澄江静如练。"

④ **雨后复斜阳**:复,又、再、更。斜阳:从西边斜射过来的阳光。唐代温庭筠《菩萨蛮》词:"雨后却斜阳,杏花零落香。"张相《诗词曲语辞汇释》:"却,又也,复也。"

④ **关山阵阵苍**:关,古代在交通险要或边境出入的地方设置的守卫处所。关山,关隘和山岭。《乐府诗集·横吹曲辞·木兰诗》:"万里赴戎机,关山度若飞。"这里指大柏地以南约 10 里的麻子坳隘口及其两侧山峦。阵阵苍:雨后的黄昏,斜阳或强或弱,或射到或射不到,光线时隐时现,所以关山的颜色也忽明忽暗,变化不定,呈现出一阵阵苍翠的颜色。苍:深绿色。

⑤ **当年鏖战急**:当年,指 1929 年。陶渊明《岁暮和张常侍》:"屡阙清沽至,无以乐当年。"鏖(áo)战:酣战,苦战。《新唐书·王翃(hóng)传》:"引兵三千,与贼鏖战。"

⑥ **弹洞前村壁**:洞,名词用作动词,射穿,穿透。前村:即村前。泛指

战场附近的小村庄。壁:墙壁。

⑦ **装点**:装扮,点缀。装点此关山:宋代华岳《登楼晚望》:"展开风月添诗料,装点江山归画图。"

⑧ **今朝**(zhāo):《诗经·小雅·白驹》:"皎皎白驹,食我场苗。絷(zhí)之维之,以永今朝。"本义指今天早晨。引申指今天,指1933年的夏天。看:这里读kān,与"山"押韵。

【赏析】

《菩萨蛮·大柏地》描绘大柏地雨后美丽诱人的景色,热情讴歌人民革命战争,流露出一种宽慰乐观的情绪。

上阕写景。开头"赤橙黄绿青蓝紫,谁持彩练当空舞"两句,作者首先巧妙地运用借代的手法,连用七种颜色铺叙,写出了彩虹的绚丽夺目。接着又以彩色绸带比喻彩虹,具体写出了彩虹美丽的形态,而且"当空舞"三字又使静止的彩虹具有了动态,这样,彩虹的身姿就更加美丽动人了。彩虹的出现是雨后的自然现象,所以作者随即点明"雨后复斜阳",表明此时正是阳光西斜之时。天空是如此的美丽,大地上又是如何呢?作者以"关山阵阵苍"一句告诉读者,经过雨水冲洗的关山,在斜阳的笼罩中,正流动着一阵阵苍翠之色。作者笔下的关山充满了动态之感,显示出勃勃生机。

下阕写今昔之感。"当年鏖战急,弹洞前村壁",回想起1929年2月在这里发生的激战,那次战斗形势是多么的紧张,打得是多么的激烈。前村墙壁上的那些弹洞,就是当年战斗留下的痕迹。"装点此关山,今朝更好看",今天看来,那些弹洞,装饰和点缀着阵阵苍翠的关山,却别有一番风采,使得关山更加美丽了。作者的乐观喜悦之情溢于言表。

整首词亦画亦诗,情景交融。词描绘的画面是:绚丽的彩虹、雨后的斜阳、苍翠欲滴的关山、前村墙壁上的弹洞等，高下、大小、远近、偏正等构图适宜，层次极强。色彩是：彩虹的赤橙黄绿青蓝紫，斜阳的红，村庄墙壁的白，但以天宇的湛蓝和群山的苍翠为主色。"舞"字，使人觉得彩虹在蓝天的映衬下有一种飘动感。"阵阵苍"，让人感到群山的苍翠之色有着深浅明暗的变化。总之，整个画面丰富和谐，生气盎然。作者在词中所抒发的是重游自己战斗过的地方，回忆往日辉煌胜利时的愉悦之情，和对人民革命战争以及经过这战争洗礼的革命根据地的赞美之情。这些喜悦赞美的情思又是在不露痕迹的自然景观和人文景观的描写中流露出来的。作者把主观的情志美与客观的自然美、社会美高度统一，熔炼成艺术美，情景交融，富有韵味。

【译文】

　　天空中呈现出赤橙黄绿青蓝紫的颜色，
　　是谁挥动着七彩缤纷的绸带凌空翩翩起舞呢？
　　这时正当雨过后西边又出现了斜阳，
　　关隘山峦随着阳光在云层中穿过，时明时暗，现出一阵阵苍翠的颜色。

　　当年我们在这里曾经和敌人进行过一场异常激烈的战斗，
　　至今还可以看到前村被子弹打穿了的墙壁。
　　那弹痕累累的墙壁装饰点缀着这关隘山峦，
　　在今天显得更加好看了。

拓展阅读

一、诗词本事：重过大柏地吟出的革命战争颂歌

1929年1月14日，毛泽东、朱德率领红四军主力由井冈山向赣南进军。敌人以重兵围追，红四军沿路连战失利。这年的农历大年夜（2月9日）行进到大柏地时，国民党赣军独立第七师刘士毅部尾追到瑞金。第二天年初一（2月10日），又气势汹汹地尾追到大柏地南部。这时，毛泽东命令一支小部队边打边退，逐步将其主力诱入大柏地南北走向的十余里长的峡谷。10日下午，早已隐蔽在瑞金通往宁都道路两侧山林中的红四军主力，突然向敌人主力发动攻击，鏖战至11日下午，即获全胜，共歼敌人近两个团，俘获敌团长萧致平、钟桓以下800余人，并缴获步枪800余枝，水旱机关枪6架。刘士毅残部溃退赣州。大柏地战斗是毛泽东、朱德、陈毅率红军离开井冈山后取得的第一个大胜仗。经这一仗，红四军摆脱被动局面，开始了新根据地的创建工作。

由于"左"倾冒险主义在中央苏区占了统治地位，1932年10月后，毛泽东被调离军事领导岗位，改做政府工作。1933年夏天，当时正是国民党将要发动空前规模的第五次大"围剿"，毛泽东来到瑞金，路过大柏地，曾健步登上附近山岭，当时适逢雨后放晴，极目远眺，回想起当年取得胜利的大柏地战斗，不禁触景生情，抚今追昔，写下了这首词。

二、跟毛泽东学习写作诗词

《菩萨蛮》常见的格式见本书《菩萨蛮·黄鹤楼》"拓展阅读"处。

毛泽东《菩萨蛮·大柏地》句子平仄方面，符合格律。

用韵方面，上阕第三句"阳"、第四句"苍"均属诗韵下平声七阳，词韵二部，是词韵同部平声相押。下阕第一句"急"属诗韵入声十四缉，第二句"壁"属入声十二锡，均属词韵十七部，是词韵同部入声通押。第三句"山"属诗韵上平声十五删，第四句"看"属诗韵上平声十四寒，均属七部，是词韵同部平声通押。上阕第一句"紫"属诗韵上声四纸，属词韵三部，第二句"舞"属诗韵上声七麌（yǔ，群聚的样子），属词韵四部，词韵不同部，也不通押。这里用邻部的韵兼方音取叶。

二、二万五千里长征的壮丽史诗

长征，是中国革命从失败走向胜利的转折时期，在毛泽东个人命运中也是一个重大的转折时期，从此奠定了他在日后成为全党、全军最高领袖的基石。长征在毛泽东诗词创作中也有着特别重要的地位，是他诗词创作的第二个高潮。如果将中央红军即将长征时所写的《会昌》作为长征的开篇，将红军第一、二方面军与第四方面军尚未会合前所写的《雪》、《给丁玲同志》计算在内，就有11篇之多，而且更重要的是，毛泽东诗词中流传最广，思想性、艺术性最高，最为人们称道的《长征》和《雪》就创作于这一时期。这两首诗词可称为毛泽东诗词创作的艺术高峰和传世之作。这一时期的其他诗作，诸如《娄山关》、《昆仑》、《六盘山》、《给彭德怀同志》、《给丁玲同志》等，都写得各有特色。

忆秦娥
娄山关
一九三五年二月

西风烈,长空雁叫霜晨月。

霜晨月,马蹄声碎,喇叭声咽。

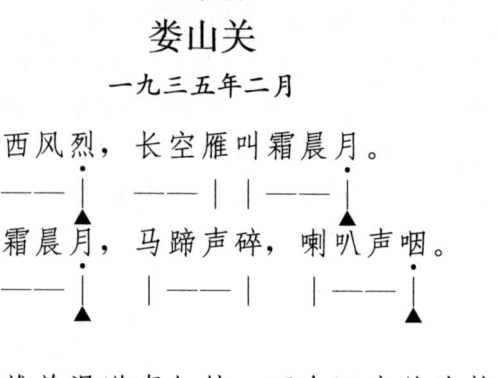

雄关漫道真如铁,而今迈步从头越。

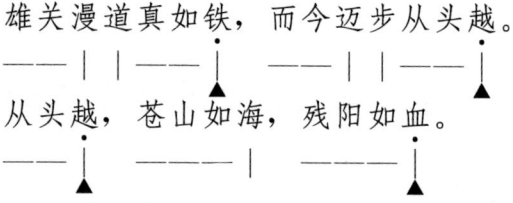

从头越,苍山如海,残阳如血。

【毛泽东自注自解】

1958年12月21日,毛泽东在文物出版社同年9月刻印的线装大字本《毛主席诗词十九首》上对《忆秦娥·娄山关》批注说:

> 万里长征,千回百折,顺利少于困难不知有多少倍,心情是沉郁的。过了岷山,豁然开朗,转化到了反面,柳暗花明又一村了。以下诸篇反映了这一种心情。

在《毛主席诗词十九首》中,《忆秦娥·娄山关》排在《十六字令三首》之前,故以下诸篇指《十六字令三首》、《七律·长征》、《念奴娇·昆仑》、《清平乐·六盘山》。

1964年1月27日,毛泽东口头答复外国文书籍出版局《毛泽东诗词》英译者问:

西风烈,长空雁叫霜晨月……雄关漫道真如铁,而今迈步从头越:这首词上下两阕不是分写两次攻打娄山关,而是写一次。这里北有大巴山,长江、乌江之间也有山脉挡风,所以一二月也不太冷。"雁叫"、"霜晨",是写当时景象。云贵地区就是这样,昆明更是四季如春。遵义会议后,红军北上,准备过长江,但是遇到强大阻力。为了甩开敌军,出敌不意,杀回马枪,红军又回头走,决心回遵义,结果第二次打下了娄山关,重占遵义。过娄山关时,太阳还没有落山。

【注释】

① **娄山关**:关隘名,位于贵州省遵义县城北60公里娄山的最高峰上,万峰插天,形势极为险要,是防守贵州北部重镇遵义的重要关隘,有"一夫当关,万夫莫开"之险。关上竖有一块石碑,上面写着"娄山关"三个大字。中国工农红军长征时,于1935年1月占领遵义,中共中央在此召开了具有伟大历史意义的遵义会议。会后红军经过娄山关北上,原准备在泸州和宜宾之间渡过长江,结果没有成功,于是又折回第二次进军遵义。在娄山关和板桥之间红军与贵州军阀王家烈部一个师展开激战,到黄昏时候,红军开始攻占娄山关,战斗异常激烈。第二天拂晓,敌人又两次集结优势兵力进行反扑,战斗更为惨烈。最终英勇善战的红军打败了强敌,重新占领遵义。这首词写的就是这次攻克娄山关的战斗。

② **西风烈**:西风凛冽(lǐn liè)。烈:剧烈,猛烈。《尚书·舜典》:"纳于大麓,烈风雷雨弗迷。"

③ **长空雁叫霜晨月**:一个寒霜满地的清晨,辽阔的天空中,还挂着一钩残月,一群惊叫的大雁掠空而过。长空:辽阔的天空。唐代武元衡《送韦秀才赴滑州》:"长亭叫月新秋雁,官渡含风古树蝉。""雁叫"、"霜晨"和上句的"西风"都是娄山关二月间的真实景物。

④ **碎**:碎乱,碎杂。形容马蹄声繁杂、清脆错落。唐代刘言史《春游

曲》二首其二："弄影便从天禁出，碧蹄声碎五门桥。"

⑤ **喇叭声咽**(yè)：喇叭，这里指军号。咽：声音因梗塞而低沉、断续，强弱不定，这里用来描写清晨寒风中的军号声低沉、断续。李白《忆秦娥》："箫声咽，秦娥梦断秦楼月。"韦庄《江城子》："角声呜咽，星斗渐微茫。"

⑥ **雄关漫道真如铁**：即"漫道雄关真如铁"，因填词平仄的需要而改变语序。雄关：地势险要故而显得雄壮的关隘。娄山关地势险要，气势雄伟，故称之"雄关"。漫道：别说，不要说。如铁：像钢铁一样坚固。

⑦ **而今迈步从头越**：而今，如今，指1935年2月第二次跨越娄山关时。迈步：跨步，大踏步。从头越：从山头上跨过去。另有一说认为，从头：重新开始。岳飞《满江红》："待从头，收拾旧山河，朝天阙。"这两句既是说红军再次跨越娄山关，又喻指遵义会议以后，中国革命重新开始起步向前。笔者倾向于后说。

⑧ **苍山如海**：这里是说苍翠的群山逶迤起伏，层峦叠嶂，无边无际，犹如浩瀚(hàn)而波涛汹涌的大海。苍山：青翠的群山。如海：这里指无边无际的山，高低起伏得像海的波涛似的。

⑨ **残阳如血**：残阳，快要落山的夕阳。残：将尽，剩余。如血：好像鲜血一样殷红。杜甫《喜雨》诗："春旱天地昏，日色赤如血。"作者曾说，是在战争中积累了多年的景物观察，一到娄山关，这种战争胜利和自然景物的突然遇合，就造成了"苍山如海，残阳如血"这两句颇为成功的话。

【赏析】

《忆秦娥·娄山关》最早发表于《诗刊》1957年1月号。

这首词写红军第二次进军遵义时在娄山关与敌人发生激战的情景，赞颂了红军的豪迈气概和英勇精神。

上阕描写红军向娄山关进军时的战场气氛，融入了作者当时的沉郁心情。"西风烈，长空雁叫霜晨月"两句，描写战斗环境。西风猛烈地刮着，清晨时分，寒霜满地，残月还悬于半空，辽阔的天空中传来了归雁的鸣叫声。十个字，写出了西风、长空、大雁、晨霜、残月五种景物，而且排列有序，词语凝练，景色清美。第二个"霜晨月"，词意承前，景物依旧，但词意转向了红军进军的战斗行动。"马蹄声碎，喇叭声咽"，写红军马蹄声杂沓轻急，军号声干涩断续，一支部队正紧张急速而又高度戒备地前进。

　　下阕写红军越过娄山关天险的豪迈气概和胜利后娄山关的壮美景色。"雄关漫道真如铁，而今迈步从头越"，作者豪迈地说，如钢似铁的娄山雄关算得了什么，如今红军再次大踏步地越过去了。第二个"从头越"词意与前不同，主要指越过娄山关的时间。"苍山如海，残阳如血"两句，描写红军过关时所见景物。群山苍翠如无边无际的大海。夺关胜利结束的时候，夕阳正照，殷红如血。这里描写的是当时的真实景物，也是抒情。这样一幅阔大艳丽的宏伟图景，有力地表现了红军取得夺关胜利后的豪迈情怀。

　　这首词是娄山关战斗的英雄史诗，是一首雄壮的革命战争的赞歌。苍凉、凝重与雄劲豪放的统一构成了这首词的第一个特色。全词气氛悲壮，但又蕴涵着勃勃生机，跃动着生命的创造力。寓情于景，情景交融是这首词的抒情特点。词人的情感随着情境的变化流转跌宕，传达出了一种乐与忧、豪与悲相互交织的、复杂的心理感受和情怀。选择典型环境和侧面描写是这首词的第三个特色。攻占娄山关是在黄昏时，当时战斗打得很激烈。到次日拂晓，敌人又两次集结兵力进行反扑，战斗更为激烈。但全词略去了攻克娄山关时激烈战斗的场面，只写了一头一尾，一朝一夕，即战斗开始前的行军和战斗结束时过关的情景，同时笔力集中在气氛的渲染上。上阕在描写行军时，作者选取了拂晓时这个典型环境来写"西风烈"、"雁叫"、"马蹄声碎，喇叭声咽"，通过人这时最敏感的几种触觉和听觉，构成了浓重悲壮的战争气氛。下阕描写战斗结束过关时，通过黄昏时的典型环境抒写诗人的所见所感，"苍山如海，残阳如血"，从侧面揭示了战斗的激烈情景，还预示了未来的道路更长,更艰苦,需要我们勇敢地去迎接新的战斗。

【译文】

西风猛烈地吹着,
一群大雁惊叫着掠空而过,寒霜满地,一钩残月还挂在天空。
在这寒霜满地,一钩残月还挂在天空的清晨,
骑兵行进在山石上发出碎乱杂沓的马蹄声,
军号在冷空气中梗塞而发出低沉悲壮的呜咽。

不要说雄伟险要的关隘像铁打的那样坚固,
如今英雄的红军要大踏步地重新跨过去。
我们终于重新跨过去了,
这时,我们看到苍翠的山峦连绵起伏,像波涛奔腾的大海,
将要落山的太阳色彩浓艳,像殷红的鲜血一般。

◦•◇• 拓展阅读 •◇•◦

一、诗词佳话:毛泽东自解《忆秦娥·娄山关》

1962年《人民文学》准备在5月号发表毛泽东词六首,郭沫若应约于5月1日撰写了《喜读毛主席〈词六首〉》一文。5月9日,郭沫若将文章的清样送毛泽东审改。毛泽东阅后将这篇文章中关于《忆秦娥·娄山关》写作背景的一段话全部删去,以郭沫若的口吻重新写了一段长达600多字的文字:

我对于《娄山关》这首词作过一番研究,初以为是写一天的事。后来又觉得不对,是在写两次的事,头一阕一次,第二

阕一次。我曾在广州文艺座谈会上发表了意见，主张后者（写两次的事），而否定前者（写一天），可是我错了。这是作者告诉我的。一九三五年一月党的遵义会议以后，红军第一次打娄山关，胜利了，企图经过川南，渡江北上，进入川西，直取成都，击灭刘湘，在川西建立根据地。但是事与愿违，遇到了川军的重重阻力。红军由娄山关一直向西，经过古蔺、古宋诸县打到了川滇黔三省交界的一个地方，叫做"鸡鸣三省"，突然遇到了云南军队的强大阻力，无法前进。中央政治局开了一个会，立即决定循原路反攻遵义，出敌不意，打回马枪，这是当年二月。在接近娄山关几十华里的地点，清晨出发，还有月亮，午后二三时到达娄山关，一战攻克，消灭敌军一个师，这时已近黄昏了。乘胜直追，夜战遵义，又消灭敌军一个师。此役共消灭敌军两个师，重占遵义。词是后来追写的，那天走了一百多华里，指挥作战，哪有时间和精力去哼词呢？南方有好多个省，冬天无雪，或多年无雪，而只下霜，长空有雁，晓日不甚寒，正像北方的深秋，云贵川诸省，就是这样。"苍山如海，残阳如血"两句，据作者说，是在战争中积累了多年的景物观察，一到娄山关这种战争胜利和自然景物的突然遇合，就造成了作者自以为颇为成功的这两句话。由此看来，我在广州座谈会上所说的一段话，竟是错了。解诗之难，由此可见。

二、跟毛泽东学习写作诗词

忆秦娥，词牌名。小令，双调，46字。分仄韵、平韵两体。仄韵体多用入声韵，上、下阕各一叠韵。始见于宋黄昇编《唐宋诸贤绝妙词选》，题李白作，因此词中有"秦娥梦断秦楼月"句，故名《忆秦娥》。十句。上、下阕各五句，其中的三字句是叠韵，为上句末三字的重复。又名《秦楼月》、《蓬莱阁》、《子夜歌》、《双荷叶》、《碧云深》、《花深深》等。

《忆秦娥》的格式是：

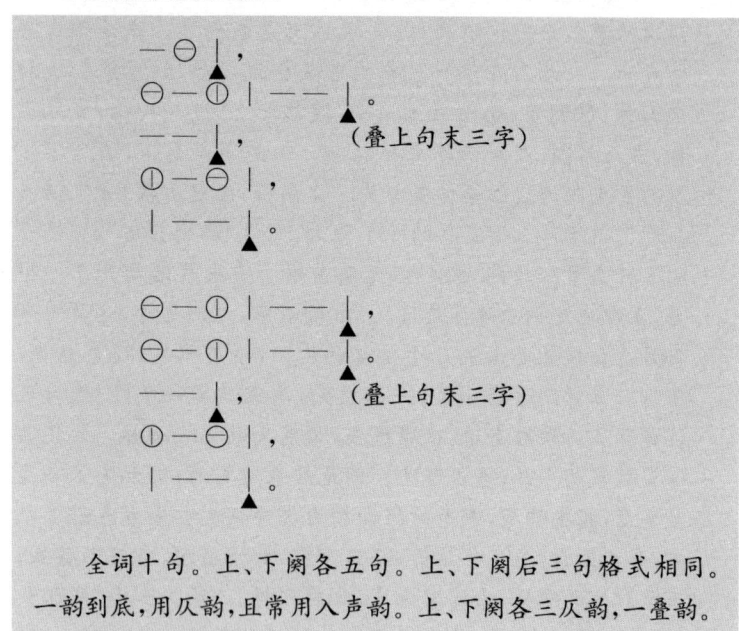

```
            ― ⊖ ｜，
        ⊖ ― ① ｜ ― ― ｜。
            ― ― ｜，（叠上句末三字）
        ① ― ⊖ ｜，
        ｜ ― ― ｜。

        ⊖ ― ① ｜ ― ― ｜，
        ⊖ ― ① ｜ ― ― ｜。
            ― ― ｜，（叠上句末三字）
        ① ― ⊖ ｜，
        ｜ ― ― ｜。
```

全词十句。上、下阕各五句。上、下阕后三句格式相同。一韵到底，用仄韵，且常用入声韵。上、下阕各三仄韵，一叠韵。

毛泽东《忆秦娥·娄山关》句子平仄方面，上阕末句"喇叭声咽"，按一般韵书"叭"属诗韵入声八黠，当平而仄。下阕末句"残阳如血"中"残"当仄而平。其余平仄合律。"叭"若按程观林《古今诗歌韵律》作诗韵下平声六麻；按陈明源《常用词牌详介》所说，下阕末句可作"① ― ― ｜"，则本词平仄合律。

用韵方面，上阕第一句"烈"、末句"咽"，下阕第一句"铁"、末句"血"，属诗韵入声九屑。上阕第二句、第三句"月"，下阕第二句、第三句"越"，属诗韵入声六月，均属词韵十八部，是词韵同部入声相押。按今韵，这几个韵脚字，都属新诗韵五皆，也押韵。

其他方面，上阕末两句用对仗，是正对、工对。下阕末两句用对仗,是正对、工对。

三、书法欣赏:毛泽东狂草中最精彩之作《忆秦娥·娄山关》

这幅作品代表了毛泽东草书艺术的最高成就。作品用行草取狂草之势,以苍凉萧瑟之悲壮,屈铁盘金之刚劲取胜,是现当代中国书法史上的杰作之一。整幅作品,满纸云烟,苍苍茫茫。起始"西風烈"三字,上下紧缩,"風"字大放大开,中间空出了大片冷峻的空白,一改过去笔重字大的习惯。第二句的"長空"二字压缩后施放出"雁叫霜晨月",而且是一笔写完。"霜晨月,馬蹄聲碎,喇叭聲咽"三句用浓笔写出。"雄關漫道真如鐵,而今邁步從頭越",游动的线条,有一泻千里之势,蕴涵着无限的生机。"從頭越,蒼山如海,殘陽如血",如铁画银钩、屈铁盘丝,百年枯藤,遒劲有力,唱出了时代最强音。"蒼山如海"全是枯笔,一片苍茫,"殘陽如血",又浓墨重笔,沉着厚重,苍凉悲壮,气壮山河。落款"毛澤東"三字一笔写出,收束全篇。

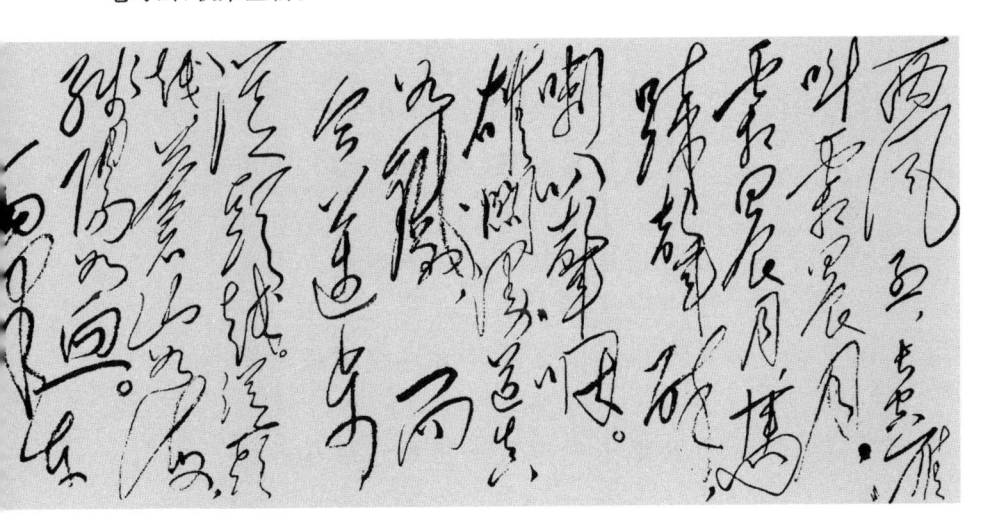

四、为毛泽东诗词谱曲

忆秦娥
娄山关

1=F 2/4
中速
劫夫 谱曲

| 6 5 | 6 − | 5 i | 6 5 | 6 5̂3 | 2 − | 3 2 |
西风 烈， 长空 雁 叫 霜晨 月。 霜晨

| 3 − | 2 3 | 2 1 | 6̣ 1 5̣ | 6 − | 1 1 1 2 | 3 2̂1 |
月， 马蹄 声 碎， 喇叭 声 咽。 雄关 漫道 真 如

| 3 − | 3 3 3 5 | 6 5 | 6 − | 5 3 5 6 | i − | 5 i 6 5 |
铁， 而今 迈步 从 头 越。 从 头 越， 苍山 如海，

| 2 3 1 6 5̣ | 6· 1 | i 6 5 3 | 6 2̂ 1 6 5̣ | 6 − | 6 − ‖
残阳 如 血。 苍山 如海， 残阳 如 血。

七 律
长 征
一九三五年十月

红军不怕远征难，万水千山只等闲。
— — | | | — △ | | — | | —△

五岭逶迤腾细浪，乌蒙磅礴走泥丸。
| | — | | — ○ — — | | — △

金沙水拍云崖暖，大渡桥横铁索寒。
— — | | — — | | | — — | | △

更喜岷山千里雪，三军过后尽开颜。
| | — — — | | — — | | — △

【毛泽东自注自解】

1958年12月21日,毛泽东在文物出版社同年9月刻印的线装大字本《毛主席诗词十九首》上批注:

水拍:改浪拍。这是一位不相识的朋友建议如此改的。他说不要一篇内有两个浪字。是可以的。

三军:红军一方面军,二方面军,四方面军。不是海、陆、空三军,也不是古代晋国所作上军、中军、下军的三军。

一位不相识的朋友:指山西大学教授罗元贞。

1964年1月27日,毛泽东口头答复外国文书籍出版局《毛泽东诗词》英译者问:

五岭逶迤腾细浪,乌蒙磅礴走泥丸:把山比作"细浪"、"泥丸",是"等闲"之意。

【注释】

① **七律**:七言律诗的简称。律诗是旧体诗的一种格式,七言律诗的特点是每篇一般限于八句,每句字数一律限于七个字,偶句末一字押平声韵,首句末字可押可不押,必须一韵到底,句内和句间要讲平仄,中间四句按常规要用对仗。律诗两句为一联,一、二句称首联,三、四句称颔联,五、六句称颈联,七、八句称尾联。

② **长征**:长途行军,这里指中国工农红军二万五千里长征。1934年10月间,中央红军主力从中央革命根据地江西、福建出发,进行大规模的战略转移,经过福建、江西、广东、湖南、广西、贵州、四川、云南、西康、甘肃、陕西等11个省区,一路上击溃了敌人多次的围追和堵截,战胜了军事上、政治上和自然界的无数艰险,行军25 000里,终于在1935年10月到达陕北革命根据地。这首诗和《念奴娇·昆仑》、《清平乐·六盘山》都是在长征取得胜利时创作的。

③ **远征**:长征。

④ **万水千山只等闲**:把渡过万条险恶的水,越过千座高峻的山看作平常的事。万水千山:极言水多、山多,并非确指。贾岛《送耿处士》有"万水千山路"句。等闲:看得平常,不在话下。孟郊《送淡公十二首》其七:"兹焉激切句,非是等闲歌。"朱熹《春日》诗:"等闲识得春风面,万紫千红总是春。"

⑤ **五岭逶迤腾细浪**:高耸入云的五岭绵延起伏,在红军眼中只像水面吹起的细小波浪。五岭:大庾(yǔ)岭、骑田岭、都庞岭、萌渚(zhǔ)岭、越城岭等五座大山的合称,绵延于江西、湖南、广东、广西四省区的交界处。《史记·张耳陈馀列传》:"北有长城之役,南有五岭之戍。"1934年10月,中央红军从江西、福建出发,沿着四省区边境的五岭山道,越过敌人封锁线,向西进军。逶迤(wēi yí):道路、山脉、河流弯弯曲曲,绵延不断的样子。王粲《登楼赋》:"路逶迤而修迥兮,川既漾而济深。"腾细浪:从高处看山势的高低起伏,像大海中腾起的细微的波浪。腾:腾起、跳跃,这里是泛起的意思。细浪:细小的波浪。

⑥ **乌蒙磅礴走泥丸**:乌蒙山气势磅礴,但在红军看来也只像滚动的泥丸罢了。乌蒙:即乌蒙山,绵延在云南省东北部和贵州省西部,东北——西南走向,海拔2 300米左右。磅礴(páng bó):文天祥《指南后录·正气歌》:"是气所磅礴,凛冽万古存。"这里指广大而气势雄壮的样子。走泥丸:《汉书·蒯(kuǎi)通传》:"犹号阪(bǎn)上走丸也。"即在斜坡上滚下泥丸来。走:指急趋,即跑。这里指滚动。泥丸:泥做的小球。

⑦ **金沙水拍云崖(yá)暖**:金沙江的惊涛骇浪拍打着耸入云霄的悬崖峭壁。金沙:即金沙江,指长江上游自青海省玉树县至四川省宜宾市之间的一段江面。因为产金沙,所以得名。这里指的是云南省元谋县北与四川省交界处的一段,江面宽阔,两岸相距约200米,水流湍急,江的两岸除几个渡口外,均是悬崖峭壁高耸入云,形势非常险要。拍:拍打。云崖:插入云霄的悬崖峭壁。崖:山边,峭壁。暖:红军在云南省禄劝县西北的绞车渡渡过金沙江的时候是1935年5月,所以说"暖"。

⑧ **大渡桥横铁索寒**:波涛汹涌的大渡河上横架着寒光闪闪而又令人

胆寒的铁索桥。大渡：即大渡河，岷江的支流，发源于青海、四川两省交界处的果洛山。两岸都是高山峻岭，河中水势陡急，曲折流至四川省乐山县入岷江。这里指在泸定附近的一段，河水异常湍急，船只不能行驶。泸定是一座位于川西北深山峡谷中的高原小城。桥：即大渡河上泸定桥。该桥位于四川省泸定县城西，是四川省通往西藏的重要桥梁，清代康熙四十四年(1705)建。《四川通志》载：桥净跨"东西长三十一丈，宽九尺，施索九条，覆板其上，栏柱皆熔铁为之。"据其他资料介绍，桥两边还各有两根碗口粗的铁索作为栏杆。13根铁索，每条重约2.5吨。桥面高悬于水面上约30丈，桥头碑上刻着两行诗："泸定桥边万重山，高峰入云千里长。"桥下怒涛奔腾，形势险要。横：指铁索桥横跨在大渡河上。铁索寒：泸定桥铁索上本铺有木板，红军1935年5月到达泸定桥时，桥板已被对岸守敌拆除。波涛汹涌的大渡河上只剩下寒光闪闪的铁索。红军先头部队的勇士是冒着对岸敌人的炮火，攀援桥的铁索冲过大渡河，夺得大渡桥的。寒：铁索是裸露的，接触时有一种寒的感觉。

⑨ **更喜岷(mín)山千里雪**：红军特别喜欢岷山千里积雪的壮丽景色。岷山：位于四川、甘肃两省的交界处，南北走向，长500多公里，有"千里岷山"之称。岷山的南支和北支，有几十座山峰海拔超过4 500米，山顶终年积雪，称为大雪山。千里雪：极言积雪面积广大。长征的红军于1935年6月中旬从四川的夹金山开始，翻越五个大雪山，行军31天，共2 700余里。唐代李世民《饮马长城窟行》诗："瀚海百重波，阴山千里雪。"这里写红军不但不怕过雪山的艰苦，还特别喜爱雪山壮丽的景色，写出了红军的乐观精神。

⑩ **三军过后尽开颜**：红军翻过了岷山都豪迈地笑了。三军：《周礼·夏官·司马》："凡制军，万有二千五百人为军。王六军，大国三军，次国二军，小国一军。"古代军队曾有分中、上、下或中、左、右三军的，后多用为军队的总体通称。作者自注：指红军一、二、四方面军。这是作者后来的解释，其用意是为了加强全军的团结。尽：副词，全，都。开颜：笑逐颜开，喜形于色。颜：面容。杜甫《宴王使君宅》："自吟诗送老，相劝酒开颜。"

【赏析】

《七律·长征》最早发表于北平东方快报印刷厂1937年3月秘密印刷、署名"上海丁丑编译社出版"的由王福时主编的《外国记者西北印象记》。后又披露于1937年10月英国伦敦维克多·克兰茨公司出版的斯诺著《红星照耀中国》一书中。正式发表于《诗刊》1957年1月号。这首诗是毛泽东流传最广、影响最大的一首诗,是毛泽东诗的代表作。

长征是人类历史上空前伟大的创举,毛泽东在《论反对日本帝国主义的策略》一文中论述长征意义时写道:"长征是历史记录上的第一次,长征是宣言书,长征是宣传队,长征是播种机……长征是以我们胜利、敌人失败的结果而告结束。"

毛泽东的《长征》诗是记录这次伟大历史的无比壮丽的史诗。全诗高度概括了红军长达25 000里的行军,抒发了无产阶级领袖的英雄气概和大无畏的革命精神。

首联"红军不怕远征难,万水千山只等闲",点明题意,概写红军长征这一历史事件。"万水千山"是"难"的具体化。"不怕"、"等闲"构成了全诗的主旋律。这两句诗语势豪纵,充分展示了红军在长征中的英勇无畏、乐观豪迈、勇往直前的英雄气概。颔联"五岭逶迤腾细浪,乌蒙磅礴走泥丸",采取以少胜多、以小见大的艺术手法,把万水千山中的"千山"典型化、形象化。"五岭"、"乌蒙"是长征途中具有典型性的高山,作者将高峻、广袤的山脉化小,一像粼粼细浪,一如滚动的泥丸。这样写,则衬托出红军形象的高大与万难不惧的精神。颈联"金沙水拍云崖暖,大渡桥横铁索寒",仍是万水千山的演化,着重写水。金沙江两岸,山崖高耸入云,急险的江水拍打着云崖,壮观极了。大渡河上,铁索桥横系两岸,碗口粗细的铁链寒光闪闪。作者通过视觉向触觉移易的心理通感现象,写出红军勇渡金沙江、飞夺泸定桥时的意态和感受,表现了红军的坚强意志和英雄本色。尾联写长征胜利的喜悦。"更喜岷山千里雪,三军过后尽开颜"两句,直抒红军征服大雪山之后的欢乐心情。"更喜"、"尽开颜",生动、形象地表达了全军的兴奋喜悦之情。

这首气壮山河的伟大史诗,是革命现实主义与革命浪漫主义相结合的典范,是革命英雄主义的宏伟乐章,是对红军长征胜利的最为辉煌的美学总结。

【译文】

红军不怕万里长征的任何艰难困苦,

渡过万条险恶的水,越过千座高峻的山,不过是很平常的事。

连绵起伏的五岭山脉,在飞速前进的红军眼中,像腾起的细微波浪,

气势雄伟的乌蒙山脉,在英勇的红军看来,像从斜坡上滚下来的小泥丸。

金沙江的激流巨浪拍击着耸入云霄的悬崖峭壁,给革命战士带来一种温暖的感觉,

大渡河上横跨的铁索桥高悬于湍急的河流之上,给人一种惊心动魄的寒冷感觉。

战士们更加喜欢岷山上白皑皑的千里积雪,

全体红军胜利地越过后,无不笑逐颜开。

◇·◇ **拓展阅读** ◇·◇

一、诗词本事:二万五千里长征的壮丽史诗

刘华清、张震二位上将在《长征精神永放光芒——纪念中国工

农红军长征胜利60周年》中披露,1934年8月,红军第六军团奉命西征,拉开了长征的序幕。10月,中央红军开始长征。随后,红军第二十五军、红军第四方面军和红军第二方面军也分别离开原来的根据地进行长征。在两年时间里,各路红军以无与伦比的英雄气概,粉碎了国民党上百万军队的围追堵截,战胜了自然界无数的艰难险阻,纵横14个省,跨越万水千山,终于相继到达陕北革命根据地。1936年10月,中国工农红军第一、二、四方面军在会宁城会师,宣告了长征胜利结束。

据不完全统计,红军长征中经历了大约120次主要战役、战斗,共歼敌40个团,击溃敌军数百个团,击落敌机四架,缴获长短枪3万多枝、轻重机枪330多挺、火炮20多门,骡马约2 000匹。

红一方面军长征历时一年,长驱25 000里,纵横11个省,平均每天行军70里;红二方面军长征历时一年,行程20 000余里,转战8个省;红四方面军长征历时19个月,曲折转战4个省;红二十五军长征历时10个月,途经四省,转战近万里。

诗中主要写到的红军第一方面军,长征共368天,几乎每天都有一次遭遇战,有15天整天用在大决战上,有235天用在白天行军上,在路上只休息了44天,平均走365里才休息一次,日平均行军74里。红军第一方面军,共翻越18条山脉,渡过24条河流,经过11个省,占领过大小62座城市,突破了10个地方军阀的封锁包围,打败了追击的国民党中央军,开进和通过了6个不同的少数民族地区。几十万红军,到达陕北时只剩下3万多人,但这一战略大转移终于取得了伟大的胜利。

二、跟毛泽东学习写作诗词

这首诗的格式是七律第二式——首句入韵的平起式(常式)。其格式是:

⊖ー⊙｜｜ー―̄△,
⊙｜ーー｜｜―̄△。
⊙｜⊖ーー｜｜,
⊖ー⊙｜｜ー―̄△。
⊖ー⊙｜ーー｜,
⊙｜ーー｜｜―̄△。
⊙｜⊖ーー｜｜,
⊖ー⊙｜｜ー―̄△。

毛泽东《七律·长征》句子平仄方面,符合格律。

用韵方面,本诗首句"难"、第四句"丸"、第六句"寒",属诗韵上平声十四寒,第二句"闲"属诗韵上平声十五删,不通押。本诗可以说是用韵从宽,邻韵通押。按今韵,这几个韵脚字同属十四寒,可通押。也可以说是以今韵取叶。

其他方面,颔联用对仗,是正对、工对。颈联用对仗,是反对、工对。

三、书法欣赏:毛泽东草书中的精品力作《七律·长征》

这幅横幅手卷型书作为行草书体,取大草气势,写得豪迈超逸,遒美流畅,是毛泽东草书的精品力作。书作布局开阔而有气势,疏朗自然而又跌宕起伏,十分切合诗作的史诗性质和情感内容。标题"長征詩"三字提笔轻写,"一首"二字小写,附于"長征詩"右下,显得空灵剔透。诗作起首的"紅軍"二字以方折峻峭之笔,写得奇伟劲悍。"不怕"二字又写得坚定有力,点画顾盼有情。"萬水千山只等閒"一句,力道劲健,显示了摧枯拉朽之势。"水"字稍显柔润俊美,"千山"相连自然,"閒"字形体开张,高耸的右竖钩,力可撑天,形象地展现了红军的英勇气概。"腾细浪"、"走泥丸"笔法圆转轻灵,表现了在红军眼中再大的艰难险阻也不在话下的英雄气概。"雲巖"两字,如河汉星列,高大伟岸。接着,运笔更加放开,速度更加迅疾,开始出现了飞白。末句"三軍過後盡開顏"最为精彩,重墨狂草,豪迈之气,足退万军,诗情、书情都达到了极致。"三"字由过去左上斜,改为右下斜,成为调整整个篇章的传神之字。"過後"两字,一笔写成,顶天立地,"後"字更是一笔直贯四分之三行,既有力势,又有豪情,感情发挥得极为得意。最后以"盡開顏"作结,三个字分占两行,"顏"字独占一行,字下形成了全篇最大的空白处,表现出无限的喜悦之情。诗美,书法也美,真正是珠联璧合。

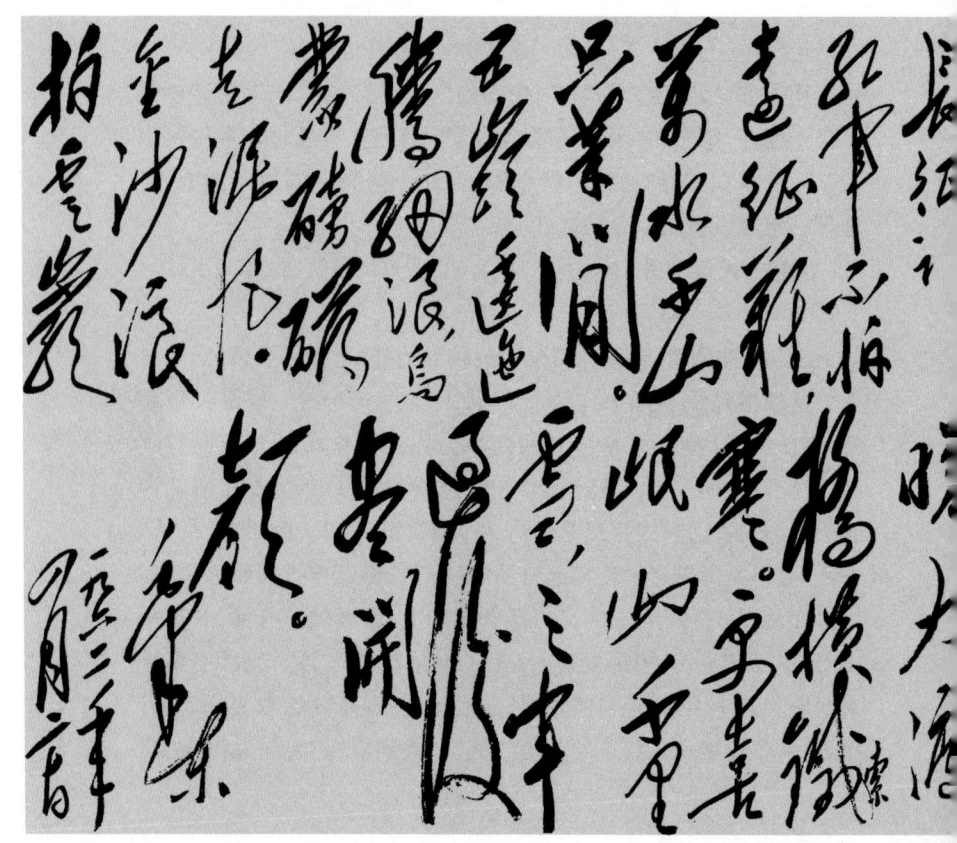

四、为毛泽东诗词谱曲

七　律
长　征

1=C 2/4　　　　　　　　　　　　　　　　张绍玺　谱曲
中速

(1. 1 1 1 | 2. 1 6 1 | 5. 5 5 6 | 3 0 1 0 | 5　1. 1)|

1 1 | 2 1 0 | 6 5 6 | 3. 5 | 2. 3 5 6 | 3 2 1 6 |
红　军　不　怕　　远　征　难，　万　水　千　山　只　等

5 - | 5 0 | 3 5 6 | 3 2 3 | 1　5 3 | 6 - |
闲。　　　　五　岭　逶　迤　腾　　细　浪，

2. 3 2 1 | 6 1 6 | 5. 6 3 | 5 0 | 3. 2 3 5 | 1 6 5 |
乌　蒙　磅　礴　走　泥　丸。　　金　沙　水　拍　云　崖　暖，

6. 5 6 1 | 5 3 6 | 5 1　2 | 3 - | 6 - | 6. 5 1 2 |
大　渡　桥　横　铁　索　寒。　更　喜　　岷　　山　　千　里

3 0 | 6 6 1 | 2 - | 3 - | 2　5. 6 | 1 0 ‖
雪，　三　军　过　后　　尽　开　颜。

清平乐
六盘山
一九三五年十月

天高云淡，望断南飞雁。

不到长城非好汉,屈指行程二万。
| | — — | | · | | — | |
▲ ▲

六盘山上高峰,红旗漫卷西风。
| — | — — · — | | —
△ △
今日长缨在手,何时缚住苍龙?
— | — | | · — | | —
△

【毛泽东自注自解】

1958年12月21日,毛泽东在文物出版社同年9月刻印的线装大字本《毛主席诗词十九首》上批注:

苍龙:蒋介石,不是日本人。因为当前全副精神要对付的是蒋不是日。

【注释】

① **六盘山**:位于宁夏回族自治区南部,甘肃省东部,南段又称陇山。南北走向,长约240公里,是陕北和陇西两高原的界山,主峰也叫六盘山(当地习称大关山),海拔2 928米,在宁夏南部固源县西南。六盘山山路曲折盘旋,上下约60里。山势险峻,山路曲折险窄,要盘旋多重才能到达峰顶。六盘山是甘肃省仅次于祁连山的一座大山,也是红军长征到达陕北前翻越的最后一座高山。1935年9月,毛泽东率领红军进入甘肃省南部,10月初,突破敌人的封锁线,胜利地越过六盘山,随后直抵吴起镇,与陕北红军胜利会师,完成了举世闻名的25 000里长征。这首词是作者率领红军翻越六盘山时所作。

② **天高云淡**:秋天的天空显得特别高朗,天空中点缀着淡淡的云。宋

代僧仲殊《减字木兰花》词:"云淡天高秋夜月。"

③ **望断南飞雁**:这句是说,红军历尽千辛万苦,终于到达了六盘山,要是飞雁能把这一胜利消息带给留在南方根据地的战士与革命群众,那该多好啊!表达了作者和红军战士对南方老革命根据地军民深切的怀念!望断:极目远望,一直望到看不见。《南齐书·苏侃传》:"青天望断,白日西斜。"宋代陈深《济南赵君成南使羁留三纪得还其犹子录其遗事求诗为赋一绝》:"年年望断燕南征。"这和唐代李白"孤帆远影碧空尽,唯见长江天际流"两句诗的意思一样,表示望得久,望得远。南飞雁:古代有雁足传书的说法。王维《寄荆门张丞相》:"目尽南飞雁,何由寄一言。"

④ **长城**:万里长城有一段在陕北境内,这里用以指代长征的目的地——陕北根据地,也指当时的抗日前线。好汉:勇敢有为的人。苏轼《诸公饯子敦轼以病不往复次前韵》:"人间一好汉,谁似张长史。"

⑤ **屈指行程二万**:屈指,弯着指头计算。宋代陈造《赤口滩》诗:"路可屈指计,归将平心待。"行程:走过的路程。二万:是二万五千里的省称。从江西、福建中央革命根据地出发到六盘山,行程约二万五千里。

⑥ **高峰**:六盘山主峰在宁夏南部固原县西南部。这里的"高峰"并非指主峰,而是指宁夏境内的六盘山主峰附近地区的山峦。

⑦ **漫卷**:杜甫《闻官军收河南河北》:"却看妻子愁何在,漫卷诗书喜欲狂。"意思是胡乱地卷起。这里指随风舒卷。漫:随意,不受拘束。

⑧ **长缨**:长绳子。典出《汉书·终军传》:"〔终〕军自请愿受长缨,必羁南越王而致之阙下。"这里比喻强大的革命武装。缨:绳子。

⑨ **苍龙**:即青色的龙。古代谓龙与蛇同类,俱为人害。又,《汉书·王莽传》:"仓龙癸酉。"唐代颜师古注引汉代服虔曰:"仓龙,太岁也。""仓龙"同"苍龙"。太岁星,别称木星,位于东方。古代方士以太岁所在为凶方,因称太岁为凶神恶煞。这里指反动派首领蒋介石。因为当时全副精神要对付的是蒋介石。缚住苍龙:就是降龙的意思。南宋刘克庄《贺新郎·实之三和有忧边之语走笔答之》:"问长缨何时入手,缚将戎主。"这里表现毛泽东对革命胜利充满信心,迫切希望这一天早日到来。

【赏析】

　　《清平乐·六盘山》最早见于1938年11月27日毛泽东书赠李公朴、张曼筠夫妇的手迹,后又发表于1941年12月5日出版的由楼适夷、蒋锡金、张逸侯(满涛)合编的《奔流新集之二·横眉》,题为《毛泽东先生词(长征时作)》,建国后正式发表于《诗刊》1957年1月号。

　　这首词回顾了万里长征的行程,表达了红军战士们勇往直前的钢铁意志和抗战必胜的坚定信念。这是一首战斗前进的胜利曲,是一篇振奋人心、激扬斗志的宣言书。

　　上阕"天高云淡,望断南飞雁",起笔境界辽阔,写站在六盘山高峰之上仰望所见。两句词紧扣十月天空景象:天空净朗,云层疏淡,大雁往南飞。"望断"二字含义丰富,寄意尤深。"望断",指望了又望,直到望不见还望。因为大雁到了秋天,就要由北向南,到南方去过冬。看到南去的大雁自然就会勾起作者和红军对南方革命根据地军民和故乡父老乡亲的无限思念,所以才有望断的神情。这两句虽是写景,但景中寓情。接下来"不到长城非好汉,屈指行程二万"两句,抒情显得十分自豪。作者屈指一算,红军所行的路程已经两万里,前面已经没有险峻的高山了,预定的目的地是一定会到达的。"不到长城非好汉",还表达了中国共产党和红军北上去抗日前线的坚强意志和决心。只有北上抗日,才是真正的好男儿!

　　下阕的结构同上阕一样,也是前两句写景,后两句抒情。"六盘山上高峰",点明六盘山题意,并告诉读者,作者当时是在六盘山高峰之上。高峰是作者描写的一个大的背景,这个背景前面的景物很特别:"红旗漫卷西风"。红军的红旗漫卷于西风之中,这个特别的景物,象征着胜利。从画面中能体现出红军将士的豪壮之情,这就是景中寓情。"今日长缨在手,何时缚住苍龙"是直接抒情。意思是长征胜利了,革命的主动权已掌握在中国共产党手中,"缚住苍龙"只是个时间早晚的问题。作者充满了必胜的信心。

全词雄浑豪放,隽异挺拔,具有强烈的感染力量。

【译文】

秋高气爽,晴朗的天空中点缀着淡淡的白云,
一群群大雁展翅南飞,我极目远望,一直到看不见。
不坚持北上到长城奔赴抗日前线,就绝不是好汉,
屈指一算,我们已经走过了二万五千里路了。

在六盘山高高耸立的山峰上,
中国人民抗日先锋队的红旗迎着西风随意翻卷飘扬。
今天中国共产党和她领导的军队已经掌握了捆缚敌人的长绳,
什么时候才能捆缚住凶神恶煞似的苍龙蒋介石国民党反动派呢?

·◇·◇· 拓展阅读 ·◇·◇·

一、诗词本事:中央红军长征途中翻越的最后一座高山——六盘山

六盘山是陕北和陇西两个高原的界山,主峰也叫六盘山(当地称为大关山)。山路曲折盘旋,险窄的山路经过多重盘旋才能到达峰顶。据当地人说,山上过去有鹿,人们上山顺着鹿的足迹走,故名"鹿盘山",后取"鹿"的谐音"陆",为"陆盘山"。为书写方便,又

改为"六盘山"。六盘山是甘肃省仅次于祁连山的一座大山,也是中央红军长征途中翻越的最后一座高山。

1935年10月初,红军经甘肃东部回民区,连续突破了会宁、静宁之间及平凉、固原之间的封锁线,击败了敌人第七师四个骑兵团的追击。为了摆脱从平凉、固原大路上追来的敌人,继续东进,10月7日毛泽东到达乃家河,途经甘肃固原县青石嘴(今属宁县),在一个山头上直接指挥陕甘支队第一纵队的一、四、五大队,采取两侧迂回兜击,正面突击的战法,歼灭何柱国骑兵军两个连,缴获战马百余匹。那天下午,一鼓作气地登上了六盘山主峰。山上长满绿草,进山有较宽的路,山很高,红军走到黄昏,就翻过了六盘山主峰。于是长征的终点——陕北根据地、抗日前线已近在眼前了。

1935年10月1日,毛泽东率陕西支队顺利地越过六盘山主峰,继续向环县与庆阳之间前进。随后,作《清平乐·六盘山》词。

二、诗词佳话:毛泽东诗词巨大的鼓舞力量

著名诗人、毛泽东诗词研究专家臧克家曾在《读毛主席四首词》一文中讲过一个生动的故事,说明毛泽东诗词在革命战争中所发挥的巨大作用。他说:

关于这首词(指《清平乐·六盘山》),我曾经在一个会议上听到新华社一位同志转述的一个真实故事,这是故事里的主人公因为读了《诗刊》上这一首词,感慨系之地对他说的。那正是解放战争时期,某个小部队和敌人战斗,因势力悬殊,多数同志都力战而死,剩下了通讯人员和二三位同志,他们决心为党为人民牺牲,准备把身边所有的东西都毁掉。忽然心中一转念,把设备弄好,想最后听一听党中央的声音。收音机响起来了,毛主席的《六盘山》词从遥远的陕北传到了他们的耳中,这是怎样的一种声音啊!力量立刻涌上了他们的全身。

他们决定冲出包围圈！他们终于冲出来了！这个故事说明了什么？说明了这首词振奋人心的力量有多强！

三、跟毛泽东学习写作诗词

《清平乐》常见格式见本书《清平乐·会昌》"拓展阅读"处。

毛泽东《清平乐·六盘山》句子平仄方面，符合格律。

用韵方面，下阕首句"峰"、第四句"龙"，属诗韵上平声二冬，第二句"风"属诗韵上平声一东，均属诗韵一部，是同部平声通押。上阕首句"淡"属诗韵上声二十七感，属词韵十四部，第二句"雁"属诗韵去声十六谏，第三句"汉"属诗韵去声十五翰，末句"万"属诗韵十四愿，均属词韵七部，是词韵同部去声通押。但"淡"与"雁"、"汉"、"万"词韵不同部，也不通押。这首词上阕是词韵七部和十四部，跨部平声通押。这首词是以湖南方音取叶。按今韵，上阕"淡"、"雁"、"汉"、"万"新诗韵同属十四寒，可通押。下阕"峰""风"属新诗韵十七庚，"龙"属新诗韵十八东，同属十三辙中东辙，可通押。也可认为是用今韵取叶。

四、为毛泽东诗词谱曲

清平乐
六盘山

1=F 4/4　　　　　　　　　　　　　　　贺绿汀 谱曲

6 5 4 5 | 6 - - - | 6 7 6 5 3 | 2 - - - |
天 高 云　淡，　　　　望 断 南 飞 雁。

1. 6 1 2 | 3 6 - 3 | 2 1 7 6 5 | 6 - 6 - |
不 到 长 城 非 好 汉，　屈 指 行 程 二　万。

123

```
6.  65  3̂2 | 6 - 6 - | 6 2̇ 1̇  7̂6 |
六   盘山 上    高  峰，    红  旗 漫  卷

5 - 5 - | 4. 3̂24 | 5 6̂ 5 - |
西   风。   今 日 长 缨 在  手，

6 1̇ 5  4̂3 | 2 - 1 3 | 2 - - 0 ‖
何 时 缚 住  苍          龙？
```

三、解放战争的凯歌

> 解放战争时期，面临国共两党大决战，日理万机，戎马倥偬，毛泽东无心、无暇作诗，自不待言。然而一经挥毫，《人民解放军占领南京》就显示出大气磅礴，身手不凡，成为千古绝唱，成为中国人民革命胜利的丰碑。这又是特别令人惊羡的。

七 律
人民解放军占领南京
一九四九年四月

钟山风雨起苍黄，百万雄师过大江。

虎踞龙盘今胜昔，天翻地覆慨而慷。

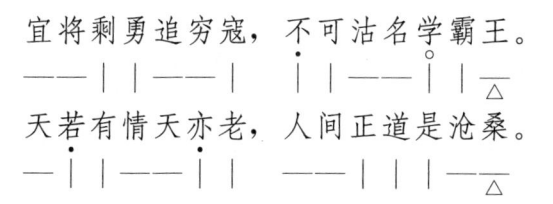

宜将剩勇追穷寇,不可沽名学霸王。
——｜｜——｜　｜｜——｜｜△
天若有情天亦老,人间正道是沧桑。
—·｜｜——｜｜　——｜｜｜——△

【毛泽东自注自解】

1964年1月27日,毛泽东口头答复外国文书籍出版局《毛泽东诗词》英译者问:

> 天若有情天亦老:这是借用李贺的句子。与人间比,天是不老的。其实天也有发生、发展、衰亡。天是自然界,包括有机界,如细菌、动物。自然界、人类社会,一样有发生和灭亡的过程。社会上的阶级,有兴起,有灭亡。

【注释】

① **人民解放军占领南京**:1949年4月21日,毛泽东和朱德发出《向全国进军的命令》。命令中国人民解放军"奋勇前进,坚决、彻底、干净、全部地歼灭中国境内一切敢于抵抗的国民党反动派,解放全国人民,保卫中国领土主权的独立和完整"。4月21日夜,中国人民解放军百万大军在东起江苏江阴、西至江西湖口的1 000余里的战线上强渡长江,并于4月23日占领国民党反动政府的首都南京。在南京解放后,毛泽东写下了这首诗。

② **钟山风雨起苍黄**:南京城突然掀起了革命的暴风骤雨。钟山:即紫金山,在江苏省南京市城东面,这里指代南京。风雨:这里比喻战争的形势。苍黄:同"仓皇"。突然,急遽(jù)的样子。杜甫《新婚别》:"誓欲随君去,形势反苍黄。"

③ **雄师过大江**:雄师,强有力的军队,这里指英勇的人民解放军。大

江：指长江。

④ **虎踞龙盘**：形容地势优异，雄伟险要。三国时诸葛亮看到吴国都城建业（今南京市南部）的地势曾说："钟山龙盘，石头虎踞，此帝王之宅。"踞：蹲。石头：即石头山，在今南京市西石头山。辛弃疾《念奴娇·登建康赏心亭呈史留守致道》："虎踞龙蟠何处是？只有兴亡满目。"意思是说：钟山像龙一样盘着，石头山（即清凉山，在今南京市西）像虎一样蹲着。这里指虎踞龙盘之地——南京。胜：超过。昔：从前。元代萨都剌《满江红·金陵怀古》："六代豪华，春去也，更无消息。空怅望，山川形胜，已非畴昔。"这句是说，以虎踞龙盘的雄壮险要形势著称的南京回到人民手中之后，现在比过去更加雄伟壮丽。

⑤ **天翻地覆慨而慷**：天翻地覆，唐代刘商《胡笳十八拍》诗之六："天翻地覆谁得知，如今正南看北斗。"这里指形势发生了巨大变化。南京是国民党政府的首都，人民解放军占领南京，就标志着国民党反动政府的覆灭，故言天翻地覆。慨而慷：即慷慨。因押韵的需要颠倒语序，"而"是连词，连接"慨"和"慷"。意思是感慨而激昂。曹操《短歌行》诗："慨当以慷，忧思难忘。"

⑥ **宜将剩勇追穷寇**：应该乘胜前进，把已处于穷途末路的敌人坚决、彻底、全部歼灭，不要留下后患。宜：适宜，这里有应该的意思。将：以。剩勇：余勇，指充足有余、用之不竭的勇气和力量。《左传·成公二年》载：齐人高固独自冲入敌阵，夺取战车后向堡垒里的敌人挑战说："欲勇者贾(gǔ)余勇！"意即我还有未用完的勇气可以出售，谁想要勇武就快来买吧！穷寇：处于穷途末路的敌寇，指国民党残余的军事力量。《孙子兵法·军争篇》："穷寇勿迫。"

⑦ **不可沽名学霸王**：应从项羽的失败中得到教训，不可为了"和平"的虚名，给敌人以卷土重来的机会。沽名：买名，即故意做作或用某种手段来赚取好的声誉。学：仿效。霸王：本是古代霸主的称号，秦末项羽自立为西楚霸王。这里即指项羽（公元前232～前202）。秦朝末年，项羽和刘邦（后来的汉高祖）同时起兵反秦。在钜鹿之战中，项羽摧毁秦军主力，为推翻秦王朝作出了巨大贡献。项羽自封西楚霸王，封刘邦为汉王。在楚

汉战争中又与刘邦签订和约,以鸿沟为界,平分天下。后来项羽率40万大军入咸阳,他当时为了避免不义之名,在鸿门宴上放过了刘邦,没有利用优势兵力消灭先入咸阳的刘邦。但是,后来刘邦背弃和约,越过鸿沟追击项羽,项羽最终落得兵败垓(gāi)下,自刎(wěn)乌江的可悲下场。人民解放军发起渡江战役前,国际国内都曾有人建议共产党与国民党划江而治,甚至有人认为不这样,共产党就不够伟大。"宜将"两句就是针对这些议论而发的。

⑧ **天若有情天亦老**:借用唐代李贺《金铜仙人辞汉歌》中"衰兰送客咸阳道,天若有情天亦老"诗句,原诗说的是汉武帝时制作的极贵重的宝物金铜仙人像,在三国时被魏明帝由长安迁往洛阳时,铜人悲痛得落泪的传说,意思是对于这样的人间恨事,天若有情,也要因悲伤而衰老。这里意思是说,天若有情,看见国民党反动统治的黑暗残酷,也要因痛苦而变衰老。天:指自然界。

⑨ **人间正道是沧桑**:人间,人世间,也就是人类社会。人间正道:人类社会发展的正常规律或规则。《礼记·中庸》:"中者天下之正道,庸者天下之正理。"沧桑:成语"沧海桑田"的简化,即沧海(大海)变为桑田。晋代葛洪《神仙传·麻姑》:"麻姑谓王方平曰:'接侍以来,已见东海三为桑田。向到蓬莱,水又浅于往者,会时略半也,岂将复还为陵陆乎?'方平答说:'东海行复扬尘耳。'"这里比喻世事发生了历史性的巨变。

【赏析】

《七律·人民解放军占领南京》最早发表于1963年12月人民文学出版社出版的《毛主席诗词》。

南京解放的意义是十分重大的,它标志着国民党以至几千年反动统治的历史彻底结束,标志着中国革命的胜利和人民当家做主时代的到来。这首诗是纪念南京解放,庆祝人民革命胜利的不朽丰碑,是教育人民接受历史教训的忠告,号召人民将革命进行到底的战斗号令。

首联充满喜悦之情写南京解放。首句以雷霆万钧的"钟山风雨"起兴,"风雨"喻指人民解放战争的风雨,"苍黄",形容这一风雨的变化急剧迅速——4月21日凌晨下达渡江的命令,4月23日南京就宣告解放。次句以"百万雄师过大江"的排山倒海气势说出"风雨起苍黄"的直接原因。

颔联"虎踞龙盘今胜昔,天翻地覆慨而慷",激情洋溢地写出了南京解放,人民当家做主,比历史上任何朝代都更加雄伟壮丽,广大军民慷慨激昂,举国上下一片欢腾的景象。"虎踞龙盘"状写了南京的雄伟气势,"今胜昔"是歌颂南京解放,必然更加胜过从前。"天翻地覆慨而慷"则进一步形容推翻蒋介石反动政权的伟大历史意义,因而特别令人感慨激动。

颈联有两个方面的寓意:一是向全国乃至全世界申明中国人民解放军要解放南京的道理,是对此前国内乃至国际上关于中国革命要不要过长江的议论的回答。"宜将剩勇追穷寇"是从兵法的角度讲,应该不遗余力地去追剿国民党残存的军事力量;"不可沽名学霸王"是借历史的教训。楚霸王项羽在战争形势利于自己的情况下,答应了刘邦的和谈要求,并划鸿沟为界,引兵东去。结果项羽被刘邦打败,自刎乌江。鉴于历史上血的教训,我军决不能止步江北,中敌人假和谈的圈套,让项羽的悲剧在现代重演。

尾联"天若有情天亦老,人间正道是沧桑"两句,前一句化用唐代李贺诗句,慨叹南京乃至全中国经历了许多年的黑暗时期,即使是老天,假若它有感情也会因悲伤而衰老。后一句是说人世间的正常规律是一切事物都在发生变化,犹如沧海变成桑田一样,旧时代的黑暗统治也会灭亡。南京的解放,正是人类社会运动发展规律的体现。

全诗风雷磅礴,豪气盖世,寓意深邃,意境宏阔,充分显示了崇高美和阳刚美的审美特色,是一首永载史册的经典之作。

【译文】

  南京突然掀起了暴风骤雨,
  威武雄壮的百万人民解放军已经迅速地渡过了长江。
  这座以龙盘虎踞著称的历史名城今天比以往任何时代都更加雄伟壮丽,
  这里发生了天翻地覆的大事,广大人民为之激昂鼓舞。
  我们应当鼓起余勇,乘胜追击已陷入穷途末路的敌人,
  切不可沽名钓誉,像西楚霸王项羽那样,使革命半途而废遭到失败。
  天如果有生命、有情感的话,它也会因不堪国民党反动派的黑暗统治而衰老,
  人类社会的正常规律是不断地发展变化,有如沧海变成桑田。

拓展阅读

一、诗词本事:苦读《人民日报》"南京解放"号外赋诗言志

  1949年1月1日,蒋介石在美帝国主义支持下发表了一篇求和声明,以求苟延残喘,妄图据守长江天险,卷土重来。1月21日蒋介石"引退"浙江奉化,在幕后策划,由李宗仁和行政院长何应钦在南京支撑残局,明里和谈,暗里积极进行战争准备。4月20日,国民党拒绝接受和平协定的条款,和平谈判破裂了。人民解放军分为东、中、西三路,东起江阴,西迄九江的湖口,于4月20日夜,在1000余里长的战线上开始横渡长江。4月21日,毛泽东、朱德发布《向全国进军的命令》。23日,百万雄师全部渡过了长江,晚上占领了南京城。国民党总统府的日历只翻到4月22日,李宗仁、何应钦等已提前一天逃跑了。

1949年4月24日下午,毛泽东在北平香山双清别墅的六角凉亭里看到《人民日报》关于人民解放军占领南京的"号外"后,心情异常振奋,然后径直回到办公室,在办公室里又仔细看了一遍报纸,边看边在报纸上画一些标记。接着给第二野战军的刘伯承和邓小平写了一封贺电。同时一气呵成了这首脍炙人口的《七律·人民解放军占领南京》。

二、诗词佳话:字纸篓里捡起的名篇

毛泽东平时有借练字休息、换脑筋的习惯。毛泽东的秘书田家英常将毛泽东挑选后留下的书迹细心地保存起来,并且装裱得十分考究,视为"国宝",只有知心朋友来访时,他才取出一起欣赏。

这首有名的诗和这幅唯一的手书却原来是从字纸篓里捡来的。当年毛泽东写这首诗时,也许是觉得不够满意,随手扔进了字纸篓里,被田家英捡了起来,细心地加以保存。1963年,田家英在为毛泽东编辑《毛主席诗词》一书时,将《七律·人民解放军占领南京》的抄稿送给了毛泽东。毛泽东看毕,哈哈大笑说:"嗬,我还写过这么一首诗!写得还可以,收进去吧。"1963年12月5日,毛泽东致田家英信中说:"钟山风雨一诗,似可加入诗词集,请你在会上谈一下,酌定。"后来就收入了当年12月人民文学出版社出版的《毛主席诗词》。

三、跟毛泽东学习写作诗词

这首诗的格式是七律第二式——首句入韵的平起式(常式),可参见本书《七律·长征》"拓展阅读"处。

毛泽东《七律·人民解放军占领南京》句子平仄方面,符合格律。

用韵方面，首句"黄"、第六句"王"、末句"桑"，属诗韵下平声七阳，第二句"江"属诗韵上平声三江，第四句"慷"属诗韵二十二养，这里作下平声七阳，这首诗可以说是用韵从宽，邻韵通押。按今韵，这些韵脚字都属新诗韵十六唐，也可以说用今韵取叶。

其他方面，颔联用正对、宽对。这两句的上半句本句词语自对，而它们又在两句间相对；这两句的下半句不对仗，故为宽对。颈联用流水对、反对、宽对。

四、为毛泽东诗词谱曲

七　律
人民解放军占领南京

沈亚威　谱曲

踞龙盘今胜昔。(合)天翻地覆慨而慷。

(男)宜将剩勇追穷寇,不可沽名学霸王。(合)天若有情天亦老,人间正道是沧桑。宜将剩勇追穷寇,不可沽名学霸王。宜将剩勇追穷寇,不可沽名学霸王。天若有情天亦老,人间正道是沧桑。

第四章 愛情友誼篇

无情未必真豪杰,多情亦是大丈夫。怀人思亲,爱情、亲情、友情、乡情,无论古人和今人,常人与伟人都是相通的。毛泽东的感情世界博大、深邃,丰富而细腻。这在他的诗词创作中占有一定的数量,而且大多质量很高,是诗人内心"至情"、"至性"的自然流露。

一、刻骨铭心的爱情

毛泽东和杨开慧结下了情深意笃、生死不渝的爱情,并且写下了刻骨铭心、富有特色的爱情诗。既有表现热烈恋情的《虞美人·枕上》,也有缅怀悼亡的《蝶恋花·答李淑一》。《蝶恋花·答李淑一》以浪漫主义的幻想,天上、人间、神话、现实交融在一起,既是对爱妻"骄杨"的缅怀,又是对烈士英灵的告慰。

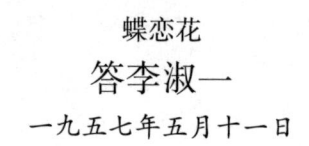

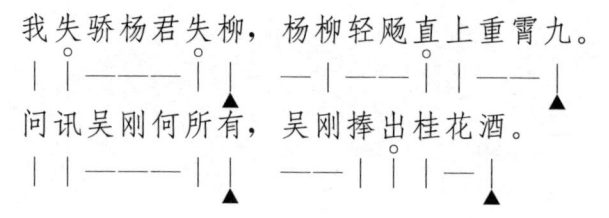

蝶恋花
答李淑一
一九五七年五月十一日

我失骄杨君失柳,杨柳轻飏直上重霄九。
｜｜｜——｜｜　——｜——｜｜——｜
问讯吴刚何所有,吴刚捧出桂花酒。
｜｜｜——｜｜　————｜｜｜——｜

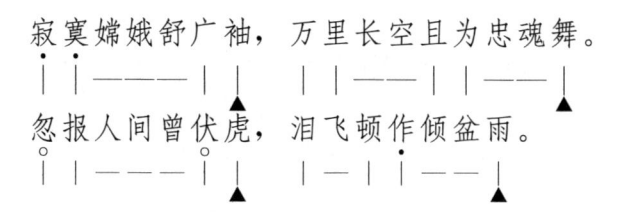

寂寞嫦娥舒广袖，万里长空且为忠魂舞。
｜｜——｜｜　｜｜｜——｜｜——｜
忽报人间曾伏虎，泪飞顿作倾盆雨。
｜｜｜｜——｜　｜—｜｜——｜

【毛泽东自注自解】

1958年12月21日，毛泽东在文物出版社同年9月刻印的线装大字本《毛主席诗词十九首》上批注：

上下两韵，不可改，只得仍之。

"上下两韵"，指本词的韵脚字"柳、九、有、酒、袖"与"舞、虎、雨"不同韵。

1964年1月27日，毛泽东口头答复外国文书籍出版局《毛泽东诗词》英译者问：

泪飞顿作倾盆雨：是指高兴得掉泪。

【注释】

① **答李淑一**：即答赠李淑一。李淑一（1901～1997），湖南长沙人，是毛泽东夫人杨开慧的好友，革命烈士柳直荀的夫人。曾掩护过郭亮、夏曦、李维汉等人从事革命活动。1932年柳直荀在湖北洪湖革命根据地被害后，她以教书为业，独立抚育烈士遗孤长大。解放后，李淑一曾任中学语文教师、湖南省政协委员，省文史馆馆员。1977年6月被聘为中央文史研究馆馆员。1997年在北京病逝。

② **我失骄杨君失柳**：骄，毛泽东曾说过："女子革命而丧其元（头），焉得不骄。"这里有引以为骄傲、自豪之意。也可以解释为坚强的意思。杨：指杨开慧（1901～1930），湖南长沙人，作者的夫人。杨开慧于1920年和毛

泽东结婚,1921年加入中国共产党,在中共湘区委员会负责机要兼交通联络工作。此后数年随毛泽东在上海、广州、韶山、武汉等地开展革命工作。1927年以后,在湖南长沙板仓一带坚持开展党的地下工作。1930年10月,因叛徒出卖,被国民党反动派逮捕,同年11月英勇就义,年仅29岁。君:对别人的尊称,这里指李淑一。 柳:柳直荀(1898~1932),湖南长沙人,作者早年的战友,李淑一的丈夫,1923年加入中国共产党,历任湖南省政府委员、湖南省农民协会秘书长。1927年参加南昌起义。1930年到湖北省洪湖革命根据地工作,历任红军第二军团政治部主任、红六军政委等职。1932年9月,在洪湖革命根据地因"左"倾肃反扩大化遇害。1945年4月中共中央正式予以平反,并追认为革命烈士。

③ **杨柳轻飏直上重霄九**:杨柳,双关语,既指杨姓、柳姓二烈士,又喻指随风飘扬的杨花柳絮。飏(yáng):随风飘扬。杨柳轻飏:冯延巳《鹊踏枝》(又名《蝶恋花》):"杨柳风轻,尽展黄金缕。"旧时传说魂是可以飘扬的。这里指烈士的忠魂轻轻地飘扬。重(chóng)霄九:即九重霄,九重天的第九层,是天的最高处。我国古代神话认为天有九重。《楚辞·天问》:"圜则九重,孰营度之?"

④ **问讯吴刚何所有**:问讯,兼有问好和询问的意思。杜甫《送孔巢父谢病归游江东兼呈李白》:"南寻禹穴见李白,道甫问讯锦何如?"吴刚:相传是汉代西河人,因学仙有错,被罚到月宫砍那棵高500丈的桂树。砍下去的斧头刚举起,砍伤之处随即愈合,所以吴刚永远砍不完,只得留在月宫。唐代段成式《酉阳杂俎(zǔ)·天咫》说:"旧言月中有桂,有蟾蜍,故异书言月桂高五百丈,下有一人常斫(zhuó)之,树创随合。人姓吴名刚,西河人,学仙有过,谪令伐树。"何所有:有什么东西。所:助词,用在动词前面。陶弘景《诏问山中何所有赋诗以答》:"山中何所有,岭上白云多。"

⑤ **桂花酒**:酒名,以桂花泡制取其芳香的酒。屈原《九歌·东皇太一》:"奠桂酒兮椒浆。"王逸注:"桂酒,切桂置酒中也。"曹植《仙人篇》:"玉樽盈桂酒,河伯献神鱼。"这里的桂花酒是由吴刚斫桂的传说联想出来的。

⑥ **寂寞嫦娥舒广袖**:寂寞嫦娥,相传嫦娥为月亮里的仙女,本作姮(héng)娥或恒娥,汉代避汉文帝(刘恒)讳(huì),改为嫦娥。汉代刘安《淮

南子·览冥》:"羿(yì)请不死之药于西王母,姮娥窃以奔月。"汉代高诱注:"姮娥,羿妻。羿请不死之药于西王母,未及服之,姮娥盗而食之,得仙,奔入月中,为月精也。"在月宫里的嫦娥整天看到的只是像碧海一样的蓝天,因此感到寂寞,后悔当初偷吃了不死之药。李商隐《嫦娥》诗:"嫦娥应悔偷灵药,碧海青天夜夜心。"舒广袖:形容舞蹈的姿势。《韩非子·五蠹》:"长袖善舞,多财善贾。"李白《高句丽》:"金花折风貌,白马小迟回。翩翩舞广袖,似鸟海东来。"舒:舒展,展开。广袖:长而宽大的衣袖。

⑦ **万里长空且为忠魂舞**:长空,辽阔的天空。且:于是就。忠魂:指杨、柳烈士的英灵。

⑧ **曾伏虎**:曾,曾经,这里是已经的意思。伏虎:降伏恶虎,喻指推翻了国民党反动派的统治。

⑨ **泪飞顿作倾盆雨**:两位烈士的忠魂顿然欣喜得热泪纷飞,如倾盆大雨。顿作:顿时化作。倾盆雨:大雨倾注,好像翻倒盆水一样。苏轼《介亭饯杨杰次公》:"前朝欲上巳蜡屐,黑云白雨如倾盆。"这里借言泪水多。

⑩ **舞、虎、雨**:这三个韵脚字跟上文的"柳、九、有、酒、袖"不同韵。作者自注:"上下两韵,不可改,只得仍之。"

【赏析】

《蝶恋花·答李淑一》最早发表于1958年1月1日湖南师范学院院刊《湖南师院》,后正式发表于同年1月7日《人民日报》和《诗刊》1958年1月号。

作者运用浪漫主义的创作手法,描写杨、柳二位忠魂升到九重天,进入月宫后的情状,歌颂了他们的崇高品质和永垂不朽的精神,抒发了作者对他们的无限怀念之情。

上阕写两位烈士的忠魂到了月宫,受到仙人吴刚的殷勤款待。首句"我失骄杨君失柳",以两个"失"字,既表达对逝者的无限惋惜和追怀,又表明作者与李淑一有相同的命运,都失去了最亲爱的人。烈士英灵不死,所以第二句说"杨柳轻飏直上重霄九",杨、柳二位的忠魂如杨花柳絮那样轻轻飘扬到了天的最高层。这两句同时也是对李淑一词中"征人何处觅?六载无消息"的回答。"问讯吴刚何所有,吴刚捧出桂花酒"二句,写忠魂上天后受到了月宫中的吴刚热烈欢迎,吴刚为他们捧出了桂花美酒。

下阕写仙人嫦娥为两位烈士表演歌舞以示欢迎,两位烈士听到革命胜利的消息,高兴得眼泪夺眶而出。前两句写嫦娥起舞欢迎两位忠魂,"寂寞嫦娥舒广袖,万里长空且为忠魂舞"。一向寂寞的嫦娥此时舒展开宽大的衣袖,以万里长空作舞台,暂且为两位忠魂翩翩起舞。嫦娥起舞和上阕的吴刚敬酒,写天上的神仙对二位忠魂既是敬重,又是慰抚,言外之意是说:神仙对他们尚且如此,何况你我?我们不仅仅要为他们含悲,还应向他们崇高的人格、高尚的英灵致敬。当然,曾在人间出生入死的革命者,死后能够进入如此高远辽阔的仙境,享受神仙世界的欢乐,这是作者寄托自己哀思,表达美好祝愿的一种方式。"忽报人间曾伏虎,泪飞顿作倾盆雨"两句,与词的开头相照应,写两位忠魂听到新中国建立的胜利喜讯时异常激动的情形。两位忠魂身在天阙,却心系人间,关注着革命的进展,国家的命运。当他们听到国民党反动政权被推翻,人民革命取得彻底胜利的时候,高兴得泪洒蓝天,如雨倾盆。这两句同时也是对李淑一词中"醒忆别伊时,满衫清泪滋"的回答。

这是一首极为杰出的革命现实主义和革命浪漫主义相结合的诗篇。首句写实,以下各句都是诗人的想象,把古代神话传说与人间的现实社会生活联系起来,热情讴歌革命烈士的崇高气节和伟大精神。用这样的方式纪念二位革命烈士,既安慰了好友,又凭吊了忠魂。全词意境开阔,想象丰富,语言绚烂多彩,字字句句都强烈地震撼着人心。

【译文】

我失去了英勇无畏、引以为自豪的爱妻杨开慧,您失去了坚强不屈、为革命而被害的丈夫柳直荀,

杨柳二位烈士的忠魂像杨花柳絮轻轻飘扬,一直飞上了九重天。

杨柳二位烈士的忠魂进入月宫,询问仙翁吴刚月宫里有什么东西,

吴刚恭敬地捧出亲自酿造的桂花美酒热情地款待他们。

在月宫里长期寂寞生活的嫦娥舒展起宽大的长袖,
在万里长空为欢迎二位烈士的忠魂到来而翩翩起舞。

这时忽然听见传来捷报说,人间已降服了凶恶猛虎般的反动派,

二位烈士的忠魂和仙人们顿时激动得热泪纷飞,化作倾盆大雨。

·•·◇· 拓展阅读 ·◇·•·

一、诗词本事:毛泽东说,我是"照她的意思和的"

20世纪20年代初,李淑一与毛泽东夫人杨开慧在长沙私立福湘女子中学同学,结为挚友。1924年,经杨开慧介绍,李淑一与毛泽东的战友柳直荀结婚。1932年9月,柳直荀在湖北洪湖革命根据地被害。解放以后李淑一长期担任湖南省长沙市第十中学语文教员,与毛泽东常有书信往来。1957年2月,李淑一把她1933年写的一首怀念柳直荀烈士的《菩萨蛮》(见附词)寄给作者,作者就写了这首词作答,并在回信中说:"大作读毕,感慨系之……有《游

仙》一首为赠。这种游仙,作者自己不在内,别于古之游仙诗。但词里有之,如咏七夕之类。"又说:"暑假或寒假你如有可能,请到板仓代我看一看开慧的墓。此外,你如去看直荀的墓的时候,请为我代致悼意。"

1959年6月,毛泽东在长沙接见李淑一和杨开慧兄嫂杨开智、李崇德时,对在座的华国锋、柯庆施等人说:"她就是李淑一,是开慧的好朋友。前年她把悼念直荀的词寄给我看,我就写了《蝶恋花》这首词和(hè)她,完全是照她的意思和的。"

二、诗词佳话:周恩来赞扬《蝶恋花·答李淑一》是"两结合"的典范

周恩来非常喜爱毛泽东的诗词,他曾经高度赞扬《蝶恋花·答李淑一》是革命现实主义和革命浪漫主义相结合创作方法的典范。他说:

> 《蝶恋花·答李淑一》是伟大领袖毛主席的光辉作品,表达了毛主席缅怀革命先烈,热情歌颂革命先烈的奋斗牺牲精神,受到广大人民的喜爱。前赴后继的革命力量,已经把旧世界打得落花流水,建立了伟大的中华人民共和国。先烈们的英灵也得到了慰藉,同我们一起洒着激动的泪花,欢庆人民革命的胜利。毛主席革命的现实主义和革命的浪漫主义相结合的创作方法,在这首词中运用得非常好。
>
> 对我们的革命先烈寄予如此崇高的怀念之情,没有比这首词更深切、更激昂慷慨,因此也就更动人心弦了。"泪飞顿作倾盆雨",是嫦娥之泪?是吴刚之泪?还是作者之泪?是普天下革命人民洒下的倾盆热泪。只有革命的现实主义和革命的浪漫主义相结合,文学艺术才能达到像这样高的境界。

三、诗词链接:肝肠寸断的生死恋情——李淑一原词

菩萨蛮
惊 梦
一九三三年夏

兰闺索寞翻身早,夜来触动离愁了。
— — | | | — | | — — | | ▲

底事太难堪,惊侬晓梦残。
| | | — △ — — | | △

征人何处觅? 六载无消息。
— — | | ▲ | | — — ▲

醒忆别伊时,满衫清泪滋。
| | | — △ — — | | △

【注释】

① 1927年大革命失败后,柳直荀与李淑一分别。1933年夏天李淑一听到柳直荀已经不在人间的消息。一天夜里,梦见烈士归来,但才见面就惊醒了。她感极而泣,填了一首《菩萨蛮》词,这也就是李淑一1957年2月给毛泽东信中所说的"一九三三年夏,道路传言直荀牺牲,我结想成梦,大哭而醒,和泪填《菩萨蛮》一首"。

② **兰闺索寞**:兰闺,香闺,旧时对女子居室的美称。索寞:神色颓丧的样子。董解元《西厢记》:"兰闺久寂寞,无事度芳春。料得行吟者,应怜长叹人。"翻身:翻转身体,睡不着觉。

③ **夜来**:昨夜。**离愁**:离别的愁苦。

④ **底事太难堪**：底事，这件事情。底：这，此。一说"底事"即"何事"。难堪：难以忍受。

⑤ **惊侬晓梦**：侬，第一人称代词，我。晓梦：清晨的梦。晓：天亮。残：残破，毁坏。

⑥ **征人何处觅**：征人，远行的人，指柳直荀。觅(mì)：寻找。

⑦ **伊**：第三人称代词，他。指柳直荀。

⑧ **载**：如同说年。

⑨ **清泪滋**：清泪，眼泪。滋：湿润。

【译文】

在房间里我感到自己神色非常颓丧，很早就翻身醒来了，
昨天夜里梦见柳直荀归来，触动了我离别的愁苦。
这件事情实在太使人难以忍受了，
才见面我就被惊醒，清晨的一场好梦被打破了。

柳直荀为革命离家远行，转战于南北各地，到哪里去寻找呢？
自从和他分开，已经六年没有消息了。
做梦惊醒了，回忆和他分别的时候，
整个衣服都被清莹的泪水湿润了。

四、跟毛泽东学习写作诗词

蝶恋花，词牌名。中调，双调。60字。仄韵。本为唐教坊曲名。原名《鹊踏枝》。北宋晏殊词改今名。调名取南北朝梁简文帝萧纲诗句"翻阶蛱蝶恋花情"中三字。十句。上、下阕各五句四仄韵。又名《黄金缕》、《卷珠帘》、《江如练》、《鱼水同欢》、《凤栖梧》、《一箩金》、《明月生南浦》、《细雨吹池沼》等。

《蝶恋花》常见的格式是：

```
‖⊙｜⊖——｜｜，
 ⊙｜——｜，
 ⊙｜——｜。
 ⊙｜⊖——｜｜，（或｜—｜）
 ⊖—｜｜｜—｜。‖
```

全词十句。上、下阕各五句，格式相同。一韵到底，押仄韵。上、下阕各四仄韵。上、下阕第二、第三句或作一九字句，中间有逗，上四下五。

毛泽东《蝶恋花·答李淑一》句子平仄方面，上阕末句"吴刚捧出桂花酒"中"桂"当平而仄。其余平仄合律。但"桂花酒"为专名，平仄可不拘。

用韵方面，韵脚字上阕首句"柳"、第二句"九"、第三句"有"、末句"酒"，属诗韵上声二十五有，下阕首句"袖"，属诗韵去声二十六宥（yòu），均属词韵十二部，是词韵同部上去声通押。下阕第二句"舞"、第三句"虎"、末句"雨"，属诗韵上声七麌，词韵十二部。"柳、九、有、酒、袖"与"舞、虎、雨"不同部，也不通押。毛泽东说："上下两韵，不可改，只得仍之。"本词是用湖南方音取叶。

五、为毛泽东诗词谱曲

蝶恋花
答李淑一

赵开生 谱曲

$1=G$ $\frac{2}{4}$ $\frac{3}{4}$ $\frac{4}{4}$ $\frac{5}{4}$　　独唱

散板　　　　　　　　　　　　慢板 每分钟48拍 节奏较自由

(5 － 4． 3 2 3 5　1 －) ｜ 5． 4 ｜ 3 $\overset{232}{1}$ ｜ 1(7 6 5) ｜

　　　　　　　　　　　　　　我　　失　骄　杨

143

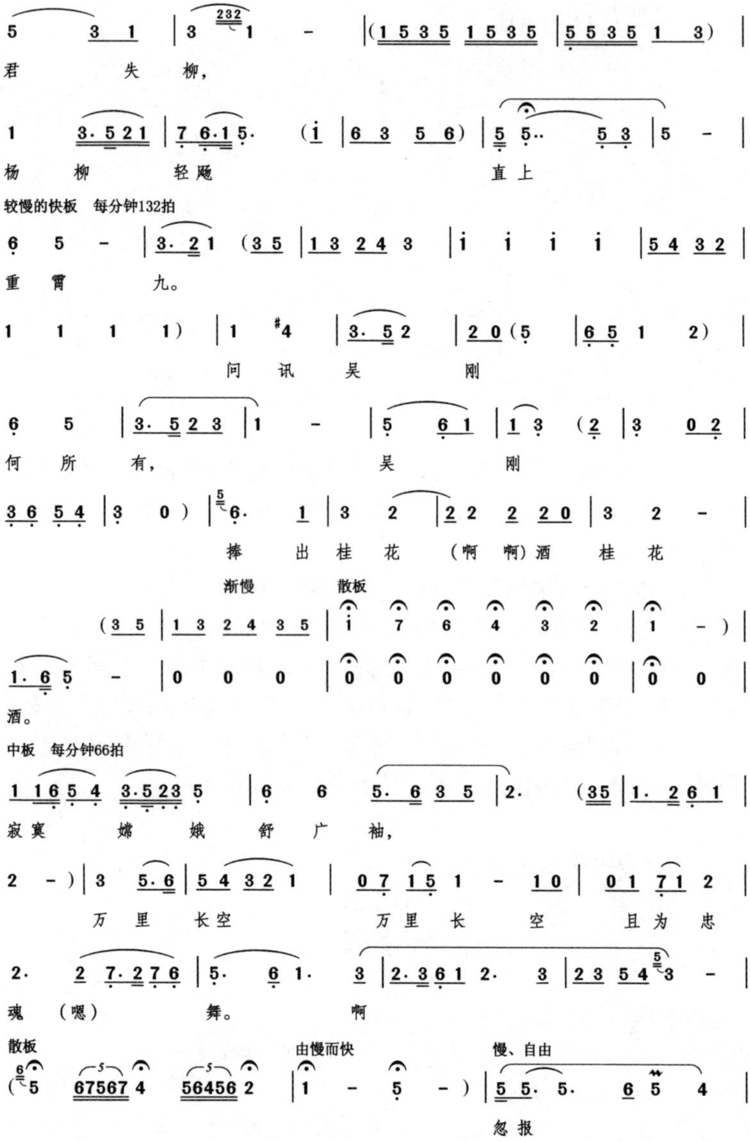
君 失 柳，
杨 柳 轻 飏 直 上
较慢的快板 每分钟132拍
重 霄 九。
问 讯 吴 刚
何 所 有， 吴 刚
捧 出 桂 花 （啊 啊）酒 桂 花
渐慢 散板
酒。
中板 每分钟66拍
寂寞 嫦 娥 舒 广 袖，
万 里 长空 万 里 长 空 且 为 忠
魂 （嗯） 舞。 啊
散板 由慢而快 慢、自由
忽 报

```
 53                    ff
3 2 2 0 (5 2) | 1. 6 5 - | 6 1 0 (1) | 2 3 | 5. 6 5 |
人 间    曾      伏 虎,    泪 飞

6 5 6 0 | 6 6 1 5. | 4 | 3 5  3 5 3 5 3 | 6 5 - - - - ‖
顿 作 倾 盆      雨。
```

二、诚挚坦荡的友情

> 毛泽东一生很重视友情。早在青少年时代就以"征友启事""嘤其鸣矣,求其友声",寻求志同道合者。后来在革命斗争中结交了各行各业,乃至国际上的友人,并且以诗词表达了对学友、战友、诗友、文友、知已好友、政界朋友的慰勉、关怀、赞美、悲悼,乃至批评、帮助。在已发表的诗词中,就有赠答唱和、送别、哀悼的诗词数十首。现仅将三首比较集中表现诚挚友谊的诗词收录于此。《给彭德怀同志》是革命战友,《给丁玲同志》是文友,都是赠与诗;《和柳亚子先生》是老友,又是诗友,是唱和诗。

六言诗
给彭德怀同志
一九三五年十月

山高路远坑深,大军纵横驰奔。
— — | | — — | — | | — —
         △   △

145

谁敢横刀立马？唯我彭大将军！
— | — | | | — | — | — △

【注释】

① **六言诗**：每句六个字的诗。偶句押韵，首句可押可不押。句数和平仄都不像律诗那样严格。

② **给彭德怀同志**：1935年10月，中央红军主力到达陕北吴起镇时，宁夏的马鸿逵(kuí)、马鸿宾的骑兵跟了上来，毛泽东给彭德怀拟了一份电报，主张给马家骑兵一个打击，以防把敌人带进根据地。彭德怀以出其不意的战术击溃了敌人五个骑兵团的追击。毛泽东得知这一胜利消息，立即写了这首六言诗赠给彭德怀。彭德怀(1898～1974)，湖南湘潭人。第一次国内革命战争期间，任国民革命军营长、团长。1928年4月参加中国共产党。1928年7月，领导平江起义，参加红军，任红五军军长。1930年6月任红三军团总指挥。第五次反"围剿"之后，参加了二万五千里长征。1935年9月，任中国工农红军陕甘支队司令员。同年10月下旬，指挥了红军长征途中的最后一仗，以出其不意的战术击溃了马鸿逵、马鸿宾的五个骑兵团的追击，确保了红军长征的胜利。中华人民共和国成立后，历任中国人民志愿军司令员、国防部长等职。"文化大革命"中遭林彪、"四人帮"迫害，1974年11月29日在北京病逝。

③ **山高路远坑深**：指陕北高原地区的地形地貌，土山连绵起伏，坑谷纵横错杂，高高低低，坑坑洼洼，走路往往需要翻土岭，过山谷，绕曲道，看似近而实远。

④ **大军**：指红军。纵横：奔放而不受拘束的样子。形容红军用兵自如。驰奔：即奔驰，跑得很快，形容红军行动神速。

⑤ **谁敢**：有谁敢，哪个敢。横刀：横拿着刀。《三国志·魏书·袁绍传》："卓曰：'刘氏种不足遗。'绍不应，横刀长揖而去。"立马：骑在马背上，勒着马站着。横刀勒马，形容英武的战将的雄姿。

⑥ **唯有**:只有。**彭大将军**:对彭德怀的敬称,爱称。

【赏析】

《六言诗·给彭德怀同志》最早发表于1947年8月1日冀鲁豫军区政治部主办的《战友报》,后正式发表于1986年9月人民文学出版社出版的《毛泽东诗词选》,后又收入1996年9月中央文献出版社出版的《毛泽东诗词集》,均为"副编"。

这是一首祝贺胜利的六言诗。首句"山高路远坑深",连用三个主谓短语,极为精炼地概括了陕北高原地区地形、地貌特征,土山起伏,坑深路回,这是阻止马家骑兵发挥骑兵优势的天然障碍,而对红军来说,则是据以歼灭敌人的极为有利的条件。"大军纵横驰奔","纵横",形容大军"驰奔"时势不可当,无所拘束的状态,写出了红军将士凭借陕北高原有利的地形、地貌神速进军,英勇奋战的壮伟场面,塑造了红军将士所向披靡,威武雄壮的群体形象。大军形象如此高大,它的领头人是谁呢?于是,作者转笔以巧妙的问句写出:"谁敢横刀立马?""横刀立马"四个字非常形象,也非常有力,至此,一个藐视一切、威风凛凛、貌若天神的大将军形象已经巍然屹立在读者眼前。这位大将军是谁呢?作者给出了答案:"唯我彭大将军!""唯我"二字充分体现了作者对彭德怀的由衷赞扬。

全诗风格粗犷豪放。一、二句是大背景,是衬托。三、四句是前景,犹如一尊巨型塑像。全诗气势磅礴,威武雄壮,人景相衬,相得益彰。

【译文】

陕甘黄土高原丘陵地土山很高,沟壑中形成的道路迂回深远,

沟壑窄而深,

我英勇红军发挥自己的优势,驰骋沙场,行动神速。

试问有谁敢横握战刀勒马站在阵前迎敌?

只有我们英勇无敌的彭德怀大将军。

❖❖❖ 拓展阅读 ❖❖❖

一、诗词本事:毛泽东两次挥毫赞美彭大将军

1935年10月19日中央红军主力到达陕北保安的吴起镇(今山西吴旗县城)。20日宁夏军阀马鸿逵、马鸿宾的骑兵跟了上来,为了不把敌人带进陕北根据地,毛泽东、周恩来、彭德怀、叶剑英等决定给马家骑兵一个致命的打击,并拟定一份电文,由毛泽东、彭德怀、林彪签署向第一、二、三纵队发出战斗命令。彭德怀连夜返回前线指挥作战。10月21日由彭德怀指挥,在吴起镇附近的大峁梁打响了"切尾巴"的伏击战,歼灭敌军一个骑兵团,击溃三个团,俘获敌军约700人,缴获战马约100匹,打胜了中央红军到达陕北后的第一仗,也是结束二万五千里长征的最后一仗,为红军陕北会师扫清了障碍。

毛泽东那天上午亲自来到前线,进入阵地,频频举起望远镜观察战场情况,直到敌人溃退,才离开前线回到驻地。毛泽东非常高兴,挥毫成诗。战斗结束后,彭德怀来到毛泽东住处,看到桌上毛泽东写的这首诗。彭德怀当即拿起笔来,将诗最末一句的"彭大将军"改为"英勇红军",然后将诗放回原处。标点还是彭德怀加的。1947年8月,彭德怀指挥西北野战军攻打沙家店取得胜利后,毛泽东再次挥毫书写了这首诗。

二、跟毛泽东学习写作诗词

这是一首六言诗。偶句押韵,首句可押可不押。句数和平仄都不像律诗那样严格。

毛泽东《六言诗·给彭德怀同志》句子平仄方面,因是古体,平仄可不拘。

用韵方面,首句"深"属诗韵下平声十二侵,第二句"奔"属诗韵上平声十三元,末句"军"属诗韵上平声十二文,"奔""军"古体可邻韵通押。但因首句可押可不押,可从宽。按今韵,这几个韵字同属新诗韵十五痕,可通押。也可认为以今韵相叶。

其他方面,本诗为古体六绝。

临江仙

给丁玲同志
一九三六年十二月

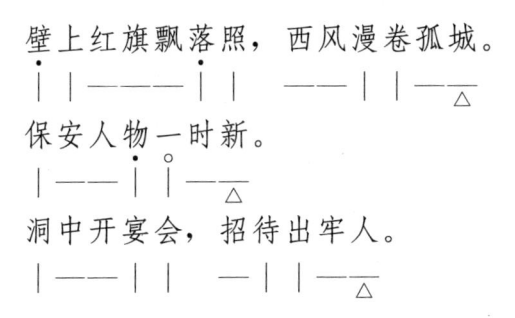

壁上红旗飘落照,西风漫卷孤城。
｜｜——｜｜　——｜｜—△

保安人物一时新。
｜——｜｜—△

洞中开宴会,招待出牢人。
｜——｜｜　—｜｜—△

纤笔一枝谁与似?三千毛瑟精兵。
—｜｜——｜｜　———｜—△

149

阵图开向陇山东。
｜——｜｜—△

昨天文小姐，今日武将军。
｜—— ｜｜ —｜｜—△

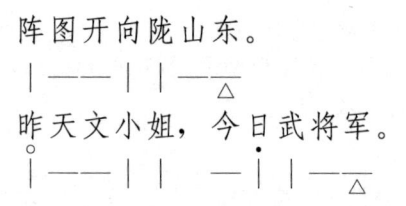

【注释】

① **临江仙**：词牌名。给丁玲同志：1936年夏，著名左翼作家丁玲逃离被国民党囚禁三年多的南京，秘密经上海、北平、西安，于同年11月10日来到当时中共中央所在地陕北保安县。中宣部召开了欢迎宴会，中央领导人毛泽东、张闻天、周恩来等亲自出席。会后，毛泽东问丁玲打算做什么，她答"当红军"。随后就到前方总政治部工作。毛泽东写了这首词以电文的形式传给她。1937年初，丁玲回到延安时，毛泽东又手书这首词送给丁玲。丁玲（1904～1986），原名蒋冰之，笔名丁玲，湖南临澧（lǐ）人。著名女作家。1931年参加"左联"，1932年参加中国共产党，1933年被国民党逮捕入狱，三年后出狱。

② **壁上红旗飘落照**：城头上的红旗在夕阳中飘扬。壁上：城头。壁：壁垒，古代军营的围墙。《史记·项羽本纪》："诸侯军救钜鹿下者十余壁，莫敢纵兵。及楚击秦，诸将皆从壁上观。"这里引申指城墙。落照：落日的余晖，即指夕阳。南朝梁简文帝《和徐录事见内人作卧具》诗："密房寒日晚，落照度窗边。"卢纶《长安春望》诗："川原缭绕浮云外，宫阙参差落照间。"

③ **西风漫卷孤城**：西风，秋风。漫卷：随意吹卷。孤城：孤立的城池。这里指保安县城。因其独立于陕西省西北部众多大村庄，故言。王之涣《凉州词》诗："黄河远上白云间，一片孤城万仞山。"范仲淹《渔家傲》词："四面边声连角起，千嶂里，长烟落日孤城闭。"

④ **保安人物一时新**：全国许多投奔革命的进步人士一下子汇集到了保安。保安：旧县名，位于陕西省西北部，邻接甘肃省。当时是中共中央、

中华苏维埃共和国中央政府所在地。1936年为纪念与国民党军作战中光荣牺牲的红十八军军长刘志丹,改名志丹县。人物:指有一定声誉、在某一方面才能出众的人。《后汉书·许劭传》:"劭与靖俱有高名,好共论乡党人物。"一时:同时,顿时。宋代朱熹《春日》:"胜日寻芳泗水滨,无边光景一时新。"

⑤ **洞**:指窑洞。

⑥ **出牢人**:指丁玲。在宴会上,丁玲被邀坐在首席,并作了即席讲话。

⑦ **纤笔一枝谁与似**:纤笔,纤细的笔。这里指丁玲的刻画入微的文笔。谁与似:什么能与之相比。

⑧ **三千毛瑟精兵**:1922年8月24日,孙中山在《与报界的谈话》中说:"常言谓:一枝笔胜于三千毛瑟枪。"毛瑟(sè):德语的音译,指德国毛瑟工厂所制造的步枪、手枪,在当时很有名。这里是盛赞丁玲文笔的作用和威力。

⑨ **阵图开向陇山东**:阵图,古代军队作战的阵列队形。唐代杜甫《八阵图》:"功盖三分国,名列八阵图。"这里借指作战部队。陇山:六盘山南段的别称,位于陕西省陇县西北,延伸于陕、甘边境,南北走向,长约100公里,海拔2 000米左右,山势陡峭,是渭河平原与陕西高原的分界山脉。当时这里是陕北革命根据地的前方。

⑩ **昨日文小姐,今日武将军**:据王一心《领袖与女作家丁玲》一文说:丁玲到达保安后,有一次当毛泽东问她今后有什么打算时,丁玲说:"当红军。我要上前线去当红军。去打仗。"毛泽东回答说:"好,马上就可以去。正好还有与胡宗南的最后一仗,现在去还赶得上。"随后丁玲即打点行装,跟着前方总政治部领导杨尚昆等北上定边,参加广州暴动纪念大会。西安事变后,她又随彭德怀、任弼时领导的一方面军从定边南下,经甘肃前往三原前方司令部。

【赏析】

《临江仙·给丁玲同志》最早发表于萧军创办并主编的1947

151

年6月1日的《文化报》上,后正式发表于1986年9月人民文学出版社出版的《毛泽东诗词选》,后又收入1996年9月中央文献出版社出版的《毛泽东诗词集》,均为"副编"。

  这是一首赠词。上阕写欢迎的情景。"壁上红旗"两句写开欢迎会的时间、环境,创造了一种热烈的场面。"红旗"一词点明地点是在陕北抗日根据地。"落照"表明举行欢迎会的时间是傍晚。西风,这是深秋时节常吹的风。"孤城",指保安这座当时独一无二的县城,当时的中共中央及其办事机构正留驻于此。"保安人物一时新",这句词承上启下,是上阕的中心句。承上,是说保安这座特殊的县城,吸引了全国许多革命青年纷纷仰慕而来,这些人物可以说是"一时新";启下,在窑洞中开宴会所欢迎的人,对于根据地来说,也是一位新人。"洞中开宴会"两句,承"新"字写出,同时也起了点题的作用。

  下阕对投身革命根据地的丁玲予以鼓励。"纤笔一枝谁与似?三千毛瑟精兵"两句,一问一答,"纤笔一枝"与"三千毛瑟"对举,肯定了丁玲的工作,高度赞扬了革命知识分子在革命队伍中的巨大作用。"阵图开向陇山东",指丁玲即将到前线去工作。在宴会上,毛泽东问丁玲打算做什么,丁玲毫不犹豫地回答:"当红军!"毛泽东说:"好呀!你跟着杨尚昆他们的前方政治部上前方去吧。"不久,丁玲随红军去了陇东前线。"昨天文小姐,今日武将军"两句,是全词的结语,同时也照应了题意。作者肯定了丁玲投身革命后所起的巨大变化。一文一武,判若两人;一小姐,一军人,更是起了质的变化。这是毛泽东称赞的,也是丁玲所向往的。

  这首词在审美上的一个突出特点是通俗化。全词基本上是用通俗的口语写眼前景,面前人,身边事,当时情,语言明朗晓畅。"昨天文小姐,今日武将军",通俗之极,但含意甚丰。出语亲切,情感真挚,也是这首赠词的特点。

【译文】

城墙上的红旗在夕阳的照射下高高飘扬，
秋风随意吹卷着边远孤单的县城。
保安才能出众的人物中又新增加了一位。
中共中央宣传部在窑洞中召开盛大宴会，
欢迎宴请刚从国民党监狱逃离的女作家丁玲。

丁玲高超生花之笔有什么能与之相比呢？
它的威力抵得上手持毛瑟枪的三千精兵。
你跟随部队开向作战的战场陇山以东。
昨天还是一个在上海亭子间从事笔耕的文弱小姐，
今天已成为一名能文能武的将军。

❖❖❖ 拓展阅读 ❖❖❖

跟毛泽东学习写作诗词

临江仙，词牌名。小令，双调，58字。或中调，双调，60字。平韵。原为唐教坊曲名。最初是咏水仙的，调见《花间集》，以后作一般词牌用。上、下阕各五句，三平韵。常见的有三体，一是60字，如苏轼词；一是58字，上、下阕第四句较苏轼词少一字，如李煜词；还有一体也是58字，上、下阕起句较苏轼词少一字，如晏几道词。又名《庭院深深》、《雁后归》、《谢新恩》、《画屏春》等。

《临江仙》常见的格式是：

```
⊙ | ⊖ — | |,
⊖ — ⊙ | — △。
⊖ — ⊙ | | — △。
⊖ — — | |,
⊙ | | — △。
```

全词十句。上、下阕各五句,格式相同。一韵到底,用平韵。上、下阕各三平韵。上阕或下阕末两句常用对仗。

毛泽东《临江仙·给丁玲同志》句子平仄方面,符合格律。

用韵方面,上阕第三句"新"、第五句"人",属诗韵上平声十一真。下阕末句"军"属诗韵上平声十二文,均属词韵六部。上阕第二句"城"、下阕第二句"兵",属诗韵上平声八庚,词韵十一部。下阕第三句"东",属诗韵上平声一东,词韵一部。"新""人""军"是词韵同部平声相押。但不与"城""兵""东"通押。"城""兵"与"东"词韵不同部,也不通押。本词用湖南方音取叶。按今韵,"城""新""人""兵""军"属新诗韵十七庚,"东"属新诗韵十八东,同属十三辙中东韵,可通押。也可以认为是今韵相叶。

其他方面,末两句用对仗,为正对、工对。

七 律
和柳亚子先生
一九四九年四月二十九日

饮茶粤海未能忘,索句渝州叶正黄。
| — | | | — △ | | — — | | △

三十一年还旧国，落花时节读华章。
—｜｜— —｜｜　｜— ｜｜— —△

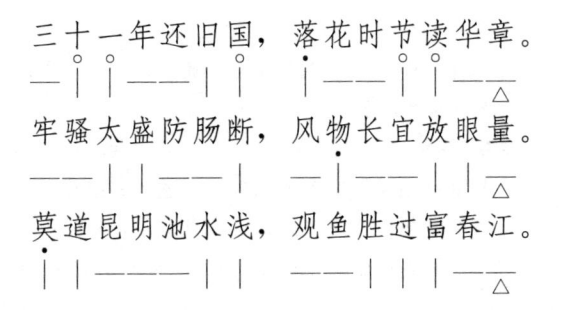

牢骚太盛防肠断，风物长宜放眼量。
— — ｜｜— — ｜　— ｜ — — ｜｜ △

莫道昆明池水浅，观鱼胜过富春江。
｜｜ — — — ｜｜　— — ｜｜ ｜ — △

【毛泽东自注自解】

1958年12月21日，毛泽东在文物出版社同年9月刻印的线装大字本《毛主席诗词十九首》上批注：

三十一年：一九一九年离开北京，一九四九年还到北京。
旧国之国：都城，不是State，也不是Country。

【注释】

① **和柳亚子先生**：和后面所附的柳亚子先生的七律诗《感事呈毛主席》。和(hè)：酬和，对别人写来诗词的答作。有如唱歌相和，故称和。和诗或和词大致有两种形式：一为不限定和韵；二为限定和韵。柳亚子(1887～1958)，江苏省吴江市人，清末秀才。早年参加旧民主革命，是清末进步文学团体"南社"发起人和主要诗人之一，以诗文鼓吹革命。旧民主主义革命失败后，受马克思主义的影响，参加新民主主义革命，奉行孙中山新三民主义和联俄、联共、扶助农工三大政策，与中国共产党长期合作。1941年谴责蒋介石制造"皖南事变"，被国民党开除党籍。1944年在重庆加入中国民主同盟。1948年1月国民党革命委员会成立后，被选为中央常务委员兼秘书长。1949年中华人民共和国成立，先后当选为中央人民政府委员和全国人民代表大会代表、常务委员会委员。柳亚子于

1949年3月28日作《七律·感事呈毛主席》一诗,就到达北平后的所见所闻,向毛泽东倾诉自己的心情,流露了牢骚满腹之慨。毛泽东读了柳亚子的诗后,随即作此和诗给以奉劝。

②**饮茶粤海**:粤海,指广州。广州古属粤(也作越)地,南濒大海,故称。1926年5月,正是国共两党合作时期,毛泽东在广州任国民党中央宣传部代理部长,与来广州参加国民党二届二中全会的国民党中央监委柳亚子相识,并曾一起赴茶楼品茗纵谈,议论国是,结下了友谊。1941年,柳亚子在《寄毛主席延安》诗中说:"云天倘许同忧国,粤海难忘共品茶。"回忆他们交往之事。饮茶:代指亲密往来,深厚友谊。

③**索句渝州叶正黄**:索句,索取诗篇。渝州:重庆市的旧称,简称渝。1945年8月28日至10月11日,毛泽东、周恩来、王若飞等代表中国共产党在重庆与国民党蒋介石谈判。当时,柳亚子也在重庆。毛泽东与柳亚子老友重逢,多有交往。柳亚子赠毛泽东诗一首,写道:"阔别羊城十九秋,重逢握手喜渝州。"并向毛泽东索取诗稿。10月7日,毛泽东复信柳亚子,并附手书《沁园春·雪》词相赠。信中说:"初到陕北看见大雪时,填过一首词,似于先生诗格略近,录呈审正。"叶正黄:指秋天。杜甫《和裴迪登新津寺寄王侍郎》:"何恨倚山木,吟诗秋叶黄。"

④**三十一年还旧国**:三十一年,作者1918年至1919年曾到过北京,到1949年北京解放后再来,前后相隔三十一年。旧国:过去的国都。国:古代称国都。北京在历史上曾多次作为国都。

⑤**落花时节读华章**:落花时节,暮春三月。杜甫《江南逢李龟年》:"正是江南好风景,落花时节又逢君。"华章:美丽的诗篇,对别人作品的一种美称,这里指柳亚子的赠诗。

⑥**牢骚太盛防肠断**:盛,过多。肠断:形容极度悲伤。曹操《蒿里行》:"生民百遗一,念之断人肠。"这里含有损害身心健康的意思。

⑦**风物长宜放眼量**:风物,风光景物,如同说风景。陶渊明《游斜川》诗序有"天气澄和,风物闲美"。这里引申指世事,一切事情。长:长远。宜:适宜,这里有应该的意思。放眼量(liáng):放开眼界,放开尺度去衡量。

⑧ **莫道昆明池水浅**：莫道，不要说。昆明池：汉武帝所凿，在长安西南。这里借指北京市西郊颐和园中的昆明湖。昆明湖的得名也源于汉代的昆明池。湖在颐和园内的万寿山下。湖滨有石舫，湖中有长堤和十七孔桥等胜景。湖光山色，风景秀丽。当时柳亚子寓居在颐和园昆明湖边。杜甫《秋兴八首》："昆明池水汉时功，武帝旌旗在眼中。"这里用来借指昆明湖的水。

⑨ **观鱼胜过富春江**：（在颐和园的昆明湖）欣赏游鱼的快乐比在富春江的钓台更好。观鱼：观赏游鱼。富春江：水名，钱塘江上游的一段，在浙江省桐庐和富阳两县境内，东汉时隐士严光（字子陵）隐居桐庐，曾在富春江游钓，现尚存钓台遗迹。这是对柳亚子原诗"分湖便是子陵滩"而言，借富春江指代柳亚子的家乡江苏吴江分湖。

【赏析】

《七律·和柳亚子先生》最早发表于《诗刊》1957年1月号。

这首诗追叙了作者与挚友柳亚子之间长期的友谊，真诚地规劝柳亚子留在北京共商国是。

首联"饮茶粤海未能忘，索句渝州叶正黄"，回忆与柳亚子的两度交往。第一次是在广州，当时作者在政治上得到了柳亚子的支持，所以至今铭记在心"未能忘"。第二次是在重庆，柳亚子向作者索取诗篇，作者以手书《沁园春·雪》相赠，而后因这件事在山城重庆引起很大轰动，当然作者也是不会忘怀的，所以对"叶正黄"这一深秋节令还记得十分清楚。此联意在表明他们之间的交往并非泛泛之交，这样一来就在感情上与柳亚子拉近了距离。颔联"三十一年还旧国，落花时节读华章"两句，写作者在北京与柳亚子第三次相会。先说自己，作者是在三十一年后才重回北京，能在北京再次重逢老友，的确很不容易。次说对方，在暮春时节读了柳亚子的美丽诗章。"华章"是对柳诗的赞美之词。前两联是写两人之间的三度友谊,三次会面,一次比一次深入,当然国家也发生了一次比一次更大的变化。其中的寓意是很深刻的。颈联对柳亚子词中流露出来的激动情绪给予了关切而知心的批评。柳亚子在《感事呈毛主席》中说他不愿意奉承依附任何人,说他有学问而不依靠权势,说他对待遇有意见,说他对前半生有所后悔,说他想回老家分湖隐居,等等,这些可统称为牢骚,因此,作者委婉地批评他"牢骚太盛防肠断"。作者对柳的牢骚表示了理解,只是劝他别"牢骚太盛","太盛"了有损健康,并开导他"风物长宜放眼量",不要为一时遇到的一些不满意的事而生气,劝导柳亚子凡事要看长远一些。尾联"莫道昆明池水浅,观鱼胜过富春江"两句,是挽留之词。作者希望他留在北京,共商国是,因为这比回老家过"隐士"生活要好得多。柳亚子读到毛泽东这首和诗后,大为感动,于是连写了好几首诗,说"昆明湖水清如许,未必严光忆富江",表示接受劝导,留下来不走了。

委婉含蓄,寓意深藏不露是这首诗突出的特点。作者为劝导挽留挚友,先从两人长期交往的友情叙起,表明作者是十分看重友情的,同时也拉近了与老友之间的距离,让对方在感情上得到极大的安慰。接着对老友激动的情绪既给予关切而知己的批评,又加以婉言的开导,以真情打动对方,对方就比较容易接受批评和劝导。最后真诚地挽留对方留在北京,为新中国的建设服务。

【译文】

　　我们初次相识,在广州品茗畅谈的情景,至今使人不能忘怀,

　　在重庆再次会晤,您向我索诗,那时正是秋天草木枯黄的时节。

我从第一次来北平,历经三十一年的风雨战斗,又回到这旧都,

在这落花缤纷的暮春时节有幸读到了您华美的诗篇。

你遇到一些不顺心的事,牢骚太多了,要提防有碍身心健康,

对一切风光景物要放开眼界去衡量。

不要说北京颐和园昆明湖的水太浅,

在这里观赏游鱼要远胜于富春江。

拓展阅读

一、诗词本事:一首对挚友规劝和慰勉的知己之吟

柳亚子对毛泽东十分敬仰,二十余年中与毛泽东有过三次聚会。1925年到1926年,毛泽东在广州主办农民运动讲习所。1926年5月,柳亚子作为国民党监察委员,自上海赴广州出席国民党二届二中全会,同毛泽东初次晤面。在这期间,柳亚子与毛泽东时常往来,毛泽东给柳亚子留下了难忘的印象。1944年9月,柳亚子携全家自桂林迁重庆,寓居津南村11号。1945年8月到10月,毛泽东由陕北飞重庆与蒋介石谈判四十多天。柳亚子和毛泽东再次晤面。柳亚子曾赠诗给毛泽东,并向毛泽东求诗,毛泽东以《沁园春·雪》赠之。

1949年2月底,毛泽东电邀柳亚子和其他民主人士由香港北上,3月18日到达北平,筹备人民政协的召开和中华人民共和国的成立。3月25日,毛泽东自石家庄飞抵北平,柳亚子赴机场迎接,并献诗歌颂革命。这天夜里,毛泽东宴客于颐和园益寿堂。柳亚子也应邀参加。归后写了三首诗。3月28日夜,柳亚子写了一首《感事呈毛主席》,因为遇到一些不顺心的事,叹老嗟卑,表达了自

己的不满情绪,并欲归隐吴江。

  毛泽东非常关心老友诗中所反映的情绪和身体健康,特地让柳亚子移住颐和园益寿堂静养休息,并于4月29日,即南京解放后的第六天,毛泽东在日理万机之中,写了这首诗赠他,劝他留在北平,继续关心国家大事,为革命作出贡献。柳亚子读了毛泽东赠给他的诗后很受感动,于是写了一首和诗,以后又写了一些诗。从这些诗中可看出他终于打消了退意。

  柳亚子非常喜爱毛泽东的《七律·和柳亚子先生》,认为该诗对他是知己之吟,从柳亚子诗词全集《磨剑室诗词集》可以看出,从1949年4月29日至7月20日不到三个月的八十余天中,柳亚子步毛泽东和诗的原韵写诗15首。用毛泽东韵,创作了各种不同主题的七言律诗61首。这种现象不仅在柳亚子创作历史上,就是在中外诗歌史上,恐怕也是绝无仅有的。

二、诗词链接:向老友倾吐衷曲的柳亚子原诗《感事呈毛主席》

七 律
感事呈毛主席
一九四九年三月二十八日夜

开天辟地君真健,说项依刘我大难。
——｜｜——｜　｜｜——｜｜△

夺席谈经非五鹿,无车弹铗怨冯驩。
｜｜——｜｜　——｜｜｜——△

头颅早悔平生贱,肝胆宁忘一寸丹!
——｜｜——｜　——｜｜｜——△

安得南征驰捷报,分湖便是子陵滩。
—｜——｜｜｜　——｜｜｜——△

160

柳亚子原注

　　分湖为吴越间巨浸,元季杨铁崖曾游其地,因以得名。余家世居分湖之北,名大胜村。第宅为倭寇所毁。先德旧畴,思之凄绝!

【注释】

　　① **感事**:感慨于某些事情。呈:奉上。
　　② **开天辟地君真健**:开天辟地,原指盘古开天辟地的神话故事。《太平御览》卷二引三国时代吴国徐整《三五历纪》说:"天地浑沌如鸡子,盘古生其中。万八千岁,天地开辟,阳清为天,阴浊为地。盘古在其中,一日九变,神于天,圣于地。天日高一丈,地日厚一丈,盘古日长一丈。如此万八千岁,天数极高,地数极深,盘古极长。"古代神话告诉我们盘古氏开天辟地,才开始了人类的历史,故用来表示以前从未有过,有史以来第一次。这里借指推翻旧中国、创建新中国就像盘古开天辟地一样。君:指毛泽东。健:这里有伟大、杰出之意。
　　③ **说项依刘**:说项,替人家说好话。唐代杨敬之《赠项斯》:"平生不解藏人善,到处逢人说项斯。"依刘:依附人家过活。东汉末王粲到荆州依附刘表。另一说指劝说项羽接受刘邦的领导。明代张羽《寄刘仲鼎山长》:"向人恐说项,何地可依刘。"大难:太难,非常困难。柳亚子作此诗时,正值中共中央争取南京国民党政府接受和平解决方案,希望民主人士共同努力。柳亚子在此处表示,他虽是国民党元老,自觉无能为力。
　　④ **夺席谈经非五鹿**:夺席,夺取他人的坐席。五鹿:复姓,这里指五鹿充宗。五鹿充宗凭借汉元帝的宠信,占据席位谈论《易经》,后被朱云驳倒。这里是说自己有夺席谈经的学问,却不被重视。另一说是自己虽有才学,但决不是像五鹿充宗那样依附权势的人。这句是说自己不被人重视,对当时的一些人事安排表示不满。
　　⑤ **无车弹铗怨冯驩**:弹铗(jiá):敲着剑柄。战国时齐人冯驩(huān)投靠孟尝君田文。田文门下食客分三等:上等坐车,中等吃鱼,下等吃粗饭。

161

冯骥列为下等。他弹着剑铗唱:"长铗归来乎,食无鱼。"后来享受到中等待遇。有鱼吃了,他又弹着剑铗唱:"长铗归来乎,出无车。"最后享受到了上等门客的待遇。(见《史记·孟尝君列传》) 冯骥:《战国策·齐策四》作冯谖(xuān)。柳亚子即兴用典,联类而及,主要还是借以表示对自己进行公务活动,而未妥善安排车辆有意见。

⑥ **头颅早悔平生贱**:头颅,指代自己的生命。贱:轻视。陶弘景《与从兄书》:"仕宦期四十左右作尚书郎,即抽簪高迈。今三十六方作奉朝请,头颅可知。不如早去。"这里的意思是说,早就悔恨自己生的是一副贱骨头不能做大事。

⑦ **肝胆宁忘一寸丹**:肝胆,喻指内心。宁(nìng)忘:岂忘,不失。一寸丹:一寸丹心,一片丹心。杜甫《郑驸马池台喜遇郑广文同饮》:"白发千茎雪,丹心一寸灰。"这里是说,对革命却是披肝沥胆,唯有一片丹心,忠诚之至。

⑧ **安得**:何得,怎能。这句是说,怎么能够很快地得到南征解放军传来胜利的捷报,解放了自己的家乡吴江。

⑨ **分湖便是子陵滩**:分湖,在江苏省吴江市,柳亚子的家乡在分湖之北的大胜村。子陵滩:又名严滩,即严子陵隐居地的钓台。子陵:即严光,字子陵,东汉时人,曾与汉光武帝刘秀一同游学。刘秀称帝后,严光隐身不见。刘秀派人找到他,授以谏议大夫官职,严光拒绝之。归耕富春山,垂钓江滨。后人为了纪念他,称其钓台为严子陵钓台,同时将附近一段急流命名为严陵濑(lài)。这句是说自己要回乡去隐居。

⑩ **吴**:指江苏。**越**:指浙江。**浸**:大的河泽。**巨浸**:大湖,这里指分湖。

⑪ **元季**:元末。**杨铁崖(1296~1370)**:名维桢,字廉夫,号铁崖,元末明初诸暨(今浙江诸暨)人,当时的著名诗人、书法家。元末率盐丁起义的张士诚招他出来做官,他屡招不赴。明太祖朱元璋招他纂修礼、乐书志,他作《老妇谣》以拒之。他喜游山水,晚年居于吴江。

⑫ **余**:我。**世居**:世代居住。

⑬ **第宅**:富贵人家、名门望族的府第住宅。**倭寇**:指日本侵略者。**倭**:古代称强盗。

⑭ **先德旧畴**：祖先遗留下来的德业和田产。德：恩德，好处。畴：田亩，已耕作的田地。

⑮ **凄绝**：极度伤感。

【译文】

毛主席您像盘古氏开天辟地那样建立了新中国，真是伟大，
要说服蒋介石接受国共和谈是非常困难的。
自己虽然像汉代朱云那样博学雄辩，却不被重用，
只好像孟尝君的门客冯骧那样唱起"长铗归来乎"的歌了。
我早就悔恨自己生就一副贱骨不能做大事，
但是对革命却是披肝沥胆，一片丹心。
怎么能够很快地得到南征解放大军传来胜利的捷报，解放自己的家乡，
我就好回乡隐居，吴江的分湖便是当年东汉严子陵隐居于富春江上的子陵滩了。

三、跟毛泽东学习写作诗词

这首诗的格式是七律第二式——首句入韵的平起式（常式），可参见本书《七律·长征》"拓展阅读"处。

毛泽东《七律·和柳亚子先生》句子平仄方面，符合格律。

用韵方面，首句入韵。首句"忘"、第二句"黄"、第四句"章"、第六句"量"为诗韵下平声七阳，末句"江"为诗韵上平声三江。江阳不通押，这里用韵从宽，邻韵通押。这些韵脚字新诗韵属于六唐。也可以说用今韵相押。

其他方面，首联用对仗，是正对、宽对。上半句对，下半句不对。颔联用对仗，是正对、宽对。颈联用对仗，是反对、工对。

三、亲切浓郁的乡情

> 韶山是毛泽东的故乡,是诗人魂牵梦绕的地方。毛泽东始终眷恋着他的故乡和家乡的父老乡亲,压抑不住的乡情在诗歌中时有流露。表现这种感情最为集中的是,中华人民共和国成立后所写的七律《到韶山》和《答友人》,回顾过去,展示现实,表现了丰富而复杂的情感以及深邃的历史内容。《到韶山》更多地采用现实主义的手法,悲喜交加,感慨万千,雄浑壮美;而《答友人》则采用现实主义和浪漫主义相结合的手法,奇幻无比,璀璨夺目,优美动人。

七　律
答友人
一九六一年

九嶷山上白云飞,帝子乘风下翠微。

斑竹一枝千滴泪,红霞万朵百重衣。

洞庭波涌连天雪,长岛人歌动地诗。

我欲因之梦寥廓,芙蓉国里尽朝晖。

【毛泽东自注自解】

1964年1月27日,毛泽东口头答复外国文书籍出版局《毛主席诗词》英译者问:

《七律·答友人》的"友人"指谁:"友人"指周世钊。

九嶷山上白云飞:"九嶷山",即苍梧山,在湖南省南部。

红霞万朵百重衣:"红霞",指帝子衣服。

洞庭波涌连天雪:"洞庭波",取自《楚辞》中的《九歌·湘夫人》:"洞庭波兮木叶下。"

长岛人歌动地诗:"长岛"即水陆洲,也叫橘子洲,长沙因此得名,就像汉口因在汉水之口而得名一样。

芙蓉国里尽朝晖:"芙蓉国",指湖南,见谭用之诗"秋风万里芙蓉国"。"芙蓉"是指木芙蓉,不是水芙蓉,水芙蓉是荷花。谭诗可查《全唐诗》。

1975年,毛泽东对陪同他读书的北京大学教师芦荻说:"人对自己的童年,自己的故乡,过去的朋侣,感情总很深的,很难忘记的,到老年就更容易回忆,怀念这些。"并说他的七律《答友人》斑竹一枝千滴泪,红霞万朵百重衣"就怀念杨开慧的,杨开慧就是霞姑嘛!可是现在有的解释却不是这样,不符合我的思想"。(扬建业《在毛主席身边读书——访北京大学中文系讲师芦荻》,1978年12月29日《光明日报》)

【注释】

① **答友人**:即答赠朋友。友人:有两说,一说指周世钊;另一说指周世钊、李达、乐天宇。

周世钊(zhāo)(1897~1976),字惇(dūn)元,湖南宁乡人,作者在湖南

165

省立第一师范学校的同学和挚友,曾加入新民学会。中华人民共和国成立后,周世钊加入中国民主同盟,长期从事教育工作。曾任湖南省第一师范学校校长、省教育厅厅长、湖南省副省长。周世钊与作者信件往来颇多,并有诗词唱和。

李达(1890～1966),湖南零陵人,中国共产党的创始人之一,后脱党。1949年重新加入中国共产党,马克思主义理论家。

乐天宇(1900～1984),湖南宁远人,1916年考入长沙第一中学,参加了毛泽东等领导的驱汤(芗铭)、驱张(敬尧)运动。1920年考入北平农业大学,参加了社会主义研究小组。1922年加入中国共产主义青年团。1924年转为中国共产党,曾任北平西郊区委书记。1927年,受党组织委派到湖南宁远县领导农民运动,被选为农民协会委员长。"马日事变"中被捕。1930年7月红军一度攻占长沙时被营救出狱。1937年,通过八路军驻西安办事处与党组织取得联系。1939年任延安自然科学研究院农科主任、边区林业局长等职。曾参与南泥湾垦区规划。1984年,乐天宇以自己平反后补发的全部工资和每月工资的大部分创办九嶷学院,在创办学院过程中以身殉职。乐天宇在长沙求学时就认识毛泽东,长沙学生联合会经常组织一些活动,他们都是本校的代表。到延安后,与毛泽东常见面。因为他的家乡有一座九嶷山,毛泽东常称他"九嶷山人"。

20世纪60年代初,周世钊、李达、乐天宇在向毛泽东赠送纪念品时,分别附上了自己的诗词作品。乐天宇的作品是《九嶷山颂》,周世钊、李达的作品不详。作者接到这些友人的纪念品和诗作后写下了这首诗。

② **九嶷(yí)山**:一作九疑山,又名苍梧山,位于湖南省南部宁远县城南60里,因山上有九峰,形状都很相似,故名九嶷山。《水经·湘水注》:"九嶷山盘基苍梧之野,峰秀数郡之间,罗岩九举,各导一溪,岫(xiù)壑负阻,异岭同势,游者疑焉,故曰九疑山。"这里指代湖南省。《史记·五帝本纪》载:舜"践帝位三十九年,南巡狩,崩于苍梧之野,葬于江南九疑"。李白《远别离》诗:"九疑联绵皆相似,重瞳(指舜,传说其有双瞳)孤坟竟何是?"

③ **帝子乘风下翠微**:帝子,指传说中舜帝的二妃娥皇、女英,她们是尧

帝的女儿(古代女儿也可称"子"),故称帝子。屈原《九歌·湘夫人》:"帝子降兮北渚(zhǔ)。"下:飘然而下,降下。翠微:轻淡青葱的山色,这里指代九嶷山。传说舜南巡时死于九嶷山,娥皇、女英二妃追之未及,寻到湘水边,相思恸(tòng)哭,遂自投湘水,后为湘水女神。

④ **斑竹一枝千滴泪**:化用明代洪昇《黄式序出其祖母顾太君诗集见示》"斑竹一枝千点泪,湘江烟雨不知春"诗句。斑竹:因竹上面有美丽的紫色斑点,故称之斑竹。相传娥皇、女英二妃寻舜至湘江边,遥望苍梧,痛哭不已,眼泪滴在竹子上,留下了斑点,因而又称湘妃竹。这种竹子盛产湖南、广西等地。晋代张华《博物志》卷十:"尧之二女,舜之二妃,曰湘夫人。舜崩,二妃啼,以涕挥竹,竹尽斑。"明代王象晋《群芳谱·竹谱》:"斑竹,即吴地称湘妃竹者,其斑如泪痕。……世传二妃将沉湘水,望苍梧而泣,洒泪成斑。"千滴泪:言眼泪之多。

⑤ **红霞万朵百重衣**:曹植《五游咏》诗:"披我丹霞衣,袭我素霓裳。"红霞,天上红色的云霞,这里喻指娥皇、女英二妃身上用艳丽云霞织成的衣饰。百重(chóng)衣:言衣饰之盛。

⑥ **洞庭波涌连天雪**:洞庭,即洞庭湖,位于湖南省北部、长江南岸,面积2 820平方公里,为我国第二大淡水湖,湘、资、沅(yuán)、澧(lǐ)四大水系均汇集于此。湖的北面从岳阳城陵矶通长江。连天雪:形容白浪滔天。唐代诗人刘长卿《自夏口至鹦鹉洲夕望岳阳寄元中丞》诗:"汉口夕阳斜渡鸟,洞庭秋水远连天。"韩愈《八月十五夜赠张功曹》诗:"洞庭连天九疑高,蛟龙出没猩鼯(wú)号。"

⑦ **长岛人歌动地诗**:长岛,湖南长沙湘江中的橘子洲。橘子洲,又名水陆洲,是一个狭长的小岛,西面靠近著名风景区岳麓山。这里代指湖南省。歌:歌唱。动地诗:惊天动地的诗歌,指湖南人民歌唱的声震山河的社会主义赞歌。

⑧ **我欲因之梦寥廓**:我,作者自称。欲:想要。因之:凭借这些景象。之:指代前面所写的情景。梦:这里有联想的意思。寥廓(liáo kuò):广大空阔,包括时间和空间。这里指辽远的地方。李白《梦游天姥吟留别》诗:"我欲因之梦吴越,一夜飞渡镜湖月。"这是把想象推广到广阔的范围。

⑨ **芙蓉国里尽朝晖**：芙蓉国，木芙蓉花到处盛开的地方，这里指湖南省。湖南省自古盛产芙蓉，故有芙蓉国之称。芙蓉(fú róng)：指木芙蓉，栽培供观赏的落叶灌木。唐五代谭用之《秋宿湘江遇雨》诗："秋风万里芙蓉国，暮雨千家薜荔村。"朝晖：清晨的阳光。晖(huī)：日光。

【赏析】

《七律·答友人》最早发表于1963年12月人民文学出版社出版的《毛主席诗词》。

这首诗写与湖南有关的一些事情，表达了作者对湖南故乡深深的怀念和美好的祝愿。作者借用屈原《九歌》中的湘君、湘夫人的爱情故事，写出了湖南人民昔日的深重苦难，以象征手法表现了今天的湖南人民干劲冲天的气势。它既是新湖南的赞歌，也是新中国的赞歌。

首联写湖南特有的环境。"九嶷山上白云飞"，写湖南的山峦(luán)。九嶷山是一座充满哀怨而又动人的神话故事的山。相传历史上有名的帝舜，南巡时就死在湖南，葬在九嶷山。"帝子乘风下翠微"一句紧承"九嶷"而来，写的也是一个与九嶷山有关的神话故事。传说舜死后，帝尧的两个女儿——舜的两个妃子娥皇、女英随后追至，见之不及而自痛悼，投湘水而死，变为湘水女神。"翠微"，指九嶷山。这个美丽而又哀怨的神话故事，使作者笔下的湖南呈现出神奇瑰(guī)丽的美妙景象。颔联紧承"帝子"写出。作者采用浪漫主义的象征手法描写了湖南的不同时代。"斑竹一枝千滴泪"，写帝子因当时追寻帝舜不及而相思痛苦流泪，以致滴竹成斑，这是何等的悲哀。这句诗象征了旧时代的湖南，那是一个充满悲伤的时代。"红霞万朵百重衣"句，一反悲伤之状，将天空中的万朵红霞化成了色彩斑斓的彩衣。这句诗象征了中华人民共和国成立后的湖南,是一个色彩绚(xuàn)丽的时代。颔联的两句诗在内容上形成了鲜明的对比。颈联写今天的湖南:"洞庭波涌连天雪,长岛人歌动地诗。"湖南全省正在开展波澜壮阔的社会主义建设,广大湖南人民为创造美好的生活,为更加美好的明天正在纵情欢唱着惊天动地的歌诗。"连天雪"描写洞庭湖波浪涌起的情景,气势雄伟,境界辽阔。"长岛人"在这样一个辽阔而又气势磅礴的境地中,唱出了"动地诗"。"动地诗"描写了湖南人民改造山河所形成的巨大声势。尾联写作者的感受。"我欲因之梦寥廓",写作者要依凭上面所描写的那些情景,而梦游于广阔的空间。作者因之的"梦",表现了作者对故乡浓重的思念之情。"芙蓉国里尽朝晖",描写了湖南境内万里芙蓉盛开,红霞万里的美丽境界。作者对湖南家乡的赞美,对美好前景的展望,使读者读后油然而生羡慕之心,向往之情。

全诗把神话和现实融合在一起,构思新颖,意境高远,气势雄浑,表现了作者丰富的想象,博大的胸怀,深刻的思想和崇高的革命激情。空间有:仙境、人境、梦境;时间有:过去、现在、未来。整首诗重彩浓抹,壮丽辉煌,从一个特定的审美角度赞美了社会主义的现实,预示了故乡乃至全国更加光辉灿烂的前景,是一首闪烁着革命浪漫主义光彩的诗篇。

这首诗的风格属于典型的婉约诗风。在诗的意境上虽有些苍凉,但诗章却十分华美。

【译文】

九嶷山上的白云飞舞,
尧帝的两个女儿娥皇、女英乘风从青翠微茫的山上飘然而下。
她们手里拿着一枝昔日挥洒着凄苦的眼泪的斑竹,

身上穿着如今的万朵红霞织就的百重彩衣。

湖南兴起社会主义建设的高潮,人们干劲冲天,犹如洞庭波涛汹涌澎湃,掀起连天的白雪,

长沙的诗人朋友兴高采烈,唱出了惊天动地的诗篇。

我要凭借这些令人欣喜振奋的景象,想象未来更广阔区域的情景,

那时整个湖南都沐浴在清晨灿烂的阳光之中。

拓展阅读

一、诗词本事:《七律·答友人》的"友人"是谁?

1964年1月27日,外国文书籍出版局《毛主席诗词》英译者向毛泽东提出:"《七律·答友人》的'友人'是谁?"毛泽东口头答复说:"'友人'指周世钊。"《毛泽东诗词集》注释说:"友人即周世钊。本诗作者手迹原题为'答周世钊同学',后改为'答友人'。"并说,1961年12月26日毛泽东致周世钊信云:"'秋风万里芙蓉国,暮雨朝云薜荔村。''西南云气来衡岳,日夜江声下洞庭。'同志,你处在这样的环境中,岂不妙哉?"(《毛泽东书信选集》)可以跟本诗印证。

另一说,"友人"指乐天宇、周世钊、李达。20世纪60年代初,毛泽东的老友、林业专家乐天宇带领科研小组到湖南九嶷山区进行科学考察。在科学考察期间,乐天宇与同在九嶷山区做社会调查的毛泽东的湖南省立第一师范学校的同学,当时的湖南省副省长周世钊、武汉大学校长李达相聚。三人商定送几件九嶷山的纪念品给毛泽东,并附上有关诗词作品。乐天宇送了一枝得自家乡九嶷山区的墨竹,据目击者说,那枝墨竹比平常的要鲜明黑亮得多。乐天宇还送了一个条幅,条幅上面复制有蔡邕(伯喈)的《九嶷山铭》,上额写有他自己作的七言古体诗《九嶷山颂》和"赠呈毛泽

东主席案右",署名"九嶷山人"等字样。李达送一枝斑竹毛笔和一首咏九嶷山的诗作。周世钊送一幅内有东汉文学家蔡邕文章的墨刻。毛泽东收到这些纪念品后,睹物思友,睹物思乡,写下了这首诗。

二、跟毛泽东学习写作诗词

这首诗的格式是七律第二式——首句入韵的平起式(常式),可参见本书《七律·长征》"拓展阅读"处。

毛泽东《七律·答友人》句子平仄方面,符合格律。

用韵方面,首句入韵。首句"飞"、第二句"微"、第四句"衣"、第八句"晖",属诗韵上平声五微。第六句"诗"属诗韵上平声四支,支微不通押。这里是用韵从宽,邻韵通押。今韵,都属新诗韵八微。也可说用今韵相押。

其他方面,颔联用对仗,是反对、工对。颈联用对仗,是工对、正对。

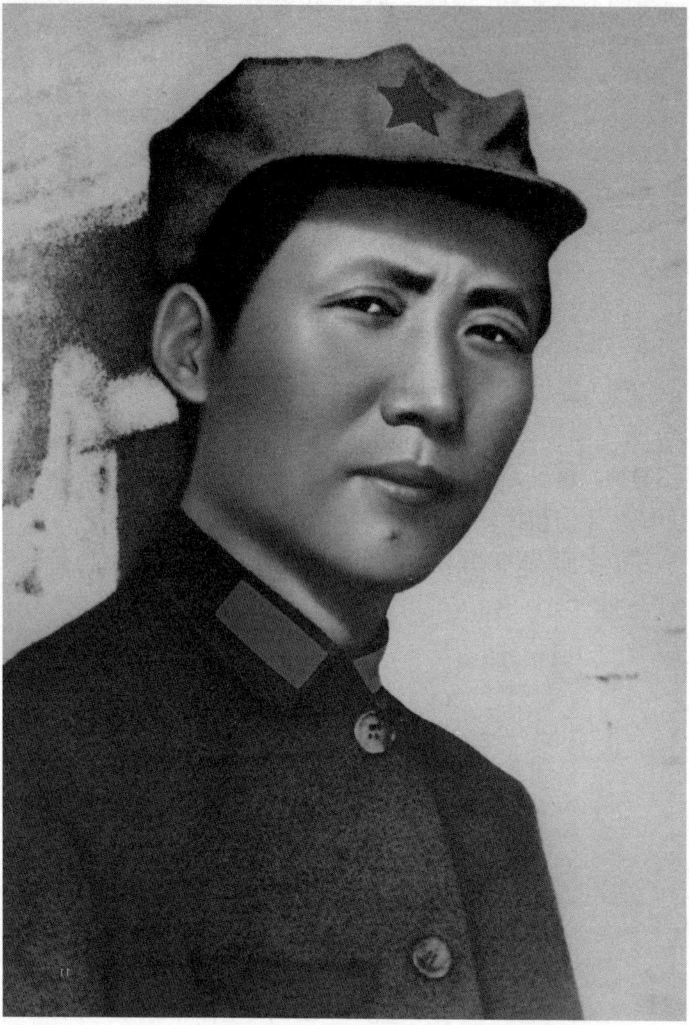

第五章 祖国颂歌篇

新中国建立后，历史进入了一个崭新的纪元。广大人民群众迸发出建设新生活的巨大热情，但在前进的道路上也经历了一个曲折复杂的过程。作为人民领袖的毛泽东在他的诗词中也出现了新的主题，这就是讴歌社会主义革命和建设以及广大人民群众创造出的伟大业绩。当然其中也会有一些"左"的影响。但是"形象大于思维"，作为艺术作品，"左"的影响只是其中蕴含的折光的反映。在诗艺上建国后毛泽东也更趋成熟，人们往往被他高超诗艺的巨大艺术魅力所折服。他的诗词作品所表现的昂扬激情和革命精神将永远成为鼓舞人们前进的宝贵精神财富。

一、社会主义革命和建设颂

毛泽东诗词中歌颂和描写社会主义革命和建设的诗词大致上有三个共同的特点：一是新旧社会的对比，社会主义革命和建设的突飞猛进，显示了祖国大地发生的翻天覆地的深刻变化，热情歌颂了广大人民群众无限的创造力和昂扬向上的精神面貌。二是永远忘记不了的革命情结，对革命圣地井冈山、故乡韶山和自己所经历过的南天、北地、出生入死的斗争生活无限怀念，号召人们要继承和发扬革命斗争精神和历史的光荣传统。三是始终保持了旺盛的革命斗志和为共产主义奋斗终身的宏伟志向，充满了革命的豪情和壮志。这些诗词的风格也多是气势磅礴，意境阔大，充满革命浪漫主义的豪情和鼓舞人们向上的强大的思想力量。

浣溪沙
和柳亚子先生
一九五〇年十月

一九五〇年国庆观剧,柳亚子先生即席赋浣溪沙,因步其韵奉和。

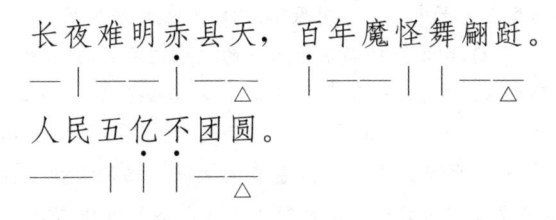

长夜难明赤县天, 百年魔怪舞翩跹。
人民五亿不团圆。

一唱雄鸡天下白, 万方乐奏有于阗,
诗人兴会更无前。

【毛泽东自注自解】

1958年12月21日,毛泽东在文物出版社同年9月刻印的线装大字本《毛主席诗词十九首》上批注:

乐奏:这里误植为奏乐,应改。

【注释】

① 浣(huàn)溪沙:词牌名。和柳亚子先生:和后面所附的柳亚子先生的《浣溪沙》词。

② 一九五〇年国庆观剧:指1950年10月3日,怀仁堂举行歌舞晚

会,由西南各民族文工团、新疆文工团、吉林省延边文工团、内蒙古文工团联合演出,毛泽东和柳亚子参加了晚会。剧:泛指歌舞晚会节目。即席:当场。席:座位。赋:写作。作诗填词,有时也叫赋。

③ **因**:就,于是。**步其韵**:步柳亚子《浣溪沙》词的韵。步韵:又叫次韵,是和韵的一种。和韵,就是用别人诗词中的原韵,又分三种:(1)依韵,即与原作同在一韵中而不必用原字;(2)次韵,即用原韵,连先后的次序也相同;(3)用韵,即用原韵而不依照它的次序。步韵,亦作次韵,依别人诗词韵脚字的顺序用韵,犹如步步跟随,故称步韵。奉和:是应对方要求而写作的客气话。奉:表示敬意,用于动词前。和(hè):即作和词。

④ **长夜难明赤县天**:长夜,漫长的黑夜。相传春秋卫国宁戚《饭牛歌》:"长夜曼曼何时旦?"这里象征中华人民共和国建立前几千年来黑暗的反动统治。赤县:赤县神州的略称,中国的别称。《史记·孟子荀子列传》记战国邹衍(yǎn)言:"中国名曰赤县神州,赤县神州内自有九州。"

⑤ **百年魔怪舞翩跹**:自1840年中英鸦片战争起,国外帝国主义和资本主义开始侵入中国。他们在中国横行霸道,好似群魔乱舞。从那时起到1949年中华人民共和国成立,已有109年的时间。百年:就其整数而言。魔怪:妖魔鬼怪,象征帝国主义和国内各色各样的反动统治者。翩跹(piān xiān):左思《蜀都赋》:"纤长袖而屡舞,翩跹跹以裔裔。"本指舞姿轻快。这里形容魔怪们的狂舞,指帝国主义、封建主义、官僚资本主义在中国大地恣意妄为,横行作恶。

⑥ **人民五亿**:中华人民共和国成立前,估计中国人口为4.75亿,这里取其整数而言。不团圆:是说解放前在国内外反动势力的黑暗统治下,全国各族人民不能亲密地团结在一起,过幸福美好的生活。

⑦ **一唱雄鸡天下白**:李贺《致酒行》诗:"我有迷魂招不得,雄鸡一声天下白。"这里是化旧句表新意,比喻革命取得胜利。白:天亮。

⑧ **万方乐奏有于阗**:万方,本指万邦,各方诸侯,引申为天下各地,这里指国内各民族、各地区,四面八方。于阗(tián):汉代西域地名,在今新疆维吾尔自治区西南的和田一带,原有于阗县,1959年改为于田。当地人民以能歌善舞著名。这里借指新疆文工团所表演的音乐歌舞节目。

⑨ **诗人兴会更无前**：诗人，指柳亚子。兴(xìng)会：兴致，情致。北齐颜之推《颜氏家训·文章》："标举兴会，发引性灵。"这里指诗人创作时的艺术灵感与审美情趣。更无前：没有比它更前的，即达到了极点。

【赏析】

《浣溪沙·和柳亚子先生》最早刊载于1951年1月23日《文汇报》的一篇报道中，后正式发表于《诗刊》1957年1月号。

这首词通过新旧社会的强烈对比，愤怒地控诉了旧中国的罪恶统治，热情地歌颂了中国人民的解放和全国各族人民的大团结。

上阕描写黑暗旧中国的情状。"长夜难明赤县天"，以象征的手法写黑暗的旧中国如处在漫漫长夜中。"难明"，状写人民挣脱黑暗统治的艰难状态。"百年魔怪舞翩跹"，比喻帝国主义者、封建统治阶级、官僚资产阶级及其帮凶在中国横行的情状。自1840年鸦片战争起，中国逐渐陷入了半封建半殖民地社会，帝国主义者、封建统治阶级、官僚资产阶级及其走狗在中国大地上如群魔乱舞，横行霸道，无恶不作，以致"人民五亿不团圆"。"人民五亿不团圆"有两种解释：一是五亿中国人民饱受苦难，流离失所，家破人亡，不能团聚。二是指旧中国的上层统治者和帝国主义者相勾结，挑拨离间，破坏各民族的团结，使五亿各族人民不能够团结。

下阕写建立新中国的欢乐。"一唱雄鸡天下白"，化用唐代诗人李贺诗句，写雄鸡高唱，黎明降临，东方红，太阳升，漫漫长夜结束，中国人民从此走进了光明。"万方乐奏有于阗"，承"天下白"写出，状写新中国各兄弟民族载歌载舞的民族大团结盛况。"诗人兴会更无前"的结句，把作者流露的喜悦之情推向了高潮。新中国的诞生，新的生活开始，诗人们焕发出了从来没有过的创作灵感与激情。"诗人"既指柳亚子，也指作者，还指所有的诗人、文学家。

全词采用了象征比喻的手法。"长夜难明赤县天"象征黑暗的旧中国,人民生活在水深火热之中,长夜漫漫;"百年魔怪舞翩跹"比喻帝国主义者、封建统治阶级、官僚资产阶级及其走狗群魔乱舞,横行霸道,无恶不作。"一唱雄鸡天下白"象征中国人民获得解放,当家做主,走进了光明。此外,采用上下两阕鲜明对比的手法,给人以非常强烈的感受。上阕写旧中国、旧时代的情状,下阕写新中国、新时代的欢乐;上阕显示的色彩十分暗淡,下阕展示的色彩非常明朗。

【译文】

灾难深重的中华大地,漫漫长夜,天就是难亮,

自鸦片战争至今一百年来,各种妖魔鬼怪横行作恶,张牙舞爪,狂欢乱舞。

中华民族四分五裂,五亿各族人民不能团圆。

雄鸡一声欢快的长鸣,高唱中华大地天亮了,

全国各族人民欢聚一堂奏乐庆贺,其中还有来自祖国大西北的新疆的歌舞。

诗人看到中国各民族大团结、大一统的盛况,诗兴勃发,情绪更是空前高涨。

◆·◇·◆ 拓展阅读 ◆·◇·◆

一、诗词本事:伟大领袖和诗人同声相应的盛世华章

1950年10月3日,到北京参加国庆盛典的各民族代表,聚集在中南海怀仁堂举行隆重的向中央首长献礼晚会,由几个民族文

工团联合演出,毛泽东和柳亚子参加了晚会。毛泽东观看时心情很激动。他对坐在前排的柳亚子说:"这样的盛况,亚子先生为什么不填词以志盛?我来和。"柳亚子遂即席赋《浣溪沙》词,呈献毛泽东。第二天,毛泽东用该词原韵写出《浣溪沙·和柳亚子先生》,并用宣纸抄好致送柳亚子。柳亚子又和一首以呈。柳亚子还把毛泽东的和词装裱起来,配上镜框,挂在自己的客厅里。

二、诗词链接:对新中国和人民领袖激情洋溢的歌唱——柳亚子原词《浣溪沙》

浣溪沙

十月三日之夕于怀仁堂观西南各民族文工团、新疆文工团、吉林省延边文工团、内蒙古文工团联合演出歌舞晚会,毛主席命填是阕,用纪大团结之盛况云尔!

火树银花不夜天,弟兄姊妹舞翩跹。
｜｜一一｜｜△　　｜一｜｜｜一△
歌声唱彻月儿圆。(原注)
一一｜｜｜一△

不是一人能领导,那容百族共骈阗?
｜｜一一一｜｜　　又一｜｜｜一△
良宵盛会喜空前!
一一｜｜｜一△

柳亚子原注:
新疆哈萨克族民间歌舞有《圆月》一歌云。

【注释】

① **怀仁堂**:在北京中南海,原名仪鸾(luán)殿,解放后改建为会堂。延边:在吉林省东部,1952年建立延边朝鲜族自治州,辖一市六县,州领导机关驻延吉市,居有朝鲜、汉、满、回、蒙古等族。命填是阕:叫我填这首词。命:叫,吩咐。是:代词,这个。阕:曲终的意思,这里指依谱填词一首。

② **用纪大团结之盛况云尔**:用纪:用它来记述。用,以。纪:记载。云尔:两个语气词连用,无实在意义,表示陈述语气。

③ **火树银花不夜天**:形容灯树辉煌、烟花满天的盛况。唐代苏味道《正月十五夜》:"火树银花合,星桥铁锁开。"不夜天:形容灯火通明,广照如昼。夜:动词,夜间降临的意思。

④ **弟兄姐妹**:指解放后各族人民团结得亲如家人,也指参加演出的各兄弟民族文工团。舞翩跹:指各兄弟民族歌舞团演出的舞蹈节目。

⑤ **彻**:贯通,深透。唱彻:辛弃疾《鹧鸪天·送人》:"唱彻《阳关》泪未干,功名余事且加餐。"唱得响彻云霄,指新疆哈萨克族民间歌舞《圆月》一歌唱出了全国各族人民热爱毛泽东的共同心声。唱的人热情奔放,听的人兴奋激动,歌声显得更加清脆嘹亮,诗人也以此表达了自己对毛泽东的崇敬和热爱之情。

⑥ **一人**:《尚书·商书·太甲下》:"一人元良,万邦以贞。"旧题汉代孔安国传曰:"一人,天子。"这里指国家元首,即指毛泽东。

⑦ **那**:同"哪"。容:可,允许。百:举成数以言其多。百族:许多民族,指全国各族。骈阗(pián tián):罗布,连续。《晋书·夏统传》:"士女骈阗,车服烛路。"这里含有欢聚一堂的意思。

⑧ **良宵盛会**:储光羲《同张侍御宴北楼》:"良宵清净方高会,绣服光辉联皂盖。"良宵,天色美好的夜晚。盛会:盛大的聚会。喜空前:使人感到空前高兴。

⑨ **哈萨克族**:我国少数民族,主要分布在新疆北部。云:句末助词,没有实际意义。

【译文】

怀仁堂灯火辉煌,一片欢腾,
各民族的兄弟姊妹翩翩起舞。
新疆哈萨克族的民间歌舞《圆月》,歌声嘹亮,响彻云霄。

要不是有伟大领袖毛主席领导中国人民革命取得胜利,
哪里会有今天全国各民族人民欢聚一堂?
在这样美好的夜晚举行如此盛大的歌舞晚会,真是使人感到空前的高兴。

三、跟毛泽东学习写作诗词

浣溪沙,词牌名。小令,双调,42字。平韵。南唐李煜有仄韵之作。原为唐代教坊曲名,因西施浣纱于若耶溪,故又名《浣溪沙》或《浣纱溪》。上、下阕三个七字句。最早的是唐人韩偓《浣溪沙》词。上阕三句全用韵,下阕末二句用韵。

此调音节明快,句式整齐,易于上口。为婉约、豪放两派词人所常用。又名《减字浣溪沙》、《小庭花》等。

《浣溪沙》常见的格式是:

⊙ｌ－－ｌｌ△,
⊖－⊙ｌｌ－△。
⊖－⊙ｌｌ－△。

⊙ｌ⊖－－ｌｌ,
⊖－⊙ｌｌ－△,
⊖－⊙ｌｌ－△。

全词六句。上、下阕各三句。一韵到底,用平韵。上阕三平韵,下阕二平韵。下阕头两句往往用对仗。

毛泽东《浣溪沙·和柳亚子先生》句子平仄方面,符合格律。

用韵方面,这首词是步柳亚子原韵,用诗韵下平声一先,词韵七部。按今韵,这几个韵脚字都属新诗韵十四寒,也可押韵。

其他方面,下阕起首二句因引用李贺《致酒行》诗句和步韵,采用似对非对方式。

浪淘沙
北戴河
一九五四年夏

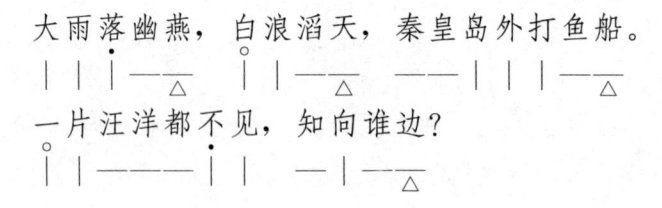

大雨落幽燕,白浪滔天,秦皇岛外打鱼船。
｜｜｜——　｜｜——　———｜｜｜——
一片汪洋都不见,知向谁边?
｜｜———｜｜　—｜——

往事越千年,魏武挥鞭,东临碣石有遗篇。
｜｜｜——　｜｜——　———｜｜｜——
萧瑟秋风今又是,换了人间。
—｜———｜｜　｜｜——

【毛泽东自注自解】

1964年1月27日,毛泽东口头答复外国文书籍出版局《毛泽东诗词》英译者问：

一片汪洋都不见，知向谁边：是指渔船不见。

1962年4月21日，毛泽东谈《浪淘沙·北戴河》一词写作缘由时说："李煜写的《浪淘沙》都是婉约的，没有豪放的。"因此，他"以《浪淘沙》写了一首奔放豪迈的词"。（林克《忆毛泽东学英语》，载《毛泽东的读书生活》，生活·读书·新知三联书店，1986年9月版）

【注释】

① **北戴河**：地名，位于河北省秦皇岛市西南15公里处，南临渤海，背依联峰山，巉(chán)岩起伏，林木茂密，风光明媚，气候宜人，海滩沙平水清，是天然游泳场、旅游胜地和著名的避暑休养地。

② **幽燕**(yān)：《尔雅·释地》："燕曰幽州。"幽，即幽州，古代九州之一。燕：古代国名。幽州和燕国，大约均在今河北省北部和辽宁一带。这一带战国时属燕国，唐代属幽州，故幽燕常用以指代河北省。这里指北戴河。

③ **滔天**：《尚书·尧典》："汤汤(shāng)洪水方割，荡荡怀山襄陵，浩浩滔天。"形容水大得连天都要被淹没似的。滔：弥漫，水势盛大的样子。白浪滔天：宋代释普济《五灯会元》卷十二载潭州衡岳寺奉能禅师语录："须弥顶上，白浪滔天。大海波中，红尘满地。"

④ **秦皇岛**：市名，位于河北省东部，邻接辽宁省。秦皇岛为突出海中的半岛，三面环海，冬季不冻，是渤海沿岸天然良港。相传秦始皇曾因求仙来此，故名。

⑤ **汪洋**：水势很大无边无际的样子。《楚辞·九怀·蓄英》："临渊兮汪洋，顾林兮忽荒。"

⑥ **知向谁边**：知道打鱼船向哪边行驶呢？谁边：何处，哪边。

⑦ **往事越千年**：往事，汉献帝建安十二年五月（公元207年），曹操与

乌桓(huán)族(古代北方的一个民族)作战凯旋,曾途经碣(jié)石,登山望海而赋诗之事。越:超过,过去了。

⑧ **魏武挥鞭**:魏武,即魏武帝曹操(155～220),三国时期著名的政治家、军事家和诗人。曹操死后被追封为魏武帝。挥鞭:挥动马鞭,率领军队出外打仗。这里是说骑马经过。

⑨ **东临碣石有遗篇**:碣石,山名,位于河北昌黎西北,在北戴河西南面。汉代时还在岸上,靠近渤海边,北魏时没入海中。遗篇:遗传下来的诗篇。曹操在北征乌桓时曾写了一组有名的《步出夏门行》,其中第二首《观沧海》写北征乌桓,过碣石山登山望海所见当时的景色:"东临碣石,以观沧海。水何澹澹,山岛竦峙(sǒng zhì)。树木丛生,百草丰茂。秋风萧瑟,洪波涌起。日月之行,若出其中。星汉灿烂,若出其里。幸甚至哉,歌以咏志。"因为诗的首句为"东临碣石",所以又称《碣石篇》。下文的"萧瑟秋风今又是"也由《观沧海》引出。

⑩ **萧瑟**(sè):拟声词,形容秋风吹刮草木发出的飒飒声音。

⑪ **人间**:人世间,即人类社会。换了人间:是说社会已经发生了巨大变化,人民翻身做了主人,和曹操那个时代完全不同了。

【赏析】

《浪淘沙·北戴河》最早发表于《诗刊》1957年1月号。

这首词叙写北戴河夏天海上雨天情景,并由此抒发了怀古论今的情思,赞美了党所领导的人民革命胜利后的新天地和新气象——换了人间。

上阕描绘了一幅极其壮观的渔民战海斗浪图。"大雨落幽燕",作者大笔一挥,把大雨倾盆的范围拓展到了无边无际的古幽燕之地。"白浪滔天",是因为大雨兼风使海上白浪翻滚,似与天接。"秦皇岛外打鱼船",在秦皇岛外白浪滔天的海上还有打鱼船。"一片汪洋都不见",这是"白浪滔天"的进一步描写,滔天的白浪形成了一种苍茫迷漫的状态,一片汪洋,什么也看不见。倾盆的豪雨,滔天的巨浪,浩瀚无垠(yín)的大海,这气势真够惊心动魄的了,但打鱼人毫无畏惧,勇敢拼搏,大雨为他们倍添豪情,巨浪给他们增长神威,辽阔的海面成了他们大显身手的舞台。"知向谁边",在大雨白浪所构成的惊涛骇浪中,谁又知道打鱼船驶向何方?这里深切地表现了作者对打鱼船的关心,对不畏艰险、辛勤劳动的劳动人民的赞美。

下阕抒写怀古赞今之情。"往事越千年"三句是赞美一千多年以前曹操的英雄形象。公元207年,曹操北征乌桓打了胜仗,凯旋途中经过碣石山,曾经登高观海,气概不凡地写下了《观沧海》的宏伟诗篇。"挥鞭"再现了当年曹操因北伐取得胜利而得意洋洋的神情。"萧瑟秋风今又是,换了人间"两句,由千年前回到现实中。"萧瑟秋风"承"遗篇"写出,因为"遗篇"中有"秋风萧瑟,洪波涌起"这样的句子。"今又是",是说秋风萧瑟今天依旧,似乎同曹操那时的萧瑟秋风一样。"换了人间"是说尽管萧瑟秋风相似,但人类社会却发生了天翻地覆的根本性的巨大变化,这四个字融进了丰富的历史内容,也是对劳动人民当家做主的新社会的歌颂。

写景抒情,寓情于景,情景交融,是这首词的特色。上阕主要写景,但也有抒情,如"知向谁边"就倾注了作者对打鱼船的关心之情。下阕先抒怀古之情,然后赞今。写往事是为了更好地写今事,也就是用往事来衬托今事。此外,在抒情中也不乏景物描写,如:碣石、沧海、萧瑟秋风,就是情中之景。

【译文】

滂沱大雨倾泻在河北、辽宁一带的大地,
渤海里白色的巨浪翻滚,汹涌地冲向天空,

然而就在这大风雨中,秦皇岛外的海面上还有打鱼船在作业。
向海上望去,只见一片汪洋,什么也看不见,
不知打鱼船驶向哪一边了?

联想魏武帝曹操的一件往事,距今已有一千多年,
那时曹操北征乌桓凯旋,威风凛凛,策马扬鞭,
经过这里时向东登临碣石山,遗留下著名的诗篇。
如今眼前又是一片秋风萧瑟的景象,
可是人间社会已经发生天翻地覆的巨大变化。

◆·◇ 拓展阅读 ◇·◆

一、诗词本事:第一次畅游大海写下了豪放风格的《浪淘沙》词

1954年盛夏,毛泽东在北戴河边工作,边休养。有一天,适逢下雨,海滨风浪很大,毛泽东仍兴致勃勃要坚持下海游泳,卫士长李银桥劝他不要下海,他听后说,风浪越大越好,可以锻炼人的意志。于是不但下了海,而且在波浪翻涌的海滨畅游了一个多小时。这是他第一次去北戴河避暑办公,第一次畅游大海。次日,毛泽东面对海景,抚今追昔,吟成了这首词。

据毛泽东的保健医生徐涛回忆,有些天毛泽东在海滩漫步,嘴里总是念念有词地背诵着曹操的《观沧海》诗,他还找来地图查证,说"曹操是来过这里的"。这年7月23日他在致两个女儿李敏、李讷的信中,专门谈曹操的"碣石诗"说:"北戴河、秦皇岛、山海关一带是曹孟德(操)到过的地方。他不仅是政治家,也是诗人。他的碣石诗是有名的。"大概就在这个时候,毛泽东酝酿创作了《浪淘沙·北戴河》。

二、跟毛泽东学习写作诗词

浪淘沙,词牌名。小令,双调,54字。平韵。宋人也有于上阕或上、下阕起句增减一二字的,也有稍变音节而用仄韵的。本为唐教坊曲名。原为七言绝句,白居易词有"却到帝都重富贵,请君莫忘浪淘沙"句。刘禹锡作的《浪淘沙》属于此体。以后的双调小令《浪淘沙》是南唐后主李煜创制的。多作激越凄壮之音。又名《卖花声》、《过龙门》、《曲入冥》等。

《浪淘沙》常见的格式是:

```
‖⊙丨丨—△,
 ⊙丨—△。
⊖—⊙丨丨—△,
 ⊙丨⊖——丨丨。
 ⊙丨—△。‖
```

全词十句。上、下阕各五句,格式相同。一韵到底,用平韵,上、下阕各四平韵。

毛泽东《浪淘沙·北戴河》句子平仄方面,符合格律。

用韵方面,上阕首句"燕"、第二句"天"、第四句"船"、末句"边",下阕首句"年"、第二句"鞭"、第三句"篇",属诗韵下平声一先。下阕末句"间"属诗韵上平声十九删。以上均属词韵七部,是词韵同部平声相押。上阕第四句"见"属诗韵去声十七霰,词韵七部,是暗用词韵同部仄声韵,平仄通叶。删、先词韵同部平声通押。按今韵,这些韵脚字,都属新诗韵十四寒,也押韵。

水调歌头
游　泳
一九五六年六月

才饮长沙水，又食武昌鱼。
一｜——　｜｜｜—△

万里长江横渡，极目楚天舒。
｜｜———｜　｜｜｜—△

不管风吹浪打，胜似闲庭信步，今日得宽馀。
｜｜———｜　｜｜———｜　—｜｜—△

子在川上曰：逝者如斯夫！
｜｜—｜｜　｜｜—△

风樯动，龟蛇静，起宏图。
——｜　——｜　｜—△

一桥飞架南北，天堑变通途。
｜——｜—｜　———△

更立西江石壁，截断巫山云雨，高峡出平湖。
｜｜——｜｜　｜｜———｜　—｜｜—△

神女应无恙，当惊世界殊。
——｜—｜　———△

【毛泽东自注自解】

　　1958年12月21日，毛泽东在文物出版社同年9月刻印的线装大字本《毛主席诗词十九首》上批注：

长沙水：民谣：常德德山山有德，长沙沙水水无沙。所谓长沙水，地在长沙城东，有一个有名的"白沙井"。

武昌鱼：三国孙权一度从京口（镇江）迁都武昌，官僚、绅士、地主及其它富裕阶层不说（悦），反对迁都，造作口号云：宁饮扬州（建业）水，不食武昌鱼。那时的扬州人心情如此。现在改变了，武昌鱼是颇有味道的。

三国时，孙权一度从京口（今江苏镇江）迁都武昌：这是毛泽东凭记忆写的，所说有误。据《三国志·吴书·陆凯传》记载，吴主孙皓要把都城从建业（古城在今江苏南京市南）迁往武昌，老百姓不愿意，有童谣说："宁饮建业水，不食武昌鱼。"

1957年5月21日，毛泽东学英语休息时说：

《水调歌头·游泳》这首词是反映社会主义建设的。"一桥飞架南北"，只有我们今天才做到了。（林克《忆毛泽东学英语》，见《毛泽东的读书生活》，生活·读书·新知三联书店1986年9月版）

【注释】

① **游泳**：1956年5月31日，作者以63岁的高龄横渡长江。他从汉口坐武康号轮船在武昌蛇山长江大桥八号墩附近下水，一直游到汉口湛（zhàn）家矶登船休息，时间两小时零四分钟，游程达28里。此后，6月2日、6月3日又两次畅游长江。这首词是作者横渡长江后写下的。

② **长沙水**：长沙白沙井的井水，以水甘美而得名。白沙井位于长沙市天心阁下白沙街东隅。清代《统一志》载：白沙井"广仅尺许，最甘洌，汲久不竭"。

③ **武昌鱼**：指古代武昌（今鄂城）樊口出产的鳊（biān）鱼，也称团头鳊或团头鲂。以鲜美著称。《三国志·吴书·陆凯传》载：吴主孙皓要把都

城从建业(今南京市)迁到武昌,住惯了建业的贵族们都反对,老百姓也不愿意,陆凯上疏引童谣曰:"宁饮建业水,不食武昌鱼。"(毛泽东自注中记忆有误——本书作者注)这里是化用。武昌:武汉三镇之一。

④ **横渡**:《尔雅·释水》:"鬲津。"晋代郭璞注:"水多阨狭,可隔以为津而横渡。"这里指从江河湖海的此岸到达彼岸。

⑤ **极目楚天舒**:极目,尽眼力所及远望。王粲《登楼赋》:"平原远而极目兮,蔽荆山之高岑。"楚天:楚地的天空。武昌一带春秋战国时属于楚国,所以称这一带的天空为楚天。泛指中国南方的天空。柳永《雨霖铃》:"念去去,千里烟波,暮霭沉沉楚天阔。"舒:舒展,这里指天空辽阔。1957年2月11日,毛泽东在致黄炎培的信中说:"游长江二小时漂三十多里才达彼岸,可见水流之急。都是仰游侧游,故用'极目楚天舒'为宜。"

⑥ **胜似闲庭信步**:胜似,胜过。清代陈维崧《风流子·月夜感忆》词:"今宵月,胜似昨宵圆。"闲庭:闲静的庭院。信步:随意散步。唐代齐己《游谷山寺》:"此生有底难抛事,时复携筇(qióng)信步登。"

⑦ **得宽馀**:得,一种十分称心如意的感觉。宽馀:身体舒展、轻松,心情舒畅、怡悦。

⑧ **子在川上曰:逝者如斯夫**:孔子在河岸上说:时间的逝去就像河水一样不停地流去。语出《论语·子罕》:"子在川上曰:'逝者如斯夫!不舍昼夜。'"子:孔子。川:水道,河流。逝者:指流逝过去的光阴。斯:指示代词,相当于"这",指流水。夫:句末表示感叹语气的助词。

⑨ **风樯**:帆船。樯(qiáng):船的桅杆,用以张帆乘风。陆游《醉后草书歌诗戏作》:"宝刀出匣挥雪刃,大舸破浪骉风樯。"

⑩ **龟蛇静**:龟山、蛇山静静地屹立在长江两岸。龟蛇:龟山和蛇山,龟山在汉阳,蛇山在武昌,两座山夹江对峙(zhì),武汉长江大桥的两头就建筑在龟山和蛇山上。

⑪ **起宏图**:起,产生。宏图:汉代张衡《南都赋》:"非纯德之宏图,孰能揆(kuí)而处旃(zhān)?"这里指规模巨大的建设蓝图,即指下面的"一桥飞架南北"。

⑫ **一桥飞架南北**:一桥,指当时正在建造的飞跨长江两岸的武汉长江

大桥。该桥包括引桥在内总长1 670米,高80多米。于1955年9月开工,1957年10月建成。飞架:形容大桥像长虹腾空架起的雄伟气势和建设的神速。

⑬ **天堑(qiàn)变通途**:天堑,天然的险阻。堑:壕沟。古人把长江看作"天堑"。《南史·孔范传》:"长江天堑,古来限隔,虏军岂能飞渡?"通途:四通八达的大道。

⑭ **更立西江石壁**:将来还要在鄂西川东长江三峡一带建立巨型水坝蓄水发电。更:再。立:竖立,建筑起。西江:即长江西部,指三峡一带的江面。一说西江即长江。唐代杜牧《西江怀古》诗旧注云:"楚人指蜀江为西江,谓从西而下也。"这里指湖北省宜昌市境内的一段长江。石壁:坚如岩壁的长江拦水大坝。这里指长江三峡水利枢(shū)纽工程。

⑮ **截断巫山云雨**:截断,拦腰斩断,拦住。巫山:在四川、湖北两省边境,北与大巴山相连,是巴山山脉的最高峰,因形如巫字,故名。东北—西南走向,海拔1 000～1 500米。长江穿流其中,成为三峡,即巫峡、瞿塘峡、西陵峡,自四川省奉节白帝城至湖北省宜昌南津关,全长204公里。巫山有神女峰,巫峡有神女庙,也叫真人祠。巫山云雨:旧时多用来形容或指代男女欢爱。巫山山脉是我国暴雨中心之一。这里指长江上游三峡一带的山洪雨水及三峡以上的江水。另一说,这里是指山高峡深,湿气蒸郁,云雾缭绕,常蒙"峡雨"。本书作者倾向于后说。这句是说,拦江大坝很高,好像把巫山的云雨都截断了。

⑯ **高峡出平湖**:高峻的峡谷间狭窄汹涌的江面将变为平静的大湖。高峡:地势很高的山峡,这里指三峡。三峡峡谷两岸垂直陡峭,故称高峡。出:出现,变成。平湖:水平如镜的人工湖,指长江三峡水利枢纽工程完成后山上的大水库。

⑰ **神女应无恙**:神女,指掌管巫山云水的神,传说是炎帝的女儿,名瑶姬,曾在巫山助大禹治水。去世后葬在巫山,巫峡神女峰因此而得名。宋玉《神女赋序》:"楚襄王与宋玉游于云梦之浦,使玉赋高唐之事,其夜王寝,梦与神女遇。"应:该当,料想之词,有大概的意思。李商隐《无题》:"晓镜但愁云鬓改,夜吟应觉月光寒。"无恙:现在和过去一样安好,没有疾病。

恙(yàng)：疾病，灾祸。《战国策·齐策四》："岁亦无恙耶？民亦无恙耶？王亦无恙耶？"这里指健在，尚在世间。

⑱ **当惊世界殊**：应该惊叹世界真是大变样了。当：应该。殊：改变，不同。

【赏析】

《水调歌头·游泳》最早发表于《诗刊》1957年1月号。

这首词通过游泳中的感受和联想，抒发了诗人伟大的理想和高尚的情怀，歌颂了祖国的社会主义建设，描绘未来建设的宏伟蓝图，是一首社会主义建设和共产主义世界观、人生观的赞歌。

上阕写游泳兼及游泳中产生的感想。起始两句"才饮长沙水，又食武昌鱼"，以工整的对仗写明作者行踪及行程之速，给全词笼罩了一层心旷神怡的氛围。"万里长江横渡，极目楚天舒"两句，正面点"游泳"题意，万里长江与辽阔的楚天构成了广大无尽的景色，作者横渡放目于其中，气魄雄浑。"不管风吹浪打，胜似闲庭信步，今日得宽馀"三句，写游泳中的感想。强调风吹浪打的生活比闲庭信步的生活要强，体现了毛泽东的共产主义世界观和人生观。作者在数十年的革命生涯中，经历过无数次的艰难险阻，养成了迎着困难上的性格特点，因此表面上看像是写游泳中的风吹浪打，实则反映了作者对困难的藐视。"子在川上曰：逝者如斯夫"，作者借用孔子这句深蕴哲理的话，是告诉人们要珍惜时间，应该抓紧时间做我们应该做的事。

下阕极富想象力地描绘了一幅宏伟壮观的社会主义现代化建设蓝图。"风樯动，龟蛇静，起宏图"三句，写万里长江上的宏图。而在作者眼前的宏图就是"一桥飞架南北"，从而使长江"天堑变通途"。当时的武汉长江大桥是古今长江第一桥，是亘古未有的事，所以堪称宏图。接着,作者浮想联翩,用一"更"字,托出了更为壮丽的宏图。"更立西江石壁,截断巫山云雨,高峡出平湖",由眼前的景,作者联想到要改造长江,利用长江,要建立三峡大坝,截断长江流水,让高峡出平湖。在三峡建立水库曾经是几代人梦寐(mèi)以求的事,作者把未来的三峡水库写得色彩纷呈,分外壮丽,更加令人神往。结片两句"神女应无恙,当惊世界殊",采用浪漫主义的手法,向人们展示了一幅令神女都为之惊叹的美好景象。作者把"起宏图"这一巨大的变化与历史上的神话相衔接,向世界展示出它的无穷魅力。

这是一首快词。全词语气顺势而下,句句相承,时空转换神速。此时作者的心绪是十分畅快的,因此联想迭出,对美好的前景充满了无限的信心。全词境界宏伟,气势雄壮,过去未来,上下古今,齐汇笔端,读之振奋人心,催人奋进,是一首革命现实主义和革命浪漫主义相结合的艺术典范。

【译文】

才喝了长沙白沙井清甜的水,
就又吃到了武昌樊口的鲜美的鳊鱼。
横渡万里长江,
仰泳极目望去,楚地的天空多么辽阔。
不管受到多少风吹浪打,
胜过在清静的庭院里随意散步,
今天才从繁忙的工作中得到一点闲暇,真觉得十分舒畅。
我不禁联想起孔子在河边慨叹说:
流逝去的光阴就像这流水一样。

各种船只在江中扬帆乘风破浪前进,
龟蛇二山隔江静穆地对峙,
让我想起未来宏伟的建设规划将在这里实现。
正在建设的长江大桥凌空而起,飞架长江南北,
自古以来以天堑著称的长江将成为通衢大道。
还要在长江上游武汉以西三峡以东修筑起一道大坝,
拦截住巫山一带的雨水,
使高高的三峡往日的激流出现一个波平如镜的大湖。
那时我料想巫山神女应当一切都很安好,
当她看到这人间奇迹,该惊叹世界发生了巨大的变化。

◆·◆ 拓展阅读 ◆·◆

一、诗词佳话:一盒"三五牌"香烟换来的墨宝

1961年9月,英国元帅蒙哥马利第二次访问中国。9月23日晚上,毛泽东在武昌东湖会见蒙哥马利,并共进晚餐。在谈话时,蒙哥马利赠送给毛泽东一盒"三五牌"香烟。24日下午,毛泽东和蒙哥马利再一次会谈,就在这次会谈中,毛泽东第一次和外国人谈到他的继承人问题,又邀请蒙哥马利去游长江。毛泽东游了一个多小时。夜晚,蒙哥马利正准备行装打算第二天启程返回英国。这时毛泽东来了。蒙哥马利喜出望外,握着毛泽东的手久久没有放开。毛泽东对他说:"为你送行,送给你一件礼物。"说着从口袋里掏出一张折叠的宣纸。陪同人员告诉蒙哥马利:"这是主席1956年写的一首词,叫《水调歌头·游泳》。主席亲笔写下自己的诗词送给外国客人是极罕见的事情。"又说:"这是主席早晨四点钟起床后写的,上面还飘着墨香呢! 主席不但署了名,而且还写了'蒙哥马利元帅'。"蒙哥马利端详着遒劲有力的方块汉字,连声向毛泽东

道谢。毛泽东说:"不要忘了,我们还将在长江进行游泳比赛呢!"蒙哥马利用一盒"三五牌"香烟换来毛泽东的一件"无价之宝"的故事,遂成为毛泽东诗词的一段佳话。这幅《水调歌头·游泳》手书,也许是英国迄今为止唯一的一件毛泽东书法作品呢。

二、跟毛泽东学习写作诗词

《水调歌头》常见格式参见本书《水调歌头·重上井冈山》"拓展阅读"处。

毛泽东《水调歌头·游泳》句子平仄方面,若按一般词书,上阕第三句"万里长江横渡"的"里"当平而仄、"江"当仄而平,倒数第二句"子在川上曰"中"上"当仄而平,末句"逝者如斯夫"中"如"当仄而平,下阕末句"当惊世界殊"中"惊"当仄而平,"界"当平而仄,其余平仄合律。若按陈明源《常用词牌详介》所说,上阕第三句可作"⊕|⊖—⊕|",倒数第二句可作"⊖|⊖||"。上阕末句引用《论语》成句,平仄可不拘。则本词除上、下阕末句外,其余平仄合律。

用韵方面,上阕第一句"鱼"、第四句"舒"、第七句"馀",属诗韵上平声六鱼,下阕第三句"图"、第五句"途"、第八句"湖"、末句"殊",属诗韵上平声七虞,均属词韵四部,是词韵同部平声通押。也可以说以湖南方音相叶。上阕第三句"渡"、第六句"步",诗韵属去声七遇,下阕第七句"雨"属诗韵上声七虞,均属词韵七部,是暗用同部仄声韵,平仄通叶。

其他方面,起首两句用对仗,是流水对、工对。下阕第六、七句用对仗,也是流水对、宽对。

七律二首
送瘟神
一九五八年七月一日

　　读六月三十日人民日报，余江县消灭了血吸虫。浮想联翩，夜不能寐。微风拂煦，旭日临窗。遥望南天，欣然命笔。

绿水青山枉自多，华佗无奈小虫何！

千村薜荔人遗矢，万户萧疏鬼唱歌。

坐地日行八万里，巡天遥看一千河。

牛郎欲问瘟神事，一样悲欢逐逝波。

其　二

春风杨柳万千条，六亿神州尽舜尧。

红雨随心翻作浪，青山着意化为桥。

天连五岭银锄落，地动三河铁臂摇。

借问瘟君欲何往，纸船明烛照天烧。

【毛泽东自注自解】

毛泽东《〈七律二首·送瘟神〉后记》(一九五八年七月一日)：

　　六月三十日《人民日报》发表文章说：余江县基本消灭了血吸虫，十二省、市灭疫大有希望。我写了两首宣传诗，略等于近来的招贴画，聊为一臂之助。就血吸虫所毁灭我们的生命而言，远强于过去打过我们的任何一个或几个帝国主义。八国联军，抗日战争，就毁人一点来说，都不及血吸虫。除开历史上死掉的人以外，现在尚有一千万人患疫，一万万人受疫的威胁。是可忍，孰不可忍？然而今之华佗们在早几年大多数信心不足，近一二年干劲渐高，因而有了希望。主要是党抓起来了，群众大规模发动起来了。党组织、科学家、人民群众，三者结合起来，瘟神就只好走路了。(《毛泽东诗词集》，中央文献出版社，1996年9月版)

1964年1月27日，毛泽东口头答复外国文书籍出版局《毛泽东诗词》英译者问：

　　坐地日行八万里，巡天遥看一千河：人坐在地球这颗行星上，不要买票，在宇宙里旅行。地球自转的里数，就是人旅行的里数。地球直径为一万二千七百多公里，乘以圆周率，即赤道长，约四万公里，再折合成华里，约八万里。人在二十四小时内走了八万里。

　　牛郎欲问瘟神事：牛郎织女是晋朝人的传说。

　　红雨随心翻作浪，青山着意化为桥："红雨"指桃花。写这句是为下句创造条件。"青山着意化为桥"，指青山穿洞成为桥。这两句诗有水有桥。

【注释】

① 送瘟神：把给人类降下疾病瘟疫的凶神送走。瘟神：旧时代瘟疫流行，人们无法控制，以为有"神"在作祟(suì)，于是称瘟疫为瘟神。迷信认为，若送走瘟神，则瘟疫自然不会发生。瘟：瘟疫。这里指血吸虫。

② 读六月三十日《人民日报》：指1958年6月30日《人民日报》社论《反复斗争，消灭血吸虫病》和同日该报的一篇特写《第一面红旗——记江西余江县根本消灭血吸虫病的经过》。

③ 余江县：位于江西省东北部，是血吸虫闹得很严重的地方，也是在党的领导下最先消灭血吸虫病的地方。血吸虫：寄生在人体或家畜门静脉小血管内的一种病虫。虫卵顺血流进入肝脏或逆血流穿过肠壁随粪便排出，入水后孵化为毛蚴(yòu)，侵入钉螺体内发育为成虫。在血吸虫病流行的地区，人在有钉螺的水中劳动，血吸虫就会钻进人的皮肤，引起血吸虫病。这种病严重损害人的健康，病重可以致死。1949年以前，血吸虫病广泛流行于中国南部十二个省市，上千万的农民和渔民受到感染，上亿的人口受到威胁。血吸虫病猖狂的地方，人民大批死亡，没有死亡的也大都丧失了劳动能力，许多村庄完全毁灭，许多良田变成荒野。解放以后，党和人民政府一直非常重视血吸虫病的防治工作。1956年起，中央成立了专门委员会，更大规模地组织和血吸虫的斗争，取得了很大的成绩。

④ 浮想联翩(piān)：浮泛在脑海中的种种想象像鸟儿那样连续不断地飞来。联翩：鸟飞的样子。晋代陆机《文赋》："浮藻联翩，若翰鸟缨缴而坠曾云之峻。"寐(mèi)：睡眠。无名氏《古诗十九首》之十九："忧愁不能寐，揽衣起徘徊。"微风拂煦：微风吹拂，感到一股暖意。拂：吹拂，掠过。煦(xù)：温暖。南天：南方的天空，余江县在北京的南面，故称。欣然：喜悦的样子。《史记·吕太后本纪》："上有欢心以安百姓，百姓欣然以事其上，欢迎交通而天下治。"命笔：使笔，用笔，指写作。刘勰《文心雕龙·养气》："意得则舒怀以命笔，理伏则投笔以卷怀。"

⑤ 绿水青山枉自多：绿水青山，指江南山清水秀，风景秀丽。唐代薛用弱《集异记·蒋琛》："年年绿水青山色，不改重华南狩时。"枉自多：白白

地拥有那么多。枉:徒然,白白地。自:自己,己身。杜甫《征夫》:"十室几人在,千山空自多。路衢唯见哭,城市不闻歌。"

⑥ **华佗(tuó)无奈小虫何**:华佗,三国时著名医生,精通内、妇、儿、针灸各科,对外科尤为擅长。这里泛指名医。无奈……何:对……没有什么办法。小虫:指血吸虫。

⑦ **千村薜荔人遗矢(shǐ)**:千村薜荔,五代谭用之《秋宿湘江遇雨》:"暮雨千家薜荔村。"形容很多村落杂草丛生,一片荒凉。薜荔(bì lì):一种野生常绿藤本植物,这里泛指野草。遗矢:排泄粪便。矢,通"屎"。《史记·廉颇蔺相如列传》记载:赵王派使者到梁国看廉颇,想召他回来抗秦,使者捏造说:"廉将军虽老,尚善饭;然与臣坐,倾之,三遗矢矣。"这里暗用典故生动地说明了血吸虫病流行地区病人腹泻不止,瘦弱无力,濒(bīn)临死亡的情景。

⑧ **万户萧疏鬼唱歌**:萧疏,稀稀落落。杜甫《除架》:"束薪已零落,瓠叶转萧疏。"这里指人家萧条冷落,人丁稀少。鬼唱歌:鬼,指死于血吸虫病的人。歌:指怨死者的悲歌。本于唐代李贺《秋来》:"秋坟鬼唱鲍家诗(指南朝宋代鲍照的诗),恨血千年土中碧。"

⑨ **坐地日行八万里**:地球的赤道周长八万华里,因地球自转一周,人们坐在地面上于不知不觉中一日已行了八万里路。日行八万里:李商隐《瑶池》:"八骏日行三万里,穆王何事不重来。"

⑩ **巡天遥看一千河**:因地球在太空中绕着太阳公转,所以住在地球上的人们也能巡视天空,远远地看到太空中无数的星河。巡天:巡视天空。一千河:极言星河之多,并非确指。河:星河。

⑪ **牛郎**:神话人物,这里指银河边的牵牛星,神话传说牵牛星是由晋代人牛郎变成的。无名氏《古诗十九首·迢迢牵牛星》:"迢迢牵牛星,皎皎河汉女。"瘟神事:关于瘟神的事情,也就是关于血吸虫病的情况。中国三千年来,创造了无数的神,只有牛郎织女是劳动者,最好的两个劳动人民形象。

⑫ **一样悲欢逐逝波**:这里是说人间的血吸虫病,在新中国成立以前,在党和政府没有发动群众加以消灭以前,还是同牛郎在世时一样,悲者自

悲,欢者自欢,多少年来就这样流水似的过去了。逐:随着。逝波:一去不回的流水,借喻过去的时间。

⑬ **万千**:形容数量多。条:枝。白居易《柳枝词》:"一树春风千万枝,嫩如金色软于丝。"这里象征新中国欣欣向荣。

⑭ **六亿神州尽舜尧**:中国的六亿人民(当时人口约数)都是尧舜一样的圣人。六亿:1954年国家统计局公布,全国人口总数为六亿零一百九十三万余人。"六亿"是举其概数。神州:赤县神州的略称,古代中国的别称。《史记·孟子荀卿列传》记战国邹衍言:"中国名曰赤县神州,赤县神州内自有九州,禹之序九州是也,不得为州数。"晋代左思《魏都赋》:"故将语子以神州之略,赤县之畿,魏都之卓荦,六合之枢机。"舜尧:古代历史传说中的圣君唐尧、虞舜,倒置是为了押韵。《孟子·告子下》:"曹交问曰:'人皆可以为舜尧,有诸?'孟子曰:'然。'"

⑮ **红雨**:李贺《将进酒》诗:"况是青春日将暮,桃花乱落如红雨。"刘禹锡《百舌吟》诗:"花树满空迷处所,摇动繁英坠红雨。"比喻落花。随心:随着人们的心意。

⑯ **青山着(zhuó)意化为桥**:着意,加上人们的心意,也就是按照人们的意愿的意思。着:动词,附着,也就是加上的意思。化为桥:如武汉的龟、蛇二山成为武汉长江大桥的天然桥头堡。作者自注:"青山着意化为桥"指青山穿洞成为桥。诗无达诂,两说均可。

⑰ **天连五岭银锄落**:天连五岭,即五岭连天之意。五岭:大庾(yǔ)岭、骑田岭、萌渚(zhǔ)岭、都庞岭、越城岭等五座山的合称,绵延于江西、湖南、广东、广西四省区之间。这里泛指南方地区。银锄:光白如银的锄头,这里泛指人们劳动生产用的铁制的银光闪闪的工具。

⑱ **地动三河铁臂摇**:地动三河,即三河地动之意。三河:汉代把河东、河内、河南三郡称为三河之地,原指今晋西南和河南省西部黄河两侧的一部分地区。一说指黄河、淮河、洛河,这里泛指北方地区。铁臂:铁一样坚实的臂膀。

⑲ **借问瘟君**:借问,习惯用语,设问之词,用于向人打听事情。陶渊明《悲从弟仲德》:"借问为谁悲,怀人在九冥。"瘟君:即瘟神,对血吸虫病的

谑称。古人迷信,认为人间的瘟疫是由瘟神主宰的。

⑳ **纸船明烛照天烧**:纸船明烛,旧时民间祭送鬼神时焚烧纸船、点燃蜡烛的一种风俗。纸船:纸扎的船。明烛:明亮的蜡烛。照天:火光照射到天空。韩愈《送穷文》写他准备了焚化用的车和船来送穷鬼,说"主人使奴婢接柳作车,……缚草为船"。这里借来形容瘟神(瘟君)在六亿人民的奋进中无处存身,只有逃离人间。这里是说,让我们焚化纸船,点起明亮的蜡烛,火光照耀天空,把瘟神送上天去吧!

【赏析】

《七律二首·送瘟神》最早发表于1958年10月3日《人民日报》和《诗刊》1958年10月号。

这两首诗前面的小序是一篇优美精炼的散文诗,说明了创作的缘起和作者当时的灵感情态,字里行间洋溢着作者对劳动人民无限关怀的崇高感情。这种崇高的感情和联翩的浮想,在艺术上就结晶为《送瘟神》二首。诗末的《后记》,说明了创作目的。

本诗为联章体,即组诗,由两首分别写解放前后巨大变化的诗组成。这两首诗既相对独立,又紧密联系在一起,有机地构成一曲完美的乐章。

第一首写血吸虫被消灭前的情况。小虫的危害以及对这种危害的无可奈何是贯穿这首诗的主线。首联写血吸虫病的猖獗。"绿水青山枉自多,华佗无奈小虫何",是说祖国的山河虽然美好,可是在这山河大地上生活的人们却受血吸虫病的危害,连历代的名医都束手无策。一个"枉"字,表明绿水青山再多也只是枉然的这一令人悲伤的现实。"无奈小虫何",说明血吸虫的确是非常顽固、非常厉害的致病小虫。颔联的"千村薜荔人遗矢,万户萧疏鬼唱歌"两句,状写十分严重、悲惨的血吸虫之祸。因为血吸虫病的危害,许多村庄荒芜,满是野藤断榛,人口大量死亡,农户稀稀落落,随处可见荒坟飞磷,几乎成了鬼的"乐园"。颈联"坐地日行八万里,巡天遥看一千河",写利用地球自转日行八万里,围绕太阳公转遨游太空,看见许多星河。因为巡天,自然就联想到"牛郎欲问瘟神事"一句。关切人间疾苦的牛郎若要问起血吸虫病的事,他所得到的回答是,人民悲哀,瘟神得意的情形,仍然和过去一样,像东去的流水不断流逝着,"一样悲欢逐逝波"。

"其二",即第二首,写消灭了血吸虫后的情景。首联"春风杨柳万千条,六亿神州尽舜尧"两句,前一句写景,后一句写人。赞美春意盎然、如诗如画的新中国和高尚智慧的全国人民。颔联"红雨随心翻作浪,青山着意化为桥"两句,运用比喻和拟人的方式,描绘了大自然的多情,红花随着人的心意飞舞,青山随着人的心愿化作美丽的桥梁,作者笔下的景物都加入了中国人民改天换地的劳动行列。颈联描绘了一幅气势宏大壮美的社会主义建设图景。"天连五岭银锄落,地动三河铁臂摇",生动地反映了当时中国人民战天斗地,改造自然,征服山河的英雄气概,形象地塑造了人民群众治山治水的英雄群像。正是在这样的大好形势下,江西省余江县消灭了血吸虫。所以在诗的尾联,作者高兴而傲视地问:"借问瘟君欲何往?"紧接着又欣喜而自得地作答:"纸船明烛照天烧。"瘟君终于在新中国人民的面前逃走了。尾联照应题意,语含嘲讽,语气轻快,作者的喜悦之情,溢于言表。

革命的功利性与生动的艺术性高度统一,是这两首七律的特色。作者说:"我写了两首宣传诗,略等于近来的招贴画,聊为一臂之助。"前一首意在引起人们对血吸虫危害的高度重视;后一首意在鼓舞人们彻底消灭血吸虫的干劲和信心。对比鲜明是这两首诗的另一个突出特点。第一首诗主要写小虫的危害和人们的无可奈何,气氛是悲哀的。第二首诗主要写在新中国,由于党组织、科学家、人民群众的三结合,消灭血吸虫病后的自豪喜悦之情,情调是明朗的。第一首诗对第二首诗具有衬托作用,在第一首诗的衬托下,六亿中国人民的英雄气概更加突出,更加令人感动。诗人的理想主义和人民群众改天换地的雄伟气魄完美统一,既有教育价值,又有认识价值和审美价值。此外,比喻象征手法的运用,丰富奇特的想象,也是这两首诗明显的特征。

【译文】

其 一

在灾难深重的旧中国,绿水青山徒然有那么多,
即使像华佗那样的名医对小小的血吸虫也无可奈何。
成千个村庄田园破败荒凉,到处长满了蔓草,遍地是病人的粪便,
上万户人家因血吸虫病死亡而变得萧条冷落,冤死者的鬼魂唱着哀怨的悲歌。
人们坐在地球上不动,靠地球自转一昼夜行走了八万里,
随着地球在宇宙中运动,人们还能看到天上无数的星河。
天上的牛郎自然关心他的乡人,要问起血吸虫病肆虐的情况如何了,
只能令人遗憾地告诉他:人民的悲苦和瘟神的得意依然和从前一样,多少年就这样流水似的过去了。

其 二

随着新中国的建立,万千条杨柳在春风中婀娜多姿地飘拂,

六亿中国人民个个都成了唐尧虞舜那样有道德和杰出才干的圣人。

桃花纷纷飘落如红雨,随着人们的心愿翻作波浪,

一向成为交通阻碍的青山也有意化作方便人们通行的桥梁。

人们在高与天相连的南方山脉,银光闪闪的锄头挥舞起落,劈山开岭,

在辽阔的北方原野上人们抡起钢铁般强有力的手臂,兴修水利,使大地剧烈地震动摇撼。

请问瘟神要到哪里去呢,

让我们焚化纸船,点上明亮的蜡烛,把你送上天去吧!

◇◆◇ 拓展阅读 ◇◆◇

一、诗词本事:新中国消灭了严重危害人民健康的血吸虫病

血吸虫病是建国以前和建国初期在我国南方流行,严重危害人民健康和生命的疾病。江西余江县是全国有名的血吸虫病流行区。仅建国以前的30年间,荒废的田地就达2万亩,死于血吸虫病的达2.5万人,毁灭村庄42个,许多地方成了"无人区"、"寡妇村"。毛泽东对此忧心如焚,极为关注。1951年3月,毛泽东派血防人员到余江县调查,首次确认余江县为血吸虫病流行县。1953年4月,毛泽东派去医生,驻马岗乡进行血吸虫病重点实验研究。1955年12月,该县成立了以县委书记为首的五人血防小组。次年2月和9月,中央血防九人小组和国务院卫生部根据毛泽东的指示,两次组织专家考察团去余江县考察血防工作。这一年,江西省卫生厅还两次从省级医院抽调数十名医生到余江县,免费为疫区人民治病。经过多种试验,余江人民终于找到了填旧沟、开新沟,彻底消灭钉

螺等根绝血吸虫病的措施。四年后的1958年6月30日,《人民日报》以《第一面红旗——记江西余江县根本消灭血吸虫病的经过》为题,向全世界宣告:余江县消灭了血吸虫病。毛泽东在北京万寿路新二所一号楼读到这条消息后,兴奋不已。他浮想联翩,夜不能寐,欣然命笔,写下了《七律二首·送瘟神》。

二、诗词佳话(一):毛泽东自解《七律二首·送瘟神》

毛泽东致周世钊的信(1958年10月25日)对《七律二首·送瘟神》中"坐地"、"巡天"之类,可能有些读者看不懂或误解的地方,做了详细的解释,信中说:

> 坐地日行八万里,蒋竹如讲得不对,是有数据的。地球直径约一万二千五百公里,以圆周率三点一四一六乘之,得约四万公里,即八万华里。这是地球的自转(即一天时间)里程。坐火车、轮船、汽车,要付代价,叫做旅行。坐地球,不付代价(即不买车票),日行八万华里,问人这是旅行么,答曰不是,我一动也没有动,真是岂有此理!囿于习俗,迷信未除。完全的日常生活,许多人却以为怪。巡天,即谓我们这个太阳系(地球在内)每日每时都在银河系里穿来穿去。银河一河也,河则无限,"一千"言其多而已。我们人类只是"巡"在一条河中,"看"则无数。牛郎晋人,血吸虫病,蛊病,俗名鼓胀病,周秦汉累见书传,牛郎自然关心他的乡人,要问瘟神情况如何了。大熊星座,俗名牛郎星(是否记错了?),属银河系。这些解释,请向竹如道之。有不同意见,可以辩论。

周世钊和蒋竹如都是毛泽东在湖南省立第一师范学校读书时的同学,新民学会会员。信中所说"大熊星座,俗名牛郎星",记忆有误。牛郎星不属大熊星座,它是天鹰星座中的 α 星。大熊星座中的星和牛郎星都属银河系。

三、诗词佳话(二):毛泽东"一诗千改始心安"的创作态度

1958年6月30日,毛泽东读到江西余江县消灭血吸虫病的消息后,兴奋不已,夜不能寐,连夜写下了《七律二首·送瘟神》。7月1日毛泽东致信胡乔木说:"睡不着觉,写了两首宣传诗,为灭血吸虫而作。请你同人民日报文艺组同志商量一下,看可用否?如有修改,请告诉我。如可以用,请在明天或后天人民日报上发表,不使冷气。灭血吸虫是一场恶战。诗中坐地、巡天、红雨、三河之类,可能有些人看不懂,可以不要理他。过一会,或须作点解释。"

《七律二首·送瘟神》最终没有如毛泽东所希望的在一两天后发表,而是在三个月后才见诸报端。根据徐及之《毛泽东与胡乔木的诗词交往》一文说,推迟的原因不是别的,而是作者自己反复修改所致。例如"坐地日行八万里,巡天遥看一千河"原作"坐地日行三万里,巡天遥渡一千河","红雨随心翻作浪,青山着意化为桥"原作"红雨无心翻作浪,青山有意化为桥"。毛泽东"一诗千改始心安"的创作态度值得我们每一位写作者学习。

四、跟毛泽东学习写作诗词

《七律二首·送瘟神》其一是七律第四式,即首句入韵的仄起式。其格式是:

⊙ｌ－－ｌｌ△,
⊖－⊙ｌｌ－△。
⊖－⊙ｌ－－ｌ,
⊙ｌ－－ｌｌ△。
⊙ｌ⊖－－ｌｌ,
⊖－⊙ｌｌ－△。
⊖－⊙ｌ－－ｌ,
⊙ｌ－－ｌｌ△。

毛泽东《七律二首·送瘟神》其一，句子平仄方面，第五句"坐地日行八万里"中第三字用仄，则第五字应用平，这里"日""万"均用仄，不合律，但因"八万里"是科学数据，平仄可不拘。因而全诗平仄合律。

用韵方面，用下平声五歌韵。按今韵，多、波属新诗韵二波，《何》、《歌》、《河》属新诗韵三歌，同属十三辙坡梭辙，可通押。也可以说以今韵相叶。

其他方面，颔联用对仗，是正对、宽对。颈联用对仗，是正对、宽对。

《七律二首·送瘟神》其二是七律第二式——首句入韵的平起式（常式），可参见本书《七律·长征》"拓展阅读"处。

毛泽东《七律二首·送瘟神》其二，句子平仄方面，符合格律。

用韵方面，用下平声二萧韵。按今韵，几个韵脚字都属新诗韵十三豪。

其他方面，颔联用对仗，是反对、工对。颈联用对仗，是正对、工对。

二、英模人物和时代风尚赞

在毛泽东热情讴歌社会主义革命和建设的诗词中，有一类是专门歌颂社会主义时代涌现出的英雄模范人物和先进人物的。这就是有特定对象的《七绝·为女民兵题照》和《杂言诗·八连颂》。

为什么毛泽东诗词中歌唱最多的都是军事斗争战线上的英模人物,这决不是偶然的。这一方面是形势斗争的需要,另一方面也是毛泽东对人民军队和一生从事的武装斗争情有独钟。今天看来,在世界走向和平发展的道路中,为了保卫国家和民族的独立,为了保卫社会主义现代化建设,必须建设现代化的国防,增强公民的国防意识。

七 绝
为女民兵题照
一九六〇年十二月

飒爽英姿五尺枪,曙光初照演兵场。
｜｜——｜｜ ｜——｜｜—
中华儿女多奇志,不爱红装爱武装。
——｜｜——｜ ｜｜——｜｜—

【注释】

① **七绝**:七言绝句的简称。绝句是旧体诗的一种格式。整首诗两联四句。有五言、七言之分,每句五个字的叫五绝,每句七个字的叫七绝,讲究平仄、对仗和押韵。

为女民兵题照:为女民兵的照片题诗。民兵:不脱离生产劳动的群众性的人民武装组织。题照:在照片上题字或题诗,这里指题诗。题:书写,署名。1960 年,毛泽东的机要员小李在一次参加民兵训练时持枪留影,毛泽东看到这张照片后即写下了这首诗。

② **飒(sà)爽英姿五尺枪**:飒爽,敏捷勇健、神采奕奕(yì yì)的样子。英姿:英武的姿态。唐代杜甫《丹青引赠曹将军霸》诗:"褒公鄂公毛发动,

英姿飒爽来酣战。"五尺枪:步枪。

③ **曙(shǔ)光初照演兵场**:曙光,清晨的阳光。初照:刚刚开始照射。演兵场:演练部队的场所。

④ **儿女多奇志**:儿女,这里为偏义复词,单指女子。李白《越女词》其一:"长干吴儿女,眉目艳星月。"多:富有。奇志:不同凡俗的志向。

⑤ **不爱红装爱武装**:爱,喜欢,喜爱。红装:女子鲜艳漂亮的装束。武装:这里指战士的装束。

【赏析】

《七绝·为女民兵题照》最早发表于1963年12月人民文学出版社出版的《毛主席诗词》。

这是作者看了女民兵训练的照片以后而题写的诗。通过对女民兵的赞美,展示了新中国青年妇女的新思想、新面貌、新精神状态,歌颂了她们崇高的内心世界和意气风发、斗志昂扬的新时代精神。

第一句描绘女民兵身背钢枪的英气勃勃的美丽身姿。"飒爽",形容英姿,神采飞扬的样子。"飒爽英姿"是由"五尺枪"决定的,是背着五尺钢枪的飒爽英姿。第二句"曙光初照演兵场"是"飒爽英姿五尺枪"的背景。原来女民兵背枪的英姿照片是在清晨阳光照耀下的练兵场上拍摄的。把女民兵置于朝阳映照之中,更增添一层富于生气的艳丽色彩,使女民兵的形象更显得光彩照人。"中华儿女多奇志,不爱红装爱武装"两句,作者将诗思由个别提升到了一般,赞扬所有的中华儿女。"多奇志"是对中华儿女的评赞,是说他们有不平凡的志向。"不爱红装爱武装"一句,内涵十分丰富,一是对照片中飒爽英姿的女民兵高度赞扬;二是毛泽东一向强调"兵民是胜利之本",其中女民兵又是一支重要的力量;三是当时苏联在我国北方边境集结重兵,帝国主义又大肆反华,这句诗还意味着号召全体中华儿女参加民兵,保卫祖国。

全诗以诗语代替宣言,以诗心鼓励民心。用词精当,评赞突出,充满了热情洋溢的赞美之情。旋律欢快,色彩艳丽,形象鲜活,读来琅琅上口,令人过目不忘,也是本诗的一个特点。

【译文】

女民兵矫健威武,英姿焕发,手持五尺钢枪,
此时,清晨的阳光刚刚照射到练兵场上。
中华新一代儿女有着不平凡的远大志向,
女青年不追求艳丽华美的装束打扮,却喜欢练兵习武,一身戎装。

拓展阅读

一、诗词本事:为身边工作人员写下《为女民兵题照》

1959年10月1日,是建国十周年纪念日。首都民兵师民兵方队要在国庆观礼上接受中央领导同志的检阅。当时在中共中央办公厅机要秘书处工作的李原慧参加了首都民兵方队两个多月的军事训练。10月1日那天,她穿着军装、手握步枪与首都民兵方队一起从天安门城楼下走过,接受毛泽东、刘少奇、周恩来等中央领导同志的检阅。检阅结束后,她全副武装地照了相,照片一直珍藏在自己的皮包里。

1960年,毛泽东带领身边工作人员巡视大江南北。毛泽东有时派他们到群众中走访调查。有一天,李原慧等工作人员汇报情况后,毛泽东和他们聊天谈家常。这时,李原慧打开小皮包,将自

己在国庆十周年参加民兵方队的照片拿了出来。毛泽东说:"小李啊,什么照片让我看看。"李原慧将照片递上,毛泽东仔细端详后,又说:"小李啊,是应该训练,既能文又能武。这张照片送给我作纪念行吗?"李原慧十分腼腆地笑着点点头说:"好吧,送给您。"毛泽东又看了看照片,小心地放进了自己的手稿里。

1961年春,毛泽东一行回到中南海,毛泽东欣然写下了《七绝·为女民兵题照》。一天,李原慧正在机要秘书处整理资料,毛泽东手里拿着写好的诗稿走了进来,对李原慧说:"小李,拿了你的照片,我也得赠送一份礼物,这首诗就送给你了。"李原慧看着毛泽东慈祥的面容和他那苍劲有力的书法,欣喜若狂,激动地说:"主席,真是太感谢您了。"其他工作人员看了都为李原慧感到高兴。此后,李原慧视之如珍宝,将这首诗的原稿一直珍藏在身边。

二、跟毛泽东学习写作诗词

这首诗为七绝第四式——首句入韵的仄起式(常式),其格式是:

⊙｜－－｜｜△,
⊖－⊙｜｜－△。
⊖－⊙｜－－｜,
⊙｜－－｜｜△。

毛泽东《七绝·为女民兵题照》句子平仄方面,符合格律。

用韵方面,用下平声七阳韵。按今韵,几个韵脚字,都属新诗韵十六唐,也押韵。

三、为毛泽东诗词谱曲

七　绝
为女民兵题照

1=C 2/4　　　　　　　　　　　　　　　劫　夫　谱曲
进行曲速度

(i 0 0 5 | 6 0 5 0 | 1 2 3 2 | 5 5̲5̲ 5 5 | 6 5̲5̲ 5 5)|

mf
i 0 0 5 | 6 0 5 0 | 1 2 3 2 | 5 — | 2̇ 0 0 2̇ |
飒　爽　英　姿　五　尺　枪，　　曙　光

3̇ 0 i 0 | 6 2̇ | 5 — | i. i̲ | 2̲.̲ 1̲ 6̲5̲ |
初　照　演　兵　场。　　中　华　儿　女

5 5 | 6̲.̲ 5̲3̲2̲ | 1. 1̲ | 2 3 | 3 2̲1̲ |
多　奇　志，　不　爱　红　装　爱　武

2 — | *f* i. i̲ | 2̲.̲ 1̲ 6̲5̲ | 5 i | 3̲.̲ 2̲1̲ 5̲ |
装。　　中　华　儿　女　多　奇　志，

i. i̲ | 2̇ 3̇ | >3̇ 2̲̇1̲̇ | i — | i — |
不　爱　红　装　爱　武　装。

⎰ *mf*
⎱ 1̲1̲ 2̲5̲ | 3 2̲1̲ | 3 — | 3 — | 5 5̲6̲ i |
　飒爽英姿　五　尺　枪，　　　　　　曙　光　初　照

　0　0 | 0　0 | *mf* 1̲1̲ 2̲5̲ | 3 2̲1̲ | 3 — |
　　　　　　　　　飒爽英姿　五　尺　枪，

6 3̲2̲ | 5 — | 5 — | i. i̲ | 2̲.̲ 1̲ 6̲5̲ |
演　兵　场。　　　　中　华　儿　女

3 — | 5 5̲6̲ i | 6 3̲2̲ | 5 — | 5 — |
　　　曙　光　初　照　演　兵　场。

212

```
⎧  5   5  | 6.5 3 2 | 1.    1  | 2   3  | 3   2 1 |
⎨  多  奇    志,        不 爱  红 装  爱 武
⎩  1.  1  | 2.1 6 5 | 5   5   | 6.5 3 2 | 1.   1  |
   中  华   儿 女  多  奇  志,       不   爱

⎧  2  -  | 1.  1  | 2.1 6 5 | 5    1 | 3.2 1 5 | 1.   1 |
   装。      中   华  儿 女  多    奇    志,       不  爱
⎨  2   3  | 3  2 1 | 2  - | 1.  1  | 2.1 6 5 | 5   1 |
   红 装 爱 武  装。     中  华  儿 女   多  奇

⎧  2  3 | 3  2 1 | 1  -  | 3  2 1 | 1 - | 1 - ‖
   红 装 爱 武 装。    爱  武 装。
⎨  3.2 1 5 | 1.  1 | 2   3 | 3  2 1 | 1 - | 1 - ‖
   志,        不 爱  红  装  爱 武  装。
```

213

第六章 山水田园诗篇

"登山则情满于山,临海则意溢于海。"山水田园是我国古代诗歌的重要题材,也是成就最高的诗歌作品类型之一,表达了诗人对祖国河山和大自然的热爱。毛泽东诗词中描写山水的作品很多,中央文献出版社出版的《毛泽东诗词集》收录的67首诗词中,写到山的有40多首,写到水的有30多首。专门写山的有《会昌》、《昆仑》、《登庐山》、《为李进同志题所摄庐山仙人洞照》等。专门写水的有《北戴河》、《游泳》等,既写山又写水的有《长沙》等。这些诗所写的重点又各有不同,有的是写景抒情的,有的是托物寄意的。这里介绍《登庐山》和《为李进同志题所摄庐山仙人洞照》两篇名作。

七　律
登庐山
一九五九年七月一日

一山飞峙大江边,跃上葱茏四百旋。

冷眼向洋看世界,热风吹雨洒江天。

云横九派浮黄鹤,浪下三吴起白烟。

陶令不知何处去,桃花源里可耕田?

【毛泽东自注自解】

毛泽东在致钟学坤信(1959年12月29日)中说:

九派，湘、鄂、赣三省的九条大河。究竟哪九条，其说不一，不必深究。三吴，古称苏州为东吴，常州为中吴，湖州为西吴。

1964年1月27日，毛泽东口头答复外国文书籍出版局《毛主席诗词》英译者问：

冷眼向洋看世界："冷眼向洋"就是"横眉冷对"。

云横九派浮黄鹤："黄鹤"不是指黄鹤楼。"九派"指这一带的河流，是长江的支流。明朝李攀龙有一首送朋友的诗《怀明卿》："豫章西望彩云间，九派长江九叠山。高卧不须窥石镜，秋风憔悴侍臣颜。"李攀龙是"后七子"之一。明朝也有好诗，但《明诗综》不好，《明诗别裁》好。

浪下三吴起白烟："白烟"为水。

陶令不知何处去，桃花源里可耕田：陶渊明设想了一个名为桃花源的理想世界，没有租税，没有压迫。

【注释】

① **庐山**：又称匡庐、匡山，相传殷、周时有匡姓兄弟曾结庐隐居于此而得名。宋代慧远《庐山记略》："有匡俗先生者，出殷周之际，隐遁潜居其下，受道于仙人而共岭，时谓所止为仙人之庐而命焉。"庐山位于江西省北部，屹(yì)立在长江和鄱(pó)阳湖之滨，江湖水汽郁结，云海弥漫，山上多巉(chán)岩、峭壁、清泉、飞瀑，林木葱茏，风景秀丽，气候宜人，为休养、游览、避暑胜地。1959年7月1日，中共中央在庐山召开政治局扩大会议前夕，毛泽东写下了这首诗。

② **一山飞峙(zhì)大江边**：一山，指庐山。飞峙：拔地而起，高高地耸立。飞：比喻高，如"飞楼"、"飞阁"都是形容高。峙：直立，耸立。大江：指长江。这句是说九江一带地势平衍(yǎn)，庐山突然拔地而起，真像一座大山从天外飞来，高高地耸立在长江之滨。

③ **跃上葱(cōng)茏四百旋**:跃上,跳跃而上,表示登山人意气飞扬,车子一下子就开到了山上。葱茏:形容草木青翠茂盛的样子,这里作名词,指树木苍翠的庐山山顶。四百旋:庐山登山公路建成于1953年,全长35公里,绕山盘旋,据说从山下到山顶有近400个盘旋转折处,这里举其概数,也说明山势高峻。旋:盘旋。这里作量词。

④ **冷眼向洋**:冷眼,冷淡严峻的目光,表示蔑视。元代杨显之《潇湘雨》杂剧:"常将冷眼看螃蟹,看尔横行到几时。"向洋:向着海洋。

⑤ **热风吹雨洒江天**:热风,本于鲁迅一本杂文集的题名,他在《题记》中写道:"我觉得周围的空气太寒冽了,我自说我的话,所以反而称之曰《热风》。"毛泽东这里用"热风",一方面指夏风,另一方面喻指中国人民热情洋溢,意气风发,斗志昂扬的建设社会主义的精神。江天:江和江上的天空。多指江河上的广阔空际。南朝梁代范云《之零陵郡次新亭》诗:"江天自如合,烟树还相似。"这里指祖国广大区域。

⑥ **云横九派浮黄鹤**:云横,两眼看去,云总是横在天上。韩愈《左迁至蓝关示侄孙湘》:"云横秦岭家何在?"九派:九条支流。相传古代在江西、湖北和湖南一带有九条支流汇入长江。派:水的支流。这里泛指江西省境内向东北流注鄱阳湖而入长江的河流。浮:浮现。黄鹤:作者自述:"'黄鹤',不是指黄鹤楼。"这里是诗人展开想象的翅膀,向长江上游望去,云彩在空中不断变幻,仿佛有黄鹤在飞翔。"黄鹤"状浮云的形态。另一说指湖北省鄂州的黄鹤山。唐代李白《望黄鹤山》:"东望黄鹤山,雄雄半空出。四面声白云,中峰倚红日。"

⑦ **浪下三吴起白烟**:浪,指长江水。下:动词,有奔腾而下之意。三吴,古代指苏州、常州、湖州为三吴,这里泛指长江下游一带。白烟:江上激起的浪花,远望如白烟。刘禹锡《途中早发》诗:"水流白烟起,日上彩霞生。"

⑧ **陶令**:陶渊明(365~427),一名潜,字元亮,东晋大诗人,浔(xún)阳柴桑(今江西九江)人,曾做过彭泽县令,故称陶令。他曾经登过庐山,辞官归隐之地也在庐山附近,故自然联想之。

⑨ **桃花源里可耕田**:桃花源,陶渊明曾写过《桃花源诗并记》,描绘了

一个与世隔绝,"春蚕收长丝,秋熟靡(mí)王税"的世外桃花源奇境。后世有"世外桃源"之称。可:用在疑问句里加强疑问语气。

【赏析】

《七律·登庐山》最早发表于1963年12月人民文学出版社出版的《毛主席诗词》。

这首诗写作者登上庐山后的所见所感。

首联写得很有气势。"一山飞峙大江边,跃上葱茏四百旋"两句,紧扣登庐山题意,写登上庐山。"飞峙",写出庐山高峻凌空耸峙的雄姿。"大江边"交代庐山耸立的地理位置。"跃上",令人想见登上庐山之巅的人的矫健身影。颔联写登上山顶时的感受。"冷眼向洋看世界"一句,融情于景,表现了作者向洋看世界时的冷静神情,同时也概括了当时世界的斗争形势。"热风吹雨洒江天",写时正值盛夏,又有热风吹雨,江上空中暑气蒸腾。这句诗也暗含对国内形势的肯定。颈联写登上山顶后的所见,"云横九派浮黄鹤",写西望所见景色。一句诗写了三样景物:横亘(gèn)在蓝天中的云;奔腾浩渺的长江(这里的九派是指长江中游,许多支流在这里汇集);不断变幻的云彩像是飞翔在空中的黄鹤。"浪下三吴起白烟",写东望所见景色。东去的长江,浪涛滚滚,水天相接,看上去如笼罩着白色的烟雾。这一联既写出了作者高远的视野,又展示了作者广阔的情怀。尾联写感想。"陶令不知何处去",庐山依然在,曾登过庐山并隐居于庐山脚下的东晋大诗人陶渊明早已不知到哪儿去了。"桃花源里可耕田?"最后一句采用问句,特别耐人寻味。意思是说:桃花源式的那种自耕自食、自给自足、没有压迫、没有剥削的理想社会只是我国古代人们的空想,陶渊明是不是还在那里耕田呢?而今我们实行了农业集体化,千百年来人们梦寐以求的社会理想终于实现了！这两句诗虽有美化现实之意，不完全符合当时的现实，但还是能给人以鼓舞，激起人们积极向上的斗志的。

全诗雄伟壮阔，笔力雄健，意境高远，含义深刻。

【译文】

一座大山拔地而起，好像从天外飞来，高高耸立在长江之滨，驱车飞跃而上苍翠葱茏的山顶要盘旋四百转。

我用冷峻的目光向着大洋观看世界，反共反华势力究竟搞些什么名堂，

眼前阵阵热风吹来，雨洒在江面和天空中滋润着祖国的大地。

向西望去，云层横亘在长江中游一带上空，仿佛有黄鹤在上面翱翔，

向东望去，波涛滚滚直奔三吴，只见江上弥漫着一片白烟，真是气象万千，多么壮丽美好的景象。

昔日隐居在庐山附近的陶渊明不知到哪里去了，

他是不是还在他所理想的没有剥削没有压迫的桃花源里耕田呢？

◇·◆· 拓展阅读 ·◆·◇

一、诗词本事：登山赏景得佳作

1959年7月2日，中央政治局扩大会议即将在庐山召开。6月29日午夜，毛泽东由武汉乘江峡轮，30日凌晨2时到达九江港。凌晨4时，乘车首次上庐山。车子上山时，天刚破晓，在薄雾中，上工的钟声四处回响，社员纷纷出工。毛泽东看到这种情景非常高兴。毛泽东问上山的公路有多少弯子，陪同的同志说大约有390

多个弯子。车子开到九里,美丽的景色吸引了毛泽东。毛泽东下车站在山道上,向西北眺望长江,如飘玉带,向东南眺望鄱阳湖,湖波潋滟。毛泽东一边走一边观赏风景,步行了两华里多,然后才乘车继续上山。毛泽东一到庐山牯岭住地,便向庐山管理局党委书记楼韶明询问庐山的历史沿革和名胜古迹,随后又叫人到庐山图书馆借来《庐山志》阅读。这首诗就写于上山的当天,即中国共产党诞生38周年纪念日,中央政治局扩大会议召开前夕。

二、诗词佳话(一):仁者见仁,智者见智——"桃花源里可耕田"的四种解释

一解:而如今,我们现在的祖国正在建设新社会,实现人们梦寐以求的社会理想,陶渊明是不是还在他创造的人间乐园桃花源里耕田呢?

二解:陶渊明的时代早已过去了,在当时他可以到桃花源里耕田吗?不行,因为那是空想。今天的中国农村跟桃花源不同,今天的知识分子自然也跟陶渊明不同了。

三解:祖国已经变成了社会主义幸福的桃花源了。那么,陶渊明可以来耕田了吧!

四解:彭泽县令陶渊明已经一去不复返了,他写的这个"不知有汉,无论魏晋","黄发垂髫,并怡然自乐"的人间乐园,在热气腾腾的社会主义建设的高歌声中,难道我们还能躲到里面作几千年前躬耕式的自乐吗?

本书作者倾向于第一说。

三、诗词佳话(二):广纳善言,精心修改的范例

这首诗曾在庐山会议开始时传诵。毛泽东将诗稿抄给臧克家、周小舟、胡乔木等人征求修改意见。

这首诗原有一则小序:一九五九年六月二十九日登庐山,望鄱阳湖、扬子江,千峦竞秀,万壑争流,红日方升,成诗八句。

湖南省委第一书记周小舟看过此诗,建议删去小序,毛泽东采纳了他的意见。

1959年7月7日,毛泽东将这首诗和另一首《七律·到韶山》一并抄送胡乔木,请"予斟酌,提意见,书面交我,以便修正"。回到北京后,1959年9月7日,毛泽东致信胡乔木:"诗两首,请你送郭沫若同志一阅,看有什么毛病没有?加以笔削,是为至要。……主题虽好,诗意无多,只有几句较好一些的,例如'云横九派浮黄鹤'之类。诗难,不易写,经历者如鱼饮水,冷暖自知,不足为外人道也。"

郭沫若于9月9日和10日两次写信给胡乔木,直率地提出了修改意见。9日信中说:"主席诗《登庐山》第二句'欲上逶迤'四字,读起来似有踟躇不进之感。拟易为'坦道蜿蜒',不识何如。"10日的信中说:"主席诗'热风吹雨洒南天'句,我也仔细反复吟味了多遍,觉得和上句'冷眼向洋观世界',不大谐协。如改为'热情挥雨洒山川'以表示大跃进,似较鲜明,不识如何。古有成语,曰'挥汗成雨'。"胡乔木将两信转呈毛泽东。

毛泽东阅后十分高兴,9月13日早晨又致信胡乔木说:"沫若同志两信都读,给了我启发。两诗又改了一点字句,请再送呈沫若一观,请他再予审改,以其意见告我为盼!"由此可知,这两首诗发表以前,至少送请郭沫若看过三次,郭沫若修改过两次。毛泽东根据郭沫若等人的意见,将《七律·登庐山》中的两句作了修改。

四、跟毛泽东学习写作诗词

这首诗的格式是七律第二式——首句入韵的平起式(常式),可参见本书《七律·长征》"拓展阅读"处。

毛泽东《七律·登庐山》句子平仄方面，符合格律。

用韵方面，用下平声一先韵。按今韵，几个韵脚字，都属新诗韵十四寒，也押韵。

其他方面，颔联用对仗，是反对、工对。颈联用对仗，是正对、工对。

七　绝

为李进同志题所摄庐山仙人洞照

一九六一年九月九日

暮色苍茫看劲松，乱云飞渡仍从容。
｜｜――｜｜―　｜―｜―｜｜△

天生一个仙人洞，无限风光在险峰。
――｜｜―――｜　―｜―――｜｜△

【毛泽东自注自解】

1964年1月27日，毛泽东口头答复外国文书籍出版局《毛泽东诗词》英译者问：

暮色苍茫看劲松，乱云飞渡仍从容：是云从容，不是松从容。

【注释】

① **为李进同志题所摄庐山仙人洞照**：李进，即江青。1951年在为批判电影《武训传》组成的调查团中曾用过这个名字。江青（1915～1991），山东诸城人，1929年入山东省实验剧院。1931年在青岛大学任图书管理员。1933年加入中国共产党。后到上海入业余剧社等剧团和电影界当演

员。1934年被捕脱党。1935年后加入上海电通家业公司、联华影片公司,以艺名"蓝苹"在上海从事演出活动。1937年到延安,改名江青,在马列学院学习。1938年与毛泽东结婚,担任毛泽东秘书工作。建国后,曾任中共中央宣传部电影处处长、全国电影事业指导委员会委员。"文化大革命"开始后,任中共中央文化革命领导小组第一副组长、代理组长,解放军文化革命领导小组顾问。是中共第九届、第十届中央委员、中央政治局委员。与张春桥、姚文元、王洪文组成以她为首的反革命集团,进行篡党夺权的阴谋活动。1976年10月中共中央粉碎了江青反革命集团。1977年被中共中央永远开除党籍,撤销其党内外一切职务。1981年被判处死刑,缓期二年执行。1983年依法减为无期徒刑。1991年5月4日,在保外就医期间于北京自杀。题:书写。庐山:位于江西省北部,屹立在长江和鄱阳湖之滨,江湖水汽郁结,云海弥漫,山上多巉(chán)岩、峭壁、清泉、飞瀑,林木葱茏,风景秀丽,气候宜人,为休养、游览、避暑胜地。仙人洞照:是一幅背依仙人洞所摄的洞前景象的照片,而非仙人洞照。照片顶端有横逸虬(qiú)劲的松枝,中间大片空白,光色较为暗淡,似大片的幕云,偏左下角,是飞檐状的御碑亭。仙人洞:在庐山牯(gǔ)岭之西佛手岩下,天然生成,高约7米,深广各14米,为庐山名胜之一。相传唐代吕洞宾曾修仙于此,洞内有石建吕祖龛(kān),故名仙人洞。仙人洞为庐山一著名风景点。照:照片。毛泽东这首题照诗,不是对江青的摄影作品进行评价,而是触景生情,借景抒怀,寓情于景,是一篇托物言志之作。

② **暮色苍茫看劲松**:暮色,傍晚时昏暗的天色。苍茫:旷远迷茫的样子。李白《关山月》:"明月出天山,苍茫云海间。"劲松:挺拔的青松。潘岳《西征赋》:"劲松彰于岁寒,贞臣见于国危。"劲:刚劲,有力。

③ **乱云飞渡仍从容**:乱云飞渡,厚密、涌动的云阵飞快地飘过眼前的天空。仙人洞不远处有悬崖绝壁,崖边有横石悬空向北伸展,叫蟾蜍(chán chú)石,石上有"纵览云飞"四个大字,是观云的绝好去处。另一说,乱云象征各方面的包括来自自然灾害、国际上敌对势力的破坏和我们工作中的失误所造成的各种困难。从容:从容镇定,悠然自若的样子。

④ **天生**:天然生成。

⑤ **无限风光在险峰**：仙人洞前的风光无限美好，正由于它在险峰。风光：风景，景色。李益《行舟》诗："闻道风光满扬子，天晴共上望乡楼。"险峰：地势险峻，不容易攀登的山峰。

【赏析】

《七绝·为李进同志题所摄庐山仙人洞照》最早发表于1963年12月人民文学出版社出版的《毛主席诗词》。

这首诗一发表，就引起了人们极大的兴趣和高度的评价。人们普遍认为，这首诗的主旨是赞扬"劲松"，而"暮色"、"乱云"都是反面形象，又以"天生一个仙人洞"结上转下，得出"无限风光在险峰"的结论，寄寓了深刻的哲理。后来，毛泽东多次说："是云从容，不是松从容"，"我喜欢乱云"。人们才改变了以往的思维方式，开始重新理解这首诗。认识到这首诗的表现手法并不是如前所述的那样，而是一句一景，四句都是作者歌颂的对象，四句之间既有联系，又有相对的独立性，而又形成一个整体，以此赞美仙人洞附近神奇美丽的自然景色，又从而寄寓了深刻的人生哲理。

根据这一看法，这首诗可以这样理解：全诗写仙人洞及其附近的景物。第一句写在苍茫的暮色中，劲松傲然挺立。第二句写飞渡的乱云从容不迫。第三句则写仙人洞本身是一个天然生成的美妙的山洞。最后一句写仙人洞所在的山峰，山势峭拔，展示无限的风光。这句诗告诉人们，大凡名山，最险峻处，常常是风光最美处，奇绝处。惊险，正是大自然崇高美的最具魅力之点。这一句，还蕴涵着极深刻的人生哲理，表明在人生的旅途中，只有那些在崎岖小路上不畏劳苦的人，才有希望到达光辉的顶点。这句诗具有鼓励人们去战胜困难艰险实现崇高目标的巨大力量。

这首诗运用了相互衬托的手法。仙人洞所在之地的四种景物都是诗人歌颂的对象,写出了它们各具特点的情态和品格。在苍茫暮色中的劲松刚毅挺拔,从容飞渡的乱云安闲镇定,仙人洞天然姣好,其所在的险峰,更加显得风光无限了。

借景寓情,寓情于景,情景交融,托物言志是这首诗的另一特色。暮色苍茫中的劲松,从容镇定的乱云,天然生成的洞壑,奇崛险峻的山峰,那正气凛然、英勇不屈的姿态和风格,使人油然而生敬意,给人以启示,给人以鼓舞。它们象征了真正的马克思主义者和共产主义者,并通过对它们的赞美,歌颂了真正的无产阶级战士和真正的马克思主义政党及其革命精神。

【译文】

在暮色苍茫中看到有一株松树,它是那样刚劲挺拔,昂然屹立,

纵览云涛不断地翻腾飘飞,是那样的果敢坚定,从容自若。

在悬崖峭壁上天然生成的仙人洞是那么神奇美妙,巧夺天工,

要领略观赏无限美好的风光,就得攀登上险峻的山峰。

❖·❖ 拓展阅读 ❖·❖

一、诗词本事:两次游览仙人洞,写出"一句一景"诗

这首诗创作于毛泽东主持中央工作会议期间的 1961 年 9 月 9 日,时值秋收起义 34 周年纪念日。也许是受到江青(即李进)所摄庐山仙人洞照片所触发,而唤起 1957 年 7 月 5 日畅游仙人洞的印象,或此次会议余暇重游旧地时有感而作。

本诗是题一张庐山仙人洞附近风景照片的。这张照片实际上

是集体创作。照片的左下部所显出的是庐山白鹿升仙台上的御碑亭,岩身浓黑。除碑亭之外,高处低处都有葱茏的树木。照片的上部是苍劲的松枝。其余大部分是一片云海的天空,在白色的曲折的云涛之中有几团黑色的稠云,像海中的洲岛。仙人洞在白鹿升仙台下,石松介于御碑亭与仙人洞之间。照片估计是站在石松上照的,因而只看见御碑亭和石松苍劲的松枝,看不见仙人洞。

1959年7月5日,毛泽东曾畅游仙人洞,与胡乔木等从花径步行到仙人洞的园门,走下台阶就看到了石松。又走到佛手岩(即仙人洞)看见纯阳殿上吕洞宾的塑像。凭栏远眺,千岩竞秀,万壑争流,翠竹摇曳,山泉奔泻,奇峰簇拥,流云飞动……毛泽东赞不绝口地说:很好!很好!风景好,地势也险要。

1961年9月6日傍晚,毛泽东外出散步,他一口气登上了仙人洞。夕阳西下,仙人洞周围被朦胧、迷离的暮色所笼罩。面对绮丽的美景,毛泽东心情非常舒畅。回到住处后结合江青所摄照片有感而发,写下了这首《七绝·为李进同志题所摄庐山仙人洞照》。

二、跟毛泽东学习写作诗词

《七绝·为李进同志题所摄庐山仙人洞照》为七绝第四式——首句入韵的仄起式(常式)。格式参见本书《七绝·为女民兵题照》"拓展阅读"处。

这首诗句子平仄方面,第二句"乱云飞渡仍从容"中"仍从容"为三平调,平仄不合格律,可看作古体绝句。

用韵方面,用上平声二冬韵。按今韵,"松"、"容"属新诗韵十八东;"峰"属新诗韵十七庚,同属十三辙中东辙,可通押。也可以说以今韵相叶。按照格律,第三句不必用韵,本诗里的"洞"属诗韵去声一送,用同韵去声字,构成平仄通叶。

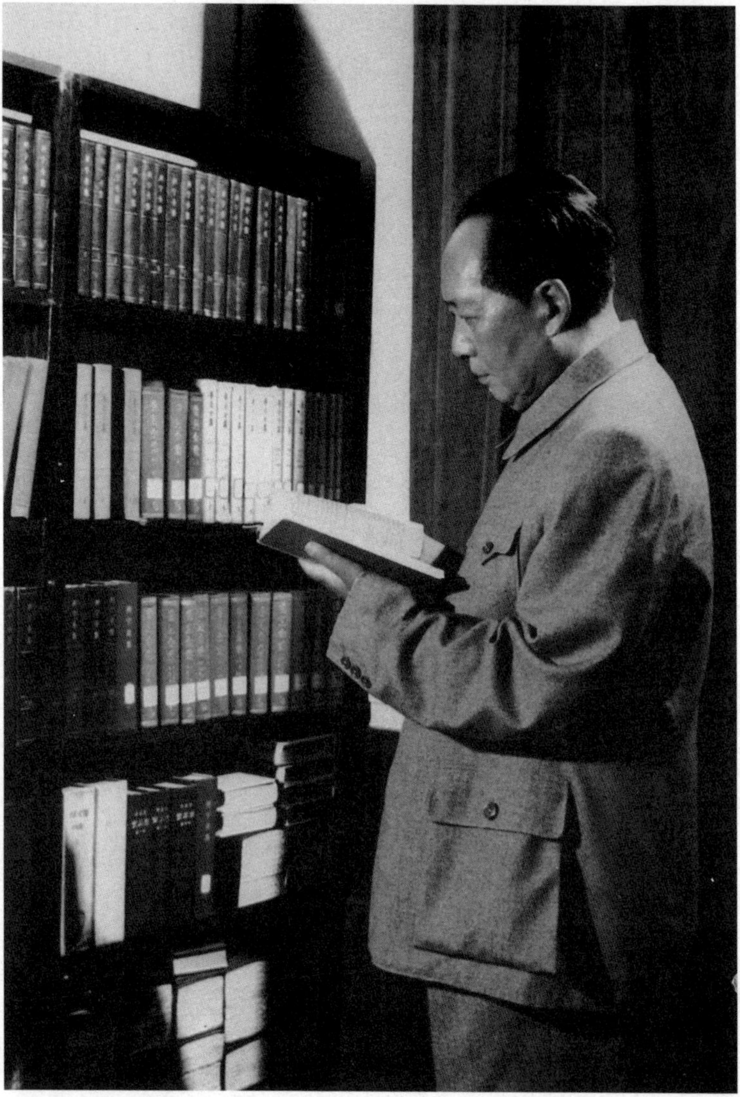

第七章 读书听乐篇

咏史一向是我国古典诗词的重要题材。毛泽东在读史中批判地继承优秀的历史文化遗产,古为今用地为现实服务,表现了他独特深刻的史识,为我们留下了许多有关历史及人物的精辟论述。他还用诗词的艺术形式评点历史,褒贬历史上有雄才大略的贤人良士,讴歌劳动人民和当今的革命英雄。毛泽东咏史怀人的篇章,均以辩证唯物主义与历史唯物主义的观点和方法评价历史,评品古人和今人,为现实生活和政治斗争服务,往往发前人所未发,引人深思;说古论今,大气磅礴,令人感奋。毛泽东既继承历史上咏史诗的优良传统,又和历史上所有的咏史诗有着质的不同,打上了新的时代印记。

贺新郎
读 史
一九六四年春

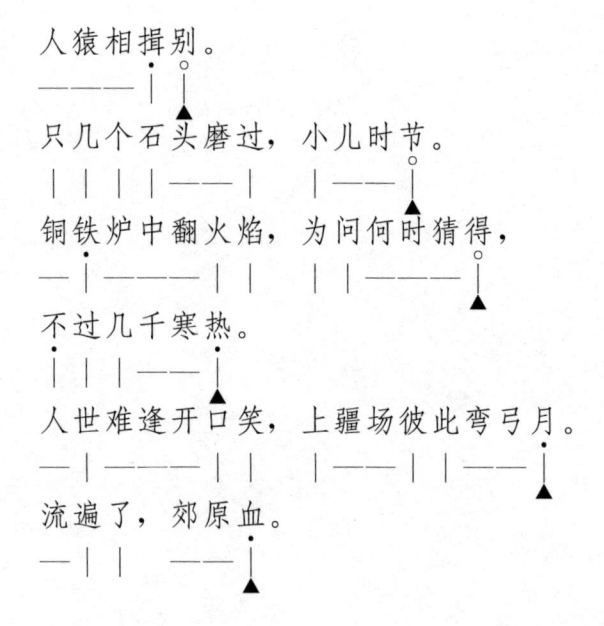

人猿相揖别。
只几个石头磨过,小儿时节。
铜铁炉中翻火焰,为问何时猜得,
不过几千寒热。
人世难逢开口笑,上疆场彼此弯弓月。
流遍了,郊原血。

一篇读罢头飞雪,
| — | | — —
但记得斑斑点点,几行陈迹。
| | | — — | | | — |
五帝三皇神圣事,骗了无涯过客。
| | — — | | | | — — |
有多少风流人物?
| — — | — |
盗跖庄屫流誉后,更陈王奋起挥黄钺。
| | — — | | | | — — | — |
歌未竟,东方白。
— | | | — |

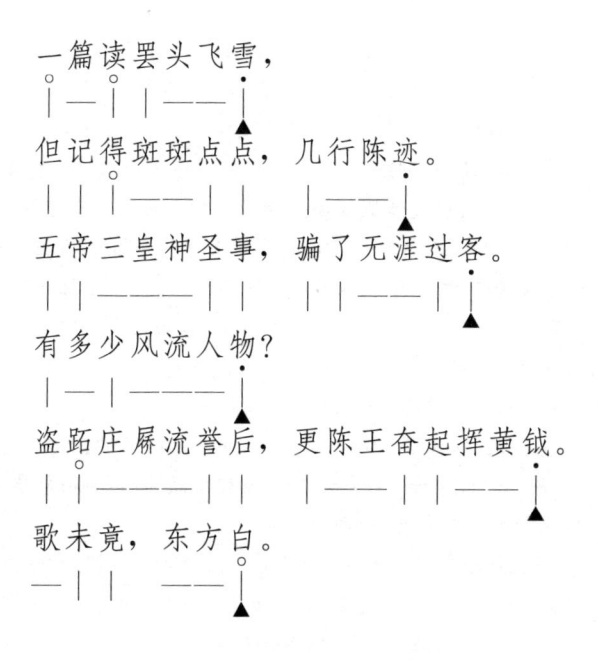

【注释】

① **贺新郎**:词牌名。读史:阅读历史。日本遍照金刚曾在《文镜秘府论》中说:"咏史者,读史见古人成败,感而作之。"这首词写的是读历史,特别是读了中国历史以后所产生的感想。

② **相揖(yī)别**:互相拱手作揖告别。揖:古代指拱手行礼。人猿相揖别:科学证明,人类是从猿进化而来的。在远古时代,人、猿本来同祖,有一部分类人猿因自然条件的变化,迫使他们来到地面上生活,改变原来的生活习惯,并且通过劳动使手、脑不断发达,从而在距今约三百万年至五六十万年以前进化成为能够制造和使用简单生产工具的原始人类,完成了从猿到人的历史性转变。从此,人与猿分道扬镳,开始有了人类社会的历史。

③ **只几个石头磨过**:石头磨过,指原始人类把石头磨成石器。这里代指石器时代,即人类历史的最初阶段。石器时代约经历了二三百万年,可

分为旧石器、中石器、新石器三个时代。这句概括了整个石器时代,意思是说那时的生产工具十分简陋,生产力水平非常低下。

④**小儿时节**:喻指漫长的石器时代只不过是人类的幼儿时期。石器时代即是人类的"小儿时节"。时节:时候。恩格斯《家庭、私有制和国家的起源》一书曾援引美国民族学家和原始社会历史学家摩尔根《古代社会》中的论述,以新石器时代以前为"蒙昧时代",并称为"人类的童年"。

⑤**铜铁炉中翻火焰**:青铜器和铁器都要用炉火来冶炼和翻铸。铜:代指青铜器时代。据考古发现,约4 000年前,我国发明了红铜冶炼术,商代已出现青铜器。铁:代指铁器时代。我国在春秋初年已开始使用铁器。这句写石器时代之后的青铜时代和铁器时代。

⑥**为问何时猜得**:如问什么时候发现人类开始使用青铜器和铁器。为问:试问,若问,如问。刘禹锡《赠日本僧智藏》诗:"为问中华学道者,几人雄猛得宁馨。"猜得:猜中,推测。

⑦**不过几千寒热**:(和石器时代经历几十万年不同)青铜器时代和铁器时代只经过几千年。几千寒热:几千年寒暑。寒热:一年中有一个冬天(寒),一个夏天(热),故以寒热代指一年。

⑧**人世难逢开口笑,上疆场彼此弯弓月**:意思是人类过去的历史充满了各种苦难和战争。人世难逢开口笑:《庄子·盗跖》中盗跖曰:"人上寿百岁,中寿八十,下寿六十,除病瘦(yǔ)死丧忧患,其中开口而笑者,一月之中,不过四五日而已矣。"唐代杜牧《九日齐山登高》诗:"尘世难逢开口笑,菊花须插满头归。"宋代洪适《满江红》词:"人世难逢开口笑,老来便觉流年迫。"说的是个人失意,感时伤怀。毛泽东借用古人诗句,拓展到整个人类社会,意思是说,自从产生私有制和阶级社会以来,人们很少有欢乐,人们之间也很少有笑脸相向的日子。疆场:战场。彼此:互相,指敌对双方。弯弓月:将弯弓拉开欲射如满(圆)月。弓的形状,未拉如半月,拉开欲射如满月。谓刀兵相向,大动干戈。苏轼《江城子·密州出猎》词:"会挽雕弓如满月。西北望,射天狼。"

⑨**一篇读罢头飞雪**:一篇,一部,指一部中国历史。也可代指人类社会发展的历史。罢:停止。这里引申为"完"。头飞雪:头上布满白发,喻

年老。唐代李白《将进酒》诗:"君不见高堂明镜悲白发,朝如青丝暮成雪。"清末周实《拟决绝词》:"信有人间决绝难,一曲歌成鬓飞雪。"

⑩ **但**:只,仅仅。**斑斑点点**:模糊、零星、点滴的印象。**陈迹**:陈旧的历史痕迹。王羲之《兰亭集序》:"向之欣欣,俯仰之间,已为陈迹。"

⑪ **五帝三皇神圣事**:五帝三皇,"三皇五帝"的倒装。传说中国上古有三皇五帝。语出《周礼·春官·外史》:"(外史)掌三皇五帝之事。"具体名称说法不一。常见的说法,三皇指伏羲(xī)、神农、黄帝;五帝指黄帝、颛顼(zhuān xū)、帝喾(kù)、尧、舜。一说五帝指伏羲、神农、黄帝、尧、舜。神圣:言其尊贵不可亵渎(xiè dú)之意。

⑫ **无涯过客**:无涯,本指无边无际,这里指无数。《庄子·养生主》:"吾生也有涯,而知也无涯。"这里指人类在历史长河中一代接一代延续下去,无穷无尽。过客:过路的客人。李白《拟古十二首》其九:"生者为过客,死者为归人。"指人生在迁流不息的历史长河中如匆匆而过的旅客。这里指读史的人。

⑬ **风流人物**:杰出、英俊的人物。风流:《晋书·王羲之传》:"少有盛名,而高迈不羁,……风流为一时之冠。"这里指英俊的、杰出的。

⑭ **盗跖庄蹻流誉后**:盗跖(zhí),春秋战国之际奴隶起义的领袖,被统治者污蔑为"盗",后来袭称盗跖。他是齐国和鲁国之间的柳下(今山东西部)人,故又称柳下跖。《庄子·盗跖》中说他:"从卒九千人,横行天下,侵暴诸侯","所过之邑,大国守城,小国入(堡)"。庄蹻(jué):战国时期楚国农民起义领袖。流誉后:流传名誉于后世。《荀子·不苟》称盗跖"名声若日月,与舜、禹俱传而不息"。王充《论衡·命义》:"盗跖、庄蹻横行天下,聚党数千。"

⑮ **更陈王奋起挥黄钺**:更,更有,又。陈王:即陈胜(?~公元前208),字涉,阳城(今河南登封东南)人,雇农出身。秦二世元年(公元前208),他被征守渔阳(今北京市密云县西南),同吴广在蕲(qí)县(今安徽宿州东南)发动起义,后攻占陈县(今河南淮阳县),建立张楚政权,他被推为陈王。后被秦军围困,失利后退守城父(今安徽涡阳东南),被叛徒庄贾杀害。陈胜起义是中国历史上第一次农民大起义,虽不久即告失败,但对于摧毁秦

233

王朝的统治有发难之功。黄钺(yuè)：饰以黄金的长柄大斧，为古代帝王所专用。《尚书·周书·牧誓》："王左仗黄钺，右秉白旄以麾，斩纣(zhòu)王。"

⑯ 歌：吟咏。这里指吟咏词章。未竟：没有结束。竟：完，终了。

⑰ 东方白：东方发白，这里指天亮。杜甫《东屯月夜》诗："日转东方白，风来北斗昏。"这两句是说，深夜读史，浮想联翩，发为歌吟，陈胜以后的许多起义英雄尚未来得及一一歌颂，不觉天已破晓。

【赏析】

《贺新郎·读史》最早发表于《红旗》1978年第9期。1986年9月人民文学出版社出版的《毛泽东诗词选》和1996年9月中央文献出版社出版的《毛泽东诗词集》，均收入"正编"。

毛泽东一生爱读史书，从上古史的《尚书》、《春秋》、《左传》到《二十四史》、《资治通鉴》、《清史稿》等史书，他都读过。这首《贺新郎·读史》是写他读史的心得。在这首词中，作者站在历史唯物主义的高度，以如椽的大笔艺术地概括了人类几十万年的发展史，表达了自己独特的史学观点，歌颂了历史上的农民起义领袖，体现了只有人民群众才是创造历史的真正动力的思想。

上阕概述了人类社会迄今为止的全部发展史。开头三句为一个层次，写人类的远古时代。"人猿相揖别"，是说人是从猿发展而来，到了一定阶段，人和猿便不同了。"相揖别"三字，十分幽默地把人与猿的分野说成好像朋友之间相互拱手致意别。"只几个石头磨过，小儿时节"，写的是原始社会的石器时代，那时以打磨石头作工具和武器用。"小儿时节"，是对那一时代的评价，就是指人类童年时期。接下来三句为第二层次，写奴隶社会和封建社会。"铜铁炉中翻火焰"，人类进入青铜器时代、铁器时代就进入了阶级社会。这句词把奴隶社会广泛使用的青铜制工具和封建社会使用的铁制工具作为描写对象,巧妙地写出了两个社会阶段的不同特征。"为问何时猜得",铜、铁器时代分别起于何时,史学界说法不一。没有充分的根据,所以只能说"猜得"。"不过几千寒热",是对这一争论不休难以解决的问题予以化解,是说不管起于何时,不过是几千年时间。以上两层以石头、铜铁作为词的描写意象,分别写出了人类社会不同阶段的不同特点。上阕的最后四句是第三层,写人们在进入阶级社会以后的活动情况。"人世难逢开口笑",化用唐代杜牧诗句。"上疆场彼此弯弓月。流遍了,郊原血"三句,针对"人世难逢开口笑"进行解释,人们为要解决尖锐的阶级矛盾,只有通过战争——人类相互残杀的怪物,到战场上去尽力拼杀,以至于鲜血流遍了郊野。"弯弓月"三个字,形象地写出了相互杀斗的情景。这一层体现了作者对在阶级社会中人们所受的战争和苦难的同情。

下阕对中国史书、中国历史作了唯物主义的深刻论评。前五句为一个层次,写读中国史书的感受。"一篇读罢头飞雪,但记得斑斑点点,几行陈迹",是说人类的历史浩如烟海,终其一生都是读不完的。在读了前面那一段历史记载之后,满头变白,如同飞来的白雪。可是读了之后,别的似乎都忘记了,只记得斑斑点点的几行字迹。"五帝三皇神圣事,骗了无涯过客",是说史书大多为帝王将相等统治者宣传,把五帝三皇的事迹说得极为神圣,作者认为这些史书"骗了无涯过客"。这对中国史书的唯心史观作了个整体上的批评。后五句为第二层次。"有多少风流人物?盗跖庄屩流誉后,更陈王奋起挥黄钺",直书作者的历史观,高度赞扬了历史上那些领导奴隶、农民起义的英雄人物,暗含着"人民,只有人民,才是创造世界历史的动力"这一唯物史观的真理。"有多少风流人物"一句既是对前一层次中"五帝三皇"的否定,意即那些帝王没有多少可称之为风流人物,又是对后两句内容的肯定,即那些奴隶和农民起义的领袖才是真正的风流人物。"流誉"二字表现了作者的赞颂之情,"陈王奋起挥黄钺"则写出了农民领袖叱咤风云的雄姿。"歌未竟,东方白",是说诗篇还没写完,天已经亮了。喻指历史上英雄的赞歌还没唱完,中国革命已经取得了胜利。

全词以一种苍凉感来看待几十万年至今的人类发展史和社会发展史,贯今通古,气魄之大,意境之深,是前无古人的,笔墨纵横,气象恢宏,但用语却平易浅显,是读史、咏史类诗词中的一篇空前的力作。

【译文】

人类和类人猿互相拱手作揖道别了。
又经过几百万年用石头打磨生产工具的石器时代,
这只不过是人类的童年幼儿时代。
之后是冶炼铜和铁的青铜器时代和铁器时代,
如果问这是什么时候发现人类进入青铜器、铁器时代的呢?
距今只不过几千年时间罢了。
自从产生私有制和阶级社会以来,人世间难得遇到开口欢笑的日子,
为了阶级和集团的利益走上战场刀兵相向,大动干戈。
伤亡者血流成河,
城郊原野洒满了鲜血。

读完一部浩繁的中国社会发展历史,头发都已白了,
只记得一些模糊不清、斑斑点点的印象,
脑子里存留下几行支离破碎的陈旧的痕迹。
三皇五帝被史学家们说得神圣无比的事迹,

古往今来不知欺骗了多少历史上的匆匆过客。
有多少在历史发展中发挥巨大作用和影响的杰出人物呢?
盗跖、庄蹻率众反抗压迫和剥削,他们的美名流传之后,
还有陈胜奋臂挥起金黄色的大钺带领农民起义。
我这首吟咏历史之歌还没写完,
不知不觉天已大亮了。

拓展阅读

一、诗词本事:读史写出闪耀着历史唯物主义光辉的诗篇

毛泽东酷爱历史,对中国史籍尤为熟悉。早在青年时期,他就读过许多历史著作,即使在紧张繁忙的革命战争年代,也不忘读史书。《二十四史》、《资治通鉴》、《纲鉴易知录》等历史专著,他都通读过。读过的书上留下了大量的圈、线和批注。毛泽东善于运用历史唯物主义观点审视历史,从中吸取经验教训。

1964年春,在一段时间里,毛泽东的办公之余,全在阅读历史。阅读的史书主要是《史记》和范文澜著的《中国通史简编》。毛泽东就在这个时期填了这首词。

二、跟毛泽东学习写作诗词

贺新郎,词牌名。长调,双调,116字。仄韵,用入声韵者音节尤高亢。最初见于苏轼词,原名《贺新凉》,因词中有"乳燕飞华屋,悄无人,桐阴转午,晚凉新浴"句,故名。后来将"凉"字误作"郎"字。上阕57字,下阕59字,各十句,押六韵。此调声情沉郁苍凉,宜抒发激越情感,历来为词家所习用。又名《金缕曲》、《金缕词》、《金缕衣》、《金缕歌》、《乳燕曲》、《乳燕飞》、《风敲竹》、《雪梅曲》、《雪月江山夜》等。

《贺新郎》常见的格式是：

⊙｜——｜，
｜——、⊖—⊖｜，（上三下四）
｜——｜。
⊙｜⊖——⊙｜，（也可作拗句⊙｜⊖————｜）
⊙｜——｜｜。
⊙｜｜、———｜，（上三下四）
⊙｜⊖——⊙｜，（也可作拗句⊙｜⊖————｜）
｜——、⊙｜——｜。（上三下五）
⊖｜｜，
⊙—｜。

⊖—⊙｜——｜，
｜——、⊖—⊖｜，（上三下四）
｜——｜。
⊙｜⊖——｜｜，（也可作拗句⊙｜⊖————｜）
⊙｜——⊙｜。
⊙｜｜、———｜，（上三下四）
⊙｜⊖——⊙｜，（也可作拗句⊙｜⊖————｜）
｜⊖—、⊙｜——｜。（上三下五）
⊖｜｜，
⊙—｜。

238

> 全词二十句。上、下阕各十句。上、下阕第四句和第七句可全用律句，也可全用拗句，也可以律句、拗句并用。
> 一韵到底，用仄韵。上、下阕各六仄韵。龙榆生《唐宋词格律》认为："大抵用入声部韵者较激壮，用上、去声部韵者较凄郁，贵能各适物宜耳。"

毛泽东《贺新郎·读史》句子平仄方面，上阕首句"人猿相揖别"中"猿"当仄而平、"揖"当平而仄，第二句"只几个石头磨过"中"几个"当平而仄、"磨"当仄而平，第五句"为问何时猜得"中"猜"当仄而平，第六句"不过几千寒热"中"几"当平而仄，末句"郊原血"中"郊"当仄而平。下阕第二句"但记得斑斑点点"中"记得"当平而仄，第六句"有多少风流人物"中"多"当仄而平，末句"东方白"中"东"当仄而平。其余平仄合律。若按陈明源《常用词牌详介》所说，上阕第二句可作"｜⊖—⊖—①｜"，则仅"个"不合平仄。第五句可作"⊖｜⊖—①｜"，则本句平仄合律。第六句可作"｜①①｜、⊖—⊖—｜"，则本句平仄合律。末句可作"①⊖｜"，则本句平仄合律。下阕第二句可作"｜⊖—、⊖—①｜"，则仅"得"不合平仄。第六句可作"①①｜、⊖—｜"，则本句平仄合律。末句可作"①⊖｜"，则本句平仄合律。这样，本词仅上阕首句、第二句和下阕第二句平仄不合律，其余平仄合律。

用韵方面，上阕首句"别"、第三句"节"、第六句"热"、末句"血"，下阕首句"雪"，属诗韵入声九屑。上阕第八句"月"，下阕第八句"钺"属诗韵入声六月。下阕第六句"物"属诗韵入声五物，均属词韵十八部。上阕第五句"得"属诗韵入声十三职，下阕第三句"迹"、第五句"客"、末句"白"，属诗韵入声十一陌，均属词韵十七部，不通押，本词用方音取叶。用入声韵，属豪放派的词，沉郁雄浑，苍凉悲壮。

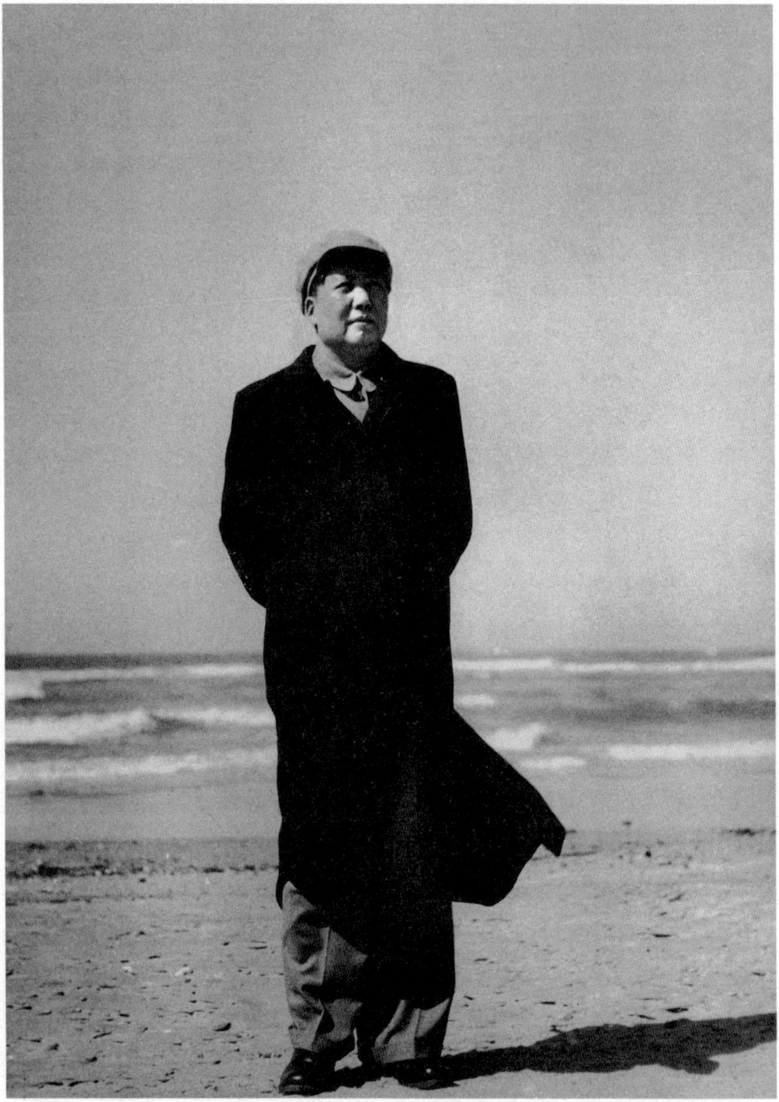

第八章

国际风云篇

毛泽东晚年曾写过一些反帝、反霸和关于"文化大革命"的诗词。对于这些诗词所反映的内容,历史已经作出公正的结论。在当时国际上掀起反华反共的逆流时,以毛泽东为首的中国共产党人和中国人民对以美国为首的帝国主义,以赫鲁晓夫为首的苏联霸权主义,表现了中华民族大无畏的英雄气概,这是应当肯定的。"文化大革命"当然是应该彻底否定的。这些诗词在艺术上也有一定的可取之处。例如《满江红·和郭沫若同志》风格豪放,诗艺成熟,堪称毛泽东豪放词的代表作;《念奴娇·鸟儿问答》开创了毛泽东诗词一种新的诙谐幽默的风格,在毛泽东诗词中别具一格;《七律·有所思》沉郁顿挫,诗艺老到,大有唐代老杜(杜甫)的风格。

满江红
和郭沫若同志
一九六三年一月九日

小小寰球,有几个苍蝇碰壁。
嗡嗡叫,几声凄厉,几声抽泣。
蚂蚁缘槐夸大国,蚍蜉撼树谈何易。
正西风落叶下长安,飞鸣镝。

多少事,从来急;

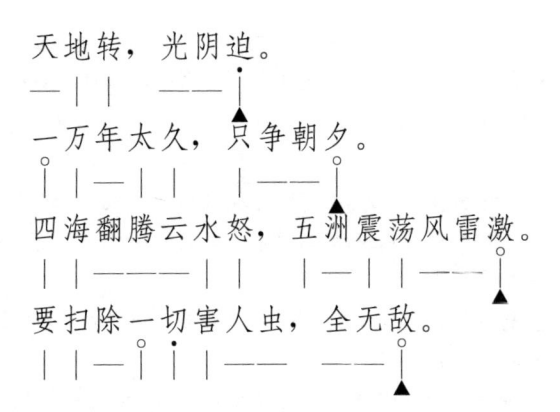

天地转，光阴迫。
　　一丨丨　一一丨
　　一万年太久，只争朝夕。
　　丨丨一丨丨　丨一一丨
　　四海翻腾云水怒，五洲震荡风雷激。
　　丨丨一一一丨丨　丨一丨一一丨
　　要扫除一切害人虫，全无敌。
　　丨丨一丨丨丨一　一一丨

【毛泽东自注自解】

1964年1月27日,毛泽东口头答复外国文书籍出版局《毛主席诗词》英译者问：

　　蚂蚁缘槐夸大国："大槐安国"是汤显祖《南柯记》里的故事。

　　正西风落叶下长安,飞鸣镝："飞鸣镝"指我们进攻。"正西风落叶下长安",虫子怕秋冬。形势变得很快,那时是"百丈冰",而现在正是"四海翻腾云水怒,五洲震荡风雷激"了。从去年起,我们进攻,九月开始写文章,一评苏共中央的公开信。

　　天地转,光阴迫。一万年太久,只争朝夕：你要慢,我就要快,反其道而行之。你想活一万年？没有那么长。我要马上见高低,争个明白,不容许搪塞。但其实时间在我们这边,"只争朝夕",我们也没有那么急。

【注释】

① **和郭沫若同志**：指和后面所附的郭沫若同志的《满江红·领袖颂》

词。20世纪60年代初,国际形势动荡,反华反共浪潮不断袭来,国内人民在党和政府的领导下终于度过了三年困难时期,对此,郭沫若感到十分高兴,填了一首《满江红》词呈毛泽东。毛泽东读后感慨良多,于是写下了这首和词。

② 小小寰(huán)球:在广阔无垠(yín)的宇宙中,地球只是一个小小的星球。寰球:地球周围以内,引申为全地球、全世界。寰:通"环"。周围以内的意思。

③ 苍蝇碰壁:苍蝇,喻指当时所称的现代修正主义和一切反共、反华、反人民的敌对势力。碰壁:撞墙。

④ 嗡嗡叫:比喻国内外敌对势力声嘶力竭的叫嚷,不过像苍蝇那样嗡嗡地叫罢了。嗡嗡:拟声词,形容苍蝇的叫声。

⑤ 几声凄厉:叫了几声,声音非常凄厉悲伤。凄厉:凄惨尖利。

⑥ 几声抽泣(qì):又叫了几声,好像是在抽搐(chù)地哭泣。抽泣:抽搐的哭泣声。

⑦ 蚂蚁缘槐夸大国:典出唐代李公佐小说《南柯太守记》。故事说:唐德宗贞元年间,有个叫淳于棼(fén)的人,一天醉酒后在槐树下睡觉,梦见自己在"大槐安国"做了驸马,又在南柯郡当了20年的太守,"贵及禄位,权倾国都"。等到他妻子死后,官被解除,槐安国用车子送他回家。醒后,与友人追寻梦游之处,原来是他家庭院前一株大槐树,树穴中聚着一大窝蚂蚁。缘:沿着爬,攀爬。这里用以嘲笑讽刺反共反华反马克思主义的反动势力。

⑧ 蚍蜉(pí fú)撼树:蚍蜉,一种大蚂蚁,身体褐色而发亮,生活在树林里。撼(hàn):摇,摇动。唐代韩愈《调张籍》诗:"蚍蜉撼大树,可笑不自量。"这里用以嘲笑讽刺那些妄图撼动中国共产党和马克思列宁主义的敌对势力。谈何易:谈何容易。语本《汉书·东方朔传》:"东方朔假设非有先生之论:谈何容易!"意思是不可能做到。

⑨ 正西风落叶下长安:正,正当,正好。西风:秋风。下长安:落到长安。长安:唐朝都城,即今陕西西安市。这句诗化用唐代贾岛《忆江上吴处士》诗:"秋风生渭水,落叶满长安。"意思是秋风已起,虫子不好过了。

这里喻指反华反共的敌人日趋衰亡,正像落叶飘零一样。

⑩ **鸣镝**(dí):古代一种射出去箭头能发出声音的箭,也叫响箭,是汉代匈奴创制的一种武器。南朝梁代丘迟《与陈伯之书》:"如何一旦为奔亡之虏,闻鸣镝而股战(大腿发抖),对穹庐以屈膝。"这里比喻革命力量对敌人的声讨、反击。镝:箭头。

⑪ **多少事,从来急**:多少,偏义复词,单指多,即许多。急:急迫,紧急。

⑫ **天地转**(zhuàn):天体和地球在不停地运转,喻指世界在不断发展。转:旋转。

⑬ **光阴迫**:时间很快地过去,显得很急迫。南朝梁代刘孝胜《冬日家园别阳羡始兴》:"且欣棠棣集,弥惜光阴遽。""遽"、"迫"同义。迫:紧迫,急促。

⑭ **一万年太久**:许多事情不能等待一万年以后再来做,一万年太长了。争朝(zhāo)夕:不能等待,要抓紧时间,争取早上或是晚上就把事情干完。朝夕:早上和晚上。这里指短暂的时间。

⑮ **四海翻腾云水怒**:四海,古人认为中国四周都有大海环绕着。"四海"等于说天下,指全国各处,这里指全世界各处。翻腾:汹涌澎湃的样子。云水:云、水可以互相转化,因此常常连用,这里是偏义复词,单指水,这里指海水,象征无产阶级革命运动。怒:愤怒,形容气势很盛。

⑯ **五洲震荡风雷激**:比喻全世界被压迫民族和被奴役人民掀起了反帝反霸的革命浪潮。五洲:指世界上亚洲、欧洲、非洲、美洲、大洋洲五大洲。这里泛指全世界。震荡:受震而摇荡。激:激烈,急剧。

⑰ **害人虫**:即苍蝇、蚂蚁、蚍蜉等,喻指剥削、压迫人民的一切反动势力。

⑱ **全无敌**:完全没有敌对势力可以抵挡。形容力量强大无比。《孟子·公孙丑上》:"如此,即无敌于天下。无敌于天下者,天吏也。然而不王者,未之有也。"

【赏析】

《满江红·和郭沫若同志》发表于1963年人民文学出版社出版的《毛主席诗词》。是毛泽东亲自审定出版的《毛主席诗词》压卷之作,也是毛泽东词的代表作。

这是一曲反对当时所称的现代修正主义和一切敌对势力的雄伟战歌,也是一首激动人心的政治鼓动诗。作者面对强敌的嚣张气焰,表现了"风雨不动安如山"的大无畏革命精神,号召革命人民齐奋起,冲破修正主义的重重迷雾,坚决把反帝反修的斗争进行到底。

上阕分为三个层次。前五句是第一层,把当时所称的现代修正主义和敌对势力比作苍蝇。"小小寰球,有几个苍蝇碰壁",人类居住的地球很小很小,几个苍蝇更是微不足道的。作者直接把敌对势力比作苍蝇,"碰壁"二字描写敌对势力的行动并不顺利,而是到处碰壁。"嗡嗡叫",以苍蝇的嗡嗡叫形容其活动。"几声凄厉,几声抽泣",形容其嗡嗡叫的可怜状,以此比喻敌对势力因反华活动失败而伤心不已。"蚂蚁缘槐夸大国,蚍蜉撼树谈何易"两句是第二层,把当时所称的现代修正主义和敌对势力比作蚂蚁。作者借用《南柯太守传》中的典故,讽刺所称的苏共修正主义以大国自夸,只不过同《南柯太守传》中的淳于棼一样,做了一个美梦。以"蚍蜉撼树"比喻敌对势力的反华是自不量力。"正西风落叶下长安,飞鸣镝"两句是第三层,写革命力量的反击。像"苍蝇"、"蚂蚁"遭逢秋天一样,敌对势力的日子不好过了,革命力量予以反击,它们已没有力量来抵挡飞向它们的"鸣镝"。"飞鸣镝"比喻革命力量反击如飞射出去的响箭。

下阕写革命的大好形势。也分为三层。前六句是第一层。"多少事,从来急","急"字是这一层的中心,贯穿于六句之中。许多革命之事都不能慢慢地进行，必须"急"。"天地转，光阴迫"，说明"多少事，从来急"的原因，因为宇宙在不断有规律地运转，时间过得很快，光阴紧迫。"一万年太久，只争朝夕"，是这一层次的小结。以万年的久远与朝夕的短暂对举，形象地阐明了要以怎样的精神去完成急需的革命工作。这两句词概括了人类从事各项工作应取的积极态度，具有深刻的哲理，是警策之言，应成为我们的座右铭。"四海翻腾云水怒，五洲震荡风雷激"两句是第二层，描写世界革命运动蓬勃发展的形势。这两句对仗工整，气势磅礴，生动有力地描绘出世界人民所掀起的波澜壮阔的革命怒潮。"要扫除一切害人虫，全无敌"两句是第三层，表达了作者要"扫除一切害人虫"的决心和信心，展示了一个社会主义大国领袖的壮阔宏伟的胸怀。

全词谋篇布局严谨，章法完美。上阕诗语风趣、幽默，在讥讽中略带潇洒。下阕诗语急速、奔放，其势如暴风骤雨，其力如雷霆万钧。上阕词适合于放慢节奏，轻声吟咏；下阕词则像急流直下，节奏宜短促快捷。比喻恰切生动，化用前人诗句别出新意，讥刺与幽默得心应手，也是这首词的一个特点。

【译文】

在这小小的地球上，
有几只令人厌恶的苍蝇无路可走，在墙壁上乱撞乱碰。
嗡嗡地乱叫，
发出几声非常凄惨尖利的叫声，
又叫了几声，好像是在抽搐地哭泣。
他们自以为很强大，像一群沿着槐树往上爬的蚂蚁，把小小的蚁穴夸耀成"大槐安国"，他们又像蚍蜉妄图摇撼参天大树,谈何容易。

正当他们的末日快要来临,如同秋风扫落叶,飘零满长安的时候,

我们一篇篇反帝反修檄文像锐利的鸣镝一样向敌人飞去。

世界上有多少事情,
从来就是非常紧急的;
天地在不停地运行,
时间很急迫。
等一万年后让历史作出结论,时间就太长了,
我们要马上见高低,辩个明白争分夺秒,夺取斗争的彻底胜利。
全世界被压迫民族的革命斗争像大海掀起了怒潮,滚滚翻腾,
五大洲人民革命的风雷蓬勃兴起,激烈地震荡。
要坚决、彻底、干净、全部地消灭一切帝国主义和各国反动派,
用马列主义武装起来的革命人民所向无敌。

拓展阅读

一、诗词本事:以诗词作武器写出反帝反霸斗争的战歌

1962年底,国内外的政治、经济形势十分复杂和尖锐。中国人民在党的坚强领导下,抵住重重外来压力,顺利地度过了国内经济困难时期。郭沫若感受良多,心情振奋,在年末岁首辞旧迎新之际,填写《满江红》词一首送呈毛泽东,同时发表在1963年1月1日的《光明日报》上,毛泽东从《光明日报》上读到郭沫若的《满江红》词后,非常感动,激荡起久蓄胸间的诗情,填成这首和词。

二、诗词链接:对诗国盟主由衷的赞颂和景仰——郭沫若原词

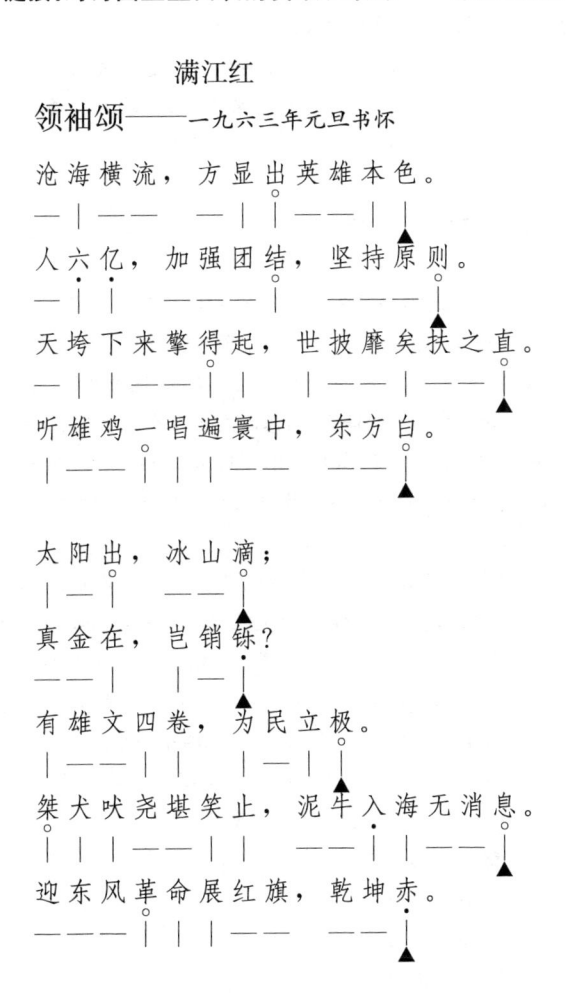

满江红
领袖颂——一九六三年元旦书怀

沧海横流,方显出英雄本色。

人六亿,加强团结,坚持原则。

天垮下来擎得起,世披靡矣扶之直。

听雄鸡一唱遍寰中,东方白。

太阳出,冰山滴;

真金在,岂销铄?

有雄文四卷,为民立极。

桀犬吠尧堪笑止,泥牛入海无消息。

迎东风革命展红旗,乾坤赤。

【注释】

① **沧海横(hèng)流**:晋代范宁《春秋谷梁传集解序》:"孔子睹沧海之

横流,乃喟然而叹……"《晋书·王尼传》:"沧海横流,处处不安也。"这里喻指当时国内外敌对势力掀起一股反共反华反人民的逆流,斗争极为尖锐、激烈、复杂,全世界正处在大动荡、大分化、大改组之中。沧海:大海。"沧"通"苍"。青绿色。大海水深呈青绿色,故名。横流:不由水道,四处漫流。横:不由正道。

② 方:才。

③ 人六亿:1954年1月国家统计局公布全国人口为6.0193亿,这里举其概数。

④ 坚持原则:坚持马克思列宁主义、毛泽东思想原则。

⑤ 擎(qíng)得起:比喻再多的困难能克服,再大的压力也能顶得住。顶住大的压力。擎:举,向上托。元代陈基《送谢参军》诗:"赤手欲擎天。"

⑥ 世披靡(mǐ)矣扶之直:意思是世界溃乱衰败了也能把它扶直起来。世:世界,世道。披靡:本指草木随风偃(yǎn)倒,后用来形容军队溃败不能立足。世披靡:世道衰败,社会混乱。矣:语气助词。之:代词,它。直:义同"正"。

⑦ 唱:指雄鸡啼叫。寰(huán)中:天下,这里指中国。

⑧ 东方白:东方发白,也就是天亮了。白:亮,发白。杜甫《东屯月夜》诗:"日转东方白,风来北斗昏。"李贺《酒罢,张大彻索赠诗,时张初效潞幕》诗:"葛衣断碎赵城秋,吟诗一夜东方白。"这里喻指中国人民解放了。

⑨ 太阳出:喻指产生了毛泽东、毛泽东思想。

⑩ 冰山滴:喻指反动派的失败如冰山一样融化了。冰山:漂浮在海中的巨大冰块,比喻不可长久依傍的势力。

⑪ 真金:指真正的马列主义、毛泽东思想的伟大真理。

⑫ 岂销铄(shuò):喻指马列主义、毛泽东思想是"真金不怕火烧"的真理。岂:表示反诘的语气词,怎么,哪能。铄:熔化,消除。

⑬ 雄文四卷:指《毛泽东选集》第1~4卷。

⑭ 立极:树立准则。立:树立。极:古代神话传说中大地四角支撑天宇的栋梁。这里指正确的标准。《淮南子·览冥》:"往古之时,四极废,九州裂,天不兼覆,地不周载,……于是女娲炼五色石以补苍天,断鳌足以立

四极。"南朝梁元帝萧绎《言志赋》:"差立极而补天。"

⑮ **桀(jié)犬吠(fèi)尧堪笑止**:这里是说反共反华势力对毛泽东的攻击,就好像恶狗乱咬人一样。桀犬吠尧:比喻恶人的走狗攻击好人。汉代邹阳《狱中上梁王书》:"今人主诚能去骄傲之心,怀可报之意,披心腹,隳(huī)肝胆,施厚德,终与之穷达,无爱于士,则桀之犬可使吠尧,而跖之客可使刺由。"《晋书·康帝纪》:"桀犬吠尧,封狐嗣乱,方诸后羿,曷若斯之甚也。"桀:夏朝最后一位君主,以残暴闻名。吠:狗叫。尧:古代传说中的贤君。堪笑止:真是可笑至极。堪笑:可笑。止:表示确定的语气助词,没有实际意义。

⑯ **泥牛入海无消息**:语本宋代释道原《景德传灯录》:"我见两个泥牛斗入海,直至如今无消息。"元代尹廷高《送无外僧弟归奉庐墓》诗:"泥牛入海无消息,万壑千岩空翠寒。"后人以此比喻一去不复返,杳无音信。这里是说,喧嚣一时的反动势力在人民革命的汪洋大海里,跟泥牛入海一样,销声匿迹了。

⑰ **乾坤赤**:乾坤,《周易》中的两个卦,指阴阳两种势力,阳的势力叫乾,乾之象为天;阴的势力叫坤,坤之象为地。引申为天地、日月、男女、父母、世界等的代称。这里指全世界。赤:红色。这里指全世界一片通红,到处是光辉灿烂的景象,也就是无产阶级革命在全世界取得胜利。

【译文】

在国际形势和阶级斗争尖锐复杂的时候,
才能显示出无产阶级革命战士的英雄本色。
全国六亿人民,
要加强团结,
坚持马列主义、毛泽东思想原则。
天塌下来也能顶得住,
世道衰败了也能扶直。
雄鸡一声啼叫响遍天下,

天亮了。

太阳出来了,
冰山融化了,
马列主义、毛泽东思想的真理像真金掌握在我们手中,
敌人的污蔑攻击岂能把她熔化消除,损害淹灭她的光辉?
有毛主席的四卷伟大著作,
为革命人民指出了最正确的斗争方向。
一切反动派对真正的马列主义者的恶毒攻击实在可笑,
喧嚣一时的反共、反华、反人民的浪潮已偃旗息鼓、销声匿迹了。
迎着东风革命红旗招展,
全世界一片通红,到处都是光明灿烂的景象。

三、跟毛泽东学习写作诗词

满江红,词牌名。长调,双调。93字。仄韵。唐代便有此调,本名《上江虹》,后改今名。上阕47字,八句,四韵;下阕46字,十句,五韵。格调沉郁激昂,宜用以发抒怀抱,佳作颇多,如岳飞的《满江红》。又名《念良游》、《伤春曲》等。

《满江红》常见的格式是:

```
⊙ | — —,
⊖ ⊖ |、⊖ — ⊙ |。         (上三下四)
⊖ ⊙ |、⊙ — ⊖ |,         (上三下四)
⊙ — ⊖ |。
⊙ | ⊖ — — | |,
⊖ — ⊙ | — — |。
```

｜①—、①｜｜——，（上三下五）
　　——｜。
　　▲
①⊖｜，
—①｜；
　▲
⊖①｜，
—｜｜。
　▲
｜——｜｜、｜——｜。（上五下四）
　　　　　　　　▲
①｜⊖——｜｜，
⊖｜①—｜。
　　　　▲
｜⊖—、①｜｜——，（上三下五）
——｜。
　▲

全词十八句。上阕八句，下阕十句。

一韵到底，用仄韵，且常用入声韵。上阕四仄韵，下阕五仄韵。本词常用一些对仗。

下阕的第二、四句，据《词律》"平平仄，自不可改"。又，上下阕倒数第二句的三字逗，一般应是｜⊖—。

毛泽东《满江红·和郭沫若同志》句子平仄方面，按一般词书，下阕第五句"一万年太久"中"万"当平而仄，若按陈明源《常用词牌详介》可作"｜⊖—⊖｜"，则本句平仄合律。全词平仄合律。

用韵方面，上阕第二句"壁"、末句"镝"，下阕第八句"激"、末句"敌"，属诗韵入声十二锡。上阕第五句"泣"，下阕第二句"急"，属诗韵入声十四缉。上阕第七句"易"作容易解，读去声，属诗韵去声四寘（zhì，置的繁体字），这里借作更改义的入声，属诗韵入声十一

253

陌。下阕第四句"迫"、第六句"夕"，属诗韵入声十一陌。均属词韵十七部，是词韵同部入声通押。本词也可以说用湖南方音相押。按词谱，上阕第六句不必用韵，这里的"国"属诗韵入声十三职，词韵十七部，本词添叶。

其他方面，上阕第五、六句用对仗，为正对、宽对。下阕第七、八句用对仗，为正对、工对。

四、书法欣赏：毛泽东晚年草书气魄最大、最杰出的作品《满江红·和郭沫若同志》

这幅作品是毛泽东晚年气魄最大、写得最好的书法作品之一。毛泽东从心所欲，笔走龙蛇，气势恢宏雄壮，表现了笔挟风云的气魄和雄浑豪放的境界。全词 110 多个字，分 35 行书写。起始的词牌"满江红"三个字浓墨重笔，显示出高大伟岸的形象，作者的冲天豪气洋溢于笔墨之间。接着写下题目，端庄沉稳。起首一句"小小寰球"，写得轻若寒烟，飘如游丝。"有幾個蒼蠅碰壁"以下，字体奇大奇小，用笔奇重奇轻，笔画粗细相间，枯润交替，形成波澜起伏、高潮迭起之势。到"螞蟻緣槐夸大國"，是第一个波浪，其中的浪峰是两个"幾聲"。从"蚍蜉撼樹谈何易"到"飛鳴鏑"，是第二个波浪，浪峰是"撼樹"、"長安"和"鳴鏑"。下阕从"多少事"开始到"只争朝夕"，是第三个波浪，浪峰是"从来"。最后，从"四海翻騰雲水怒"到结束全篇，是第四个波浪，浪峰是"翻騰"、"風雷"、"無敵"。落款"毛澤東"是三个大字，书写日期是三行小字。整幅作品，大开大合，呈现一波未平一波又起的气象，逐浪翻滚，浪峰迭起，撼人心魄。整幅作品虽然章法布局的跃动感极强，但又是十分和谐的。一行只写两个字的，有六处之多，占全篇的五分之一，而且都是波浪的浪峰所在。一行之中字数多的，显得平稳、明亮、力弱；字数少者，显得跳宕、色深、力强，构成了跃动而和谐的章法布局。

满江红

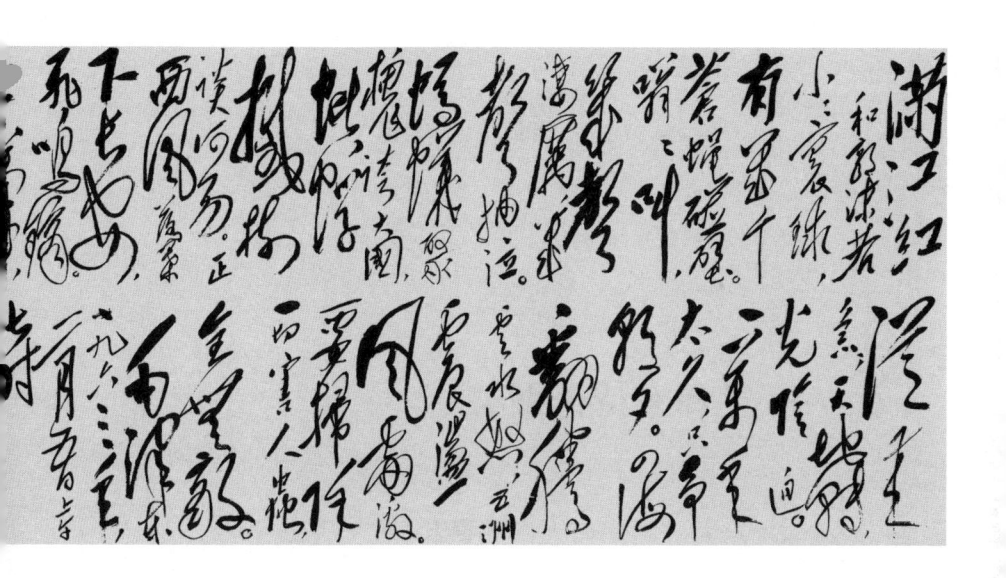

和郭沫若同志

小小寰球,有几个苍蝇碰壁。嗡嗡叫,几声凄厉,几声抽泣。蚂蚁缘槐夸大国,蚍蜉撼树谈何易。正西风落叶下长安,飞鸣镝。

多少事,从来急;天地转,光阴迫。一万年太久,只争朝夕。四海翻腾云水怒,五洲震荡风雷激。要扫除一切害人虫,全无敌。

一九六三年一月 毛泽东

附　　录

一、毛泽东诗论撷英

诗言志

诗言志。

　　（1945年毛泽东在重庆谈判期间给诗人徐迟的题词。见《毛泽东手书选集》，北京出版社1993年版。）

　　写诗，就要写出自己胸怀和情操，这样才能引起读者的共鸣，才能使人感奋。

　　（1959年7月4日毛泽东与梅白等的谈话。见陈晋《毛泽东与文艺传统》，中央文献出版社1992年版。）

旧体诗词要发展，要改革，一万年也打不倒

　　旧体诗词源远流长。我冒叫一声，旧体诗词要发展，要改革，一万年也打不倒。因为这种东西，最能反映中国人民的特性和风尚，可以兴观群怨嘛，怨而不伤，温柔敦厚嘛……

　　《毛泽东与梅白谈诗》，见刘汉民《毛泽东谈文说艺实录》，长江文艺出版社1992年版。）

……不论平仄，不讲叶韵，还算什么格律诗词？掌握了格律，就觉得有自由了。

　　　　（舒湮《一九五七年夏季我又见到了毛主席》。见《新华文摘》1989年第1期。）

适合大众需要的才是好的

　　问我关于诗歌的意见，……只有一点，无论文艺的任何部门，包括诗歌在内，我觉都应是适合大众需要的才是好的。现在的东西中，有许多有一种毛病，不反映民众生活，因此也为民众所不懂。适合民众需要这种话是常谈，但此常谈很少能做到，我觉这是现在的缺点。

　　　　（《致路社》〔一九三九年一月三十一日〕，见1939年3月1日《鲁艺校刊》。）

诗要用形象思维

　　诗要用形象思维，不能如散文那样直说，所以比、兴两法是不能不用的。赋也可以用，如杜甫之《北征》，可谓"敷陈其事而直言之也"，然其中亦有比、兴。"比者以彼物比此物也"，"兴者，先言他物以引起所咏之词也"。韩愈以文为诗；有些人说他完全不知诗，则未免太过，如《山石》、《衡岳》、《八月十五酬张功曹》之类，还是可以的。据此可以知为诗之不易。宋人多数不懂诗是要用形象思维的，一反唐人规律，所以味同嚼蜡。……要作今诗，则要用形象思维方法，反映阶级斗争与生产斗争，古典绝不能要。

　　　　（毛泽东《致陈毅》〔一九六五年七月二十一日〕。见《毛泽东书信选集》，中央文献出版社2003年版。）

要继承优良诗歌的传统，要顺应时代的要求

　　新诗应该精炼、大体整齐、押大致相同的韵。也就是说，应该

在古典诗歌、民歌的基础上发展新诗。一方面,要继承优良诗歌的传统;另一方面,要顺应时代的要求,以求得新诗的发展。

(臧克家《毛泽东同志与诗》,见《在毛主席那里作客》,河北人民出版社1992年版。)

诗必须要有诗意,要含蓄,贵意境高尚

诗必须要有诗意,要含蓄。

(1957年1月14日毛泽东同袁水拍、臧克家的谈话。见董学文《毛泽东和中国文学》,春风文艺出版社1994年版。)

诗贵意境高尚,尤贵意境之动态,有变化,才能见诗之波澜。这正是唐诗以来格律诗之优越性。

诗贵含蓄和留有余地。

(以上两段见《毛泽东与梅白谈诗》,载刘汉民《毛泽东谈文说艺实录》,长江文艺出版社1992年版。)

接近社会生活,才有可能产生好的文学作品

接近社会生活,才有可能产生像《离骚》这样好的文学作品。

(1959年12月至1960年2月毛泽东读苏联《政治经济学(教科书)》的谈话。见陈晋主编《毛泽东读书笔记解析》,广东人民出版社1996年版。)

诗的语言要以现代大众语为主

诗的语言,当然要以现代大众语为主,加上外来语,和古典诗歌中现在还有活力的用语。大众化当然首先是内容问题,语言是表现形式。要有民族风味,叫人爱看,爱诵,百读不厌。

(1938年秋,毛泽东在延安接见诗人臧云远时的谈话。臧云远《亲切的教诲》,见《新文学史料》1979年第2期。)

词有婉约、豪放两派，各有兴会

词有婉约、豪放两派，各有兴会，应当兼读。读婉约派久了，厌倦了，要改读豪放派。豪放派读久了，又厌倦了，应当改读婉约派。我的兴趣偏于豪放，不废婉约。婉约派中有许多意境苍凉而又优美的词。范仲淹的上两首，介于婉约与豪放两派之间，可算中间派吧；但基本上仍属婉约，既苍凉又优美，使人不厌读。婉约派中的一味儿女情长，豪放派中的一味铜琶铁板，读久了，都令人厌倦的。人的心情是复杂的，有所偏但仍是复杂的。所谓复杂，就是对立统一。人的心情，经常有对立的成分，不是单一的，是可以分析的。词的婉约、豪放两派，在一个人读起来，有时喜欢前者，有时喜欢后者，就是一例。

（毛泽东《读范仲淹两首词的批语》〔一九五七年八月一日〕。见《毛泽东文集》第七卷，人民出版社1999年版。）

革命的现实主义与革命的浪漫主义结合

无产阶级的文学艺术应采用革命的现实主义与革命的浪漫主义结合的创作方法。

（这段话见于毛泽东1958年5月8日在中共八大二次会议上的报告。陈晋《毛泽东与文艺传统》，中央文献出版社1992年版。）

我们在艺术论上是马克思主义……我们主张艺术上的现实主义，但这并不是那种一味模仿自然的记流水账似的"写实"主义者，因为艺术不能只是自然的简单再现。至于艺术上的浪漫主义，……它有各种不同的情况，有积极的、革命的浪漫主义，也有消极的、复古的浪漫主义，……积极浪漫主义的主要精神是不满现状，用一种革命的热情憧憬将来，这种思潮在历史上曾发生过进步作用。一种艺术作品如果只是单纯地记述现状,而没有对将来的思想追求,就不能鼓舞人们前进。在现状中看出缺点,同时看出将来的光明和希望,这才是革命的精神,马克思主义者必须有这样的精神。

(《在鲁迅艺术学院的讲话》〔一九三八年四月二十八日〕,见《毛泽东文集》第二卷,人民出版社 1993 年版。)

光搞现实主义一面也不好,……搞点幻想。

(1958 年 1 月 16 日毛泽东在南宁会议上的谈话。见陈晋《毛泽东和文艺传统》,中央文献出版社 1992 年版。)

没有幻想,就没有科学、文学和艺术。

(梅白《在毛泽东身边的日子里》,见《春秋》1988 年第 4 期。)

在古典诗歌、民歌的基础上产生新体诗歌

我看中国诗的出路恐怕是两条:第一条是民歌,第二条是古典,这两方面都提倡学习,结果产生一个新诗。现在的新诗不成型,不引人注意,谁去读那个新诗。将来我看是古典和民歌这两个东西结婚,产生第三个东西。形式是民族的形式,内容应该是现实主义与浪漫主义的对立统一。

(《在成都会议上的讲话提纲》〔一九五八年三月〕,见《建国以来毛泽东文稿》第七册,中央文献出版社 1992 年版。)

将来趋势,很可能从民歌中吸引养料和形式,发展成为一套吸引广大读者的新体诗歌。

(毛泽东《致陈毅》〔一九六五年七月二十一日〕。见《毛泽东书信选集》,中央文献出版社 2003 年版。)

毛泽东早年诗歌思想

诗者,有美感性质。

性情识见俱到,可与言诗矣。

文以理胜,诗以情胜。

有感而后有诗,有情而后著之于诗,始美且雅。

无论诗文,切者斯美。

欢愉之词难好,哀怨之词易工。

心之所之谓之志。

读古书以训诂为本,作诗文以声调为本……

词少而意多,字少而理多,斯为妙文矣。

（这是1913年下半年毛泽东的听课笔记《讲堂录》所记。见《毛泽东早期文稿》,湖南出版社1990年版。）

二、旧体诗词知识简介

（一）旧体诗

中国诗歌发展到唐代,形成了比较严格、固定的形式。当时人们称这种诗歌叫"近体诗",也叫"格律诗"（简称"律诗",因为格律严密,故名）,以区别于唐代以前那种形式较自由的诗（人们称之为"古体诗"）。无论是古体诗还是近体诗,我们今天统称之"旧体诗",以区别于现在的新诗。

近体诗又分律诗和绝句两种形式。律诗八句,绝句四句。每句七言（"言"就是字的意思）的叫七律或七绝,每句五言的叫五律或五绝。也偶有六律、六绝。律诗还有每首十句以上的,叫做"排律"或"长律"。

近体诗在押韵、平仄、对仗等方面有一定的要求。

押韵方面。诗要顺口,必须押韵。近体诗在押韵上有固定的格式:

1. 律诗每首四韵或五韵,绝句每首两韵或三韵。偶句必须押韵,第一句可押可不押,其余的奇句一律不押。例如《七绝·为女民兵题照》:

飒爽英姿五尺枪,曙光初照演兵场。
中华儿女多奇志,不爱红装爱武装。

第一、二、四句末尾的字"枪"(qiāng)、"场"(chǎng)、"装"(zhuāng),它们的韵母相同或相近,都有共同的 ang 音,因此读起来顺口、和谐,这就是押韵。

2. 一首诗里一韵到底,不能换别的韵。

3. 通常押平声韵,如上面举出的"枪"、"场"、"装",都是平声韵。

语音是发展的,按古代韵写的诗,用现代普通话或方言去读,可能觉得不押韵。写作旧体诗,过去主张一定要押古韵,通常叫"诗韵"或"平水韵"。现在也可以按普通话用新诗韵。

平仄方面。近体诗讲平仄,一首诗朗读起来,字的声调(高低、长短、升降)有变化,并且得到恰当的搭配和呼应,听起来抑扬顿挫,有节奏,这就要求合乎平仄。

在汉语里,每个字都有一个声调,读起来高低、长短、升降各不相同。例如现代汉语中的"妈"、"麻"、"马"、"骂"四个字,声母、韵母都相同,但声调不一样。"妈"(mā)读起来调子高而平,叫高平调或阴平;"麻"(má)读起来调子由低向上升,叫中升调或阳平;"马"(mǎ)读起来调子先降后升,叫降升调或上声;"骂"(mà)读起来调子由高向下猛降,叫全降调或去声。古代汉语中还有入声,读起来急促短暂,上首诗中的"飒"、"尺"、"不"古代都属入声,江苏吴方言和江淮方言中还保留这种声调,可以用来帮助我们辨认入声字,但

262

是朗读时应该用普通话,不能用入声。

古代声调分平、上、去、入四种,平声(现代汉语分化为阴平和阳平)为一大类,上、去、入为一大类,叫仄声。平声大约是比较长的音,仄声是比较短促的音,有升有降,因此形成了平仄的对立。在近体诗中,就是利用平仄的交替和对应,造成优美的节奏,吟诵起来抑扬顿挫,铿锵动听。

近体诗的平仄应用,有一定的格式,还以《七绝·为女民兵题照》为例("—"表示平声,"丨"表示仄声,"⊖"表示平声可仄;"⊕"表示仄声可平。下同)。

飒爽英姿五尺枪,曙光初照演兵场。
⊕ 丨 — — 丨 丨 — ⊖ — ⊕ 丨 丨 — —
中华儿女多奇志,不爱红装爱武装。
⊖ — ⊕ 丨 — — 丨 ⊕ 丨 — — 丨 丨

这里,除了⊖、⊕表示这个地方可用平声字也可用仄声字外,其他地方,则一定要按这个要求用字。一般每句的第一、三、五字自由一些,第二、四、六字严格一些。按照这种格式,可以看出平仄是较有规律的上下、前后相互交替和对应使用的。

仄仄—平平—仄仄—平　平平—仄仄—仄平—平
平平—仄仄—平平—仄　仄仄—平平—仄仄—平

这样读起来很有起伏,很有节奏感。

诗人熟练利用语言中声调的特点,自然形成对于平仄声调使用的习惯。有些民歌作者尽管不一定研究过平仄,但一听很顺口,在平仄的交替上也很好。只不过没有像近体诗那样固定的格式罢了。

对仗方面。律诗中间两联必须对仗,例如《七律·长征》中第三句"五岭逶迤腾细浪"和第四句"乌蒙磅礴走泥丸"对仗,第五句"金沙水拍云崖暖"和第六句"大渡桥横铁索寒"对仗。"五岭"对

263

"乌蒙",仄仄对平平,"逶迤"对"磅礴",平平对仄仄,"腾细浪"对"走泥丸"("腾"对"走","细浪"对"泥丸"),平平仄对仄平平("磅"是平声,这里可平可仄。"礴"是入声,仄声)。可以是相类的事物或概念相对(如"五岭"对"乌蒙"),也可以是相反的事物或概念相对(如"暖"对"寒")。总之,实词对实词,虚词对虚词,平声对仄声,仄声对平声。绝句则可对可不对,一般不用对仗。

这种对仗如果运用得好,可以形成一种起伏、跌宕的声势,有波澜,多变化,能更有力地表达思想内容。

(二) 五、七言律诗、绝句的基本格式

1. 五言律诗格式

(1) 仄起式(首句不入韵)(常式)

(2) 仄起式(首句入韵)(除第一句外,其余同第一式) (可用邻韵)

粘 {
对 { ⊖ — — | | ，
　　 ⓪ | | — $\overline{\underset{\triangle}{}}$ 。

(3) 平起式（首句不入韵）（常式）

对 { ⊖ — — | | ，
　　 | | | — $\overline{\underset{\triangle}{}}$ 。
粘
对 { ⓪ | — — | ，
　　 — — | | $\overline{\underset{\triangle}{}}$ 。
粘
对 { ⊖ — — | | ，
　　 ⓪ | | — $\overline{\underset{\triangle}{}}$ 。
粘
对 { ⓪ | — — | ，
　　 — — | | $\overline{\underset{\triangle}{}}$ 。

(4) 平起式（首句入韵）（除第一句外，其余同第三式）

对 { — — | | $\overline{\underset{\triangle}{}}$ ，　（可用邻韵）
　　 | | | — $\overline{\underset{\triangle}{}}$ 。
粘
对 { ⓪ | — — | ，
　　 — — | | $\overline{\underset{\triangle}{}}$ 。
粘
对 { ⊖ — — | | ，
　　 ⓪ | | — $\overline{\underset{\triangle}{}}$ 。
粘
对 { ⓪ | — — | ，
　　 — — | | $\overline{\underset{\triangle}{}}$ 。

2. 七言律诗格式

(1) 平起式（首句不入韵）　（五言律诗仄起式前加"— —"）

对 { ⊖ — ⓪ | — — | ，
　　 ⓪ | — — | | $\overline{\underset{\triangle}{}}$ 。

$$\left.\begin{array}{l}粘\left\{\begin{array}{l}对\left\{\begin{array}{l}⊙|⊖--||,\\ ⊖-|||-\underline{\triangle}。\end{array}\right.\end{array}\right.\\ 粘\left\{\begin{array}{l}对\left\{\begin{array}{l}⊖-⊙|--|,\\ ⊙|--||\underline{\triangle}。\end{array}\right.\end{array}\right.\\ 粘\left\{对\left\{\begin{array}{l}⊙|⊖-|||,\\ ⊖-⊙||-\underline{\triangle}。\end{array}\right.\right.\end{array}\right.$$对仗

对仗

（2）平起式（首句入韵）（常式）（除第一句外，其余同第一式）

（五言律诗仄起式前加"— —"）

（可用邻韵）

$$\begin{array}{l}对\left\{\begin{array}{l}⊖-⊙||\underline{\triangle},\\ ⊙|--||\underline{\triangle}。\end{array}\right.\\ 粘\left\{对\left\{\begin{array}{l}⊙|⊖--||,\\ ⊖-|||-\underline{\triangle}。\end{array}\right.\right.\\ 粘\left\{对\left\{\begin{array}{l}⊖-⊙|--|,\\ ⊙|--||\underline{\triangle}。\end{array}\right.\right.\\ 粘\left\{对\left\{\begin{array}{l}⊙|⊖--||,\\ ⊖-⊙|||-\underline{\triangle}。\end{array}\right.\right.\end{array}$$

（3）仄起式（首句不入韵）　（五言律诗平起式前加"— —"）

（可用邻韵）

$$\begin{array}{l}对\left\{\begin{array}{l}⊙|⊖--||,\\ ⊖-|||-\underline{\triangle}。\end{array}\right.\\ 粘\left\{对\left\{\begin{array}{l}⊖-⊙|--|,\\ ⊙|--||\underline{\triangle}。\end{array}\right.\right.\\ 粘\left\{对\left\{\begin{array}{l}⊙|⊖--||,\\ ⊖-⊙||-\underline{\triangle}。\end{array}\right.\right.\\ 粘\end{array}$$

对 $\begin{cases} ⊖-①|--|, \\ ①|--||\overline{\underline{\triangle}}。\end{cases}$

(4) 仄起式（首句入韵）（除第一句外，其余同第三式）

（五言律诗平起式前加"— —"）

对 $\begin{cases} ①|--|\overline{\underline{\triangle}}, \\ ⊖-|||\overline{\underline{\triangle}}。\end{cases}$
粘
对 $\begin{cases} ⊖-①|--|, \\ ①|--||\overline{\underline{\triangle}}。\end{cases}$
粘
对 $\begin{cases} ①|--||, \\ ⊖-①||\overline{\underline{\triangle}}。\end{cases}$
粘
对 $\begin{cases} ⊖-①|--|, \\ ①|--||\overline{\underline{\triangle}}。\end{cases}$

3. 五言绝句格式

(1) 仄起式（首句不入韵）（常式）（五言律诗第一式前半截）

对 $\begin{cases} ①|--|, \\ --||\overline{\underline{\triangle}}。\end{cases}$
粘
对 $\begin{cases} ---||, \\ ①||-\overline{\underline{\triangle}}。\end{cases}$

(2) 仄起式（首句入韵）（除第一句外，其余同第一式）

（五言律诗第二式前半截）

对 $\begin{cases} ①||\overline{\underline{\triangle}}, \\ --||\overline{\underline{\triangle}}。\end{cases}$
粘
对 $\begin{cases} ⊖--||, \\ ①||-\overline{\underline{\triangle}}。\end{cases}$

(3) 平起式（首句不入韵）（常式）（五言律诗第三式前半截）

对 $\begin{cases} ⊖--||, \\ |||-\overline{\underline{\triangle}}。\end{cases}$

$$\text{粘}\begin{cases}\text{对}\begin{cases}⊙｜ーー｜，\\ ーー｜｜\overline{\triangle}。\end{cases}\end{cases}$$

(4) 平起式(首句入韵)(除第一句外,其余同第三式)

(五言律诗第四式前半截)

$$\text{对}\begin{cases}ーー｜｜\overline{\triangle}，\\ ⊙｜｜ー\overline{\triangle}。\end{cases}$$
$$\text{粘}\begin{cases}\text{对}\begin{cases}⊙｜ーー｜，\\ ーー｜｜\overline{\triangle}。\end{cases}\end{cases}$$

4. 七言绝句格式

(1) 平起式(首句不入韵) (七言律诗第一式前半截)

$$\text{对}\begin{cases}⊖ー⊙｜ーー｜，\\ ⊙｜⊖ー｜｜\overline{\triangle}。\end{cases}$$
$$\text{粘}\begin{cases}\text{对}\begin{cases}⊙｜⊖ーー｜｜，\\ ⊖ー｜｜ー\overline{\triangle}。\end{cases}\end{cases}$$

(2) 平起式(首句入韵)(常式)(除第一句外,其余同第一式)

(七言律诗第二式前半截)

$$\text{对}\begin{cases}⊖ー⊙｜｜ー\overline{\triangle}，\\ ⊙｜ーー｜｜\overline{\triangle}。\end{cases}$$
$$\text{粘}\begin{cases}\text{对}\begin{cases}⊙｜⊖ーー｜｜，\\ ⊖ー｜｜ー\overline{\triangle}。\end{cases}\end{cases}$$

(3) 仄起式(首句不入韵)(七言律诗第三式前半截)

$$\text{对}\begin{cases}⊙｜⊖ー｜｜，\\ ⊖ー｜｜ー\overline{\triangle}。\end{cases}$$
$$\text{粘}\begin{cases}\text{对}\begin{cases}⊖ー⊙｜ーー｜，\\ ⊙｜ーー｜｜\overline{\triangle}。\end{cases}\end{cases}$$

(4) 仄起式（首句入韵）（常式）（除第一句外，其余同第三式）
　　　　　　　　　　　（七言律诗第四式前半截）

对 { ⊙｜ — — ｜ ｜ —̇ ，
　　 ⊖ — ⊙ ｜ ｜ — —̇ 。
粘 {
对 { ⊖ — ⊙ ｜ — — ｜ ，
　　 ⊙ ｜ — — ｜ ｜ —̇ 。

（三）词

词这种形式形成于唐代，到了宋代得到很大的发展。它本是一种有谱子可以唱的歌词，后来慢慢脱离了和音乐的关系，就成为一种在句数、字数、平仄、押韵等方面有固定模式的诗体了。

词有许多词牌，如"沁园春"、"贺新郎"、"菩萨蛮"、"西江月"等，这本是乐谱的专名词。一个流行的乐谱，可以填很多种内容不同的唱词，这些唱词在格律方面遵循着一个共同的格式，这就是"词牌"。例如毛泽东诗词中《蒋桂战争》、《会昌》、《六盘山》这三首词，内容不同，但格式一致，它们都是用《清平乐》这个词牌。词牌是怎样产生的呢？一般说来，古代诗人创作一首歌词，为了便于传唱，音乐家为之作曲。后来别人又根据这支曲子填上别的歌词来唱，这支曲子第一次创作时的名称，便相沿传用，最终成为固定的词牌。每一个词牌都代表着在词、句、声、韵方面的一定格式。早期的词只有词牌，没有题目；后来有的作者在词牌下标出题目。词牌用以规定词的格式，题目用以表示词的内容。词的写作到了宋代已与音乐分离，而成为一种独立的文体，但依然沿用依调填词的方法。所以，曲调的名称与词的内容就不一定有联系，每个调名只表示某种固定的文字、音韵结构的格式，大都不再有标志音乐曲调的作用。南宋何士信所编《草堂诗余》开始根据字数多少为标准把词区分为小令、中调、长调。以58字以内为小令，59字到90字为中调，91字以上者为长调。中、长调的词一般分上下两段，也叫

"阕"或"片",一般称作上阕、下阕或上片、下片。少数还有分三段、四段的。较短的词如《十六字令》、《如梦令》等则不分段。

一个词牌,在格律上有一定的程式,即有固定的句数、段数、字数、句法、平仄、押韵。现以《清平乐·六盘山》为例来说明:

天高云淡,望断南飞雁。
⊖－⊙▲，⊙｜－－▲。

不到长城非好汉,屈指行程二万。
⊙｜⊖－－｜▲，⊙｜⊖－⊖▲。

六盘山上高峰,红旗漫卷西风。
⊖－⊖｜－△，⊖－⊖｜－△。
今日长缨在手,何时缚住苍龙?
⊙｜⊖－⊖｜，⊖－⊖｜－△。

第一,《清乐平》这个词牌要求全词46字,分上下两段,每段四句,共八句,每句的字数也是固定的(上段第一句四个字,第二句五个字,第三句七个字,第四句六个字,下段四句每句六个字)。从此例还可以看出,词的每一句字数多少不等,长长短短,不像诗那样整齐(所以词也叫"长短句")。每个"词牌"都有句数和字数的规定。

第二,这个词牌前段四句,每句都要押韵,而且只能押仄声韵;后段四句的第一、二、四句押韵,一定要押平声韵,不能与前段相同。只要我们把《蒋桂战争》、《会昌》、《六盘山》这三首词统观一下,对《清乐平》这个词牌的格式特点,就会一目了然。词的押韵和前面讲的近体诗的押韵不同,诗通常要押平声韵,并且一韵到底。词可押平声韵,也可押仄声韵,还有的一首词中既押平声韵,又押仄声韵;有的词始终押一个韵,也有的押两个以上的韵。同时,诗要双句押韵,第一句可押可不押,词不限于双句和第一句押韵,押几句韵、哪几句押韵,得根据词谱决定。过去填词要有古代的词韵押韵,当然也有一些词人用方音押韵,现在我们也可以按普通话或方音押韵。

第三,词的每个字的平仄大体是固定的。前面注的平仄符号加圈的⊖、①,表示这个位置上的字可平可仄,而其他位置上的字,平仄是固定的。一般每句第一、三字自由一些,第二、四、六这几个字较严格,尤其每句最后一两个字,平仄要求更严,这是与当初配乐歌唱有关的,无非是为了上口好唱。

此外,有些词中的某些句子还要求对仗。但是,这些对仗仅是前人作品的沿袭,并无硬性规定。如《西江月》前后两段的开头两句,都是对仗的。毛泽东《西江月·井冈山》上阕第一句"山下旌旗在望"和第二句"山头鼓角相闻"对仗,下阕的第一句"早已森严壁垒"和第二句"更加众志成城"对仗。但是,词的对仗和近体诗的对仗有几点不同:其一,近体诗的对仗原则上要求以平对仄,以仄对平,词的对仗则不限平仄相对。《菩萨蛮·黄鹤楼》第一句"茫茫九派流中国"和第二句"沉沉一线穿南北"对仗,"茫茫"对"沉沉"是平平对平平,"九派"对"一线"是仄仄对仄仄,"流中国"对"穿南北"是平平仄对平平仄("一"、"国"、"北"是入声字)。其二,近体诗的对仗避免同字相对,词的对仗则允许同字相对。如上述"山下旌旗在望"和"山头鼓角相闻"相对,第一个字是"山"对"山"字。不过总的来说,同字相对的情况并不多见。其三,近体诗的对仗有固定的位置,词的对仗很少有固定的位置,这是因为词是长短句,必须相连的两句字数相同,才有配对的可能。一般地说,作为每首的开头两句,如果字数相同,则以用对仗为常,如上述的《西江月》。在其他的位置上,相连的两句字数相同也可能配成对仗,如上述的《菩萨蛮·黄鹤楼》。

三、毛泽东诗词书法艺术的特色

功略盖天地,名声昭日月;诗词震寰宇,翰墨传千秋。

毛泽东不仅是伟大的政治家、军事家、思想家,而且是杰出的诗人和书法家。毛泽东从青少年时代起就酷爱书法,在他六十多年的革命生涯中,诗词和书法是他最大的业余爱好。无论是在戎马倥偬的战争岁月,还是日理万机的建设时期,他都乐此不疲,甚至废寝忘食,陶醉其间。终至成为被人们公认的二十世纪的书法大师,享誉中外。

毛泽东书法艺术有其独特鲜明的特点:一是博采众长,自成一家。他从不宗一家,既钻研过二王、张旭、怀素书法,也吸收了李邕、黄庭坚、苏东坡、何绍基、郑板桥诸家之长,正如他自己所说:"各个体我都研究过,我都不遵守,我写我的体。"从而创立了独具一格、被人们称之为"毛体"的书法。二是勇于探索,不断创新。毛泽东一生书体多变,从青少年时期学欧体,学颜体,学二王,学魏碑,到二十世纪三四十年代长枪大戟、乱石铺街的行楷,直到五六十年代复归平正的小草、行楷,以及行草取狂草之势的书作,鱼龙变化,仪态万方。最终选择了最能表现诗人书家情性的草书,摘取了书法王国皇冠上的明珠。三是笔法、章法相得益彰。毛泽东书法用笔控锋极为熟练,方笔、圆笔兼施,正锋、侧锋相依。干涩枯润,墨分五色。同时结字造型能力极强,想象丰富,形象生动,书中有诗,书中有画。再者,章法布白极为美观,真正做到古人所说的计白为黑。四是风格多样,多姿多彩。现在虽未见其篆书、隶书作品，但楷、行、草齐备，且在这三种书体中又有行楷、行草、小草、大草之别。其中尤以小草和行草取狂草之势的书作成就最高。在这些书作中，有的遒劲刚健，有的圆润流畅，有的纵逸奔放，有的严整秀丽。正如毛泽东在谈到自己审美情趣时所说："我的兴趣偏于豪放，不废婉约。"毛泽东的书法艺术作品也正是这样，于豪放中兼婉约，于刚健中寓妩媚，于雄强中显柔情，于粗犷中见纤巧。

毛泽东书法自从发表以来，一直受到广大人民群众的喜爱，得到书法界的高度评价，但他的书名却为宏大的政声和远播的诗名所掩。在毛泽东的书法中成就最高的是诗词书法，特别是他书写自作诗词的作品。阅读和欣赏这些作品可以帮助我们更好地理解诗词深刻的思想内容，领会书法"刚以达志，柔以抒情"之旨，从而揭示毛泽东在其中所蕴涵、流淌着的内心深刻丰富的情感世界。这正如古人所说："书，如也，如其学，如其才，如其志，总之曰如其人而已。"其次，我们阅读和欣赏毛泽东诗词书法中一些优秀的书作，可以从中学到毛泽东如何用笔、结体、布白等方面的高超艺术技巧，获得书法艺术知识，提高我们对祖国传统书法艺术的阅读欣赏能力，并加深对毛泽东书法艺术的理解，加深对毛泽东在中国书法史上的地位和影响的认识。

"高山仰止，景行行止。"虽不能至，然心向往之。

四、主要参考文献

[1] 中共中央文献研究室编.毛泽东诗词集[M].北京:中央文献出版社,2003年12月版.

[2] 中共中央文献研究室编.毛泽东书信选集[M].北京:人民出版社,2003年12月版.

[3] 中共中央文献研究室、中央档案馆编.毛泽东诗词手迹[M].北京:线装书局,1997年9月版.

[4] 周振甫、臧克家.毛泽东诗词讲解[M].北京:中国青年出版社,1996年12月版.

[5] 臧克家、蔡清富、李捷.毛泽东诗词鉴赏[M].郑州:河南文艺出版社,2003年10月版.

[6] 吴正裕、李捷、陈晋.毛泽东诗词全编鉴赏[M].北京:中央文献出版社,2003年12月版.

[7] 公木.毛泽东诗词鉴赏.长春:长春出版社,1999年1月版.

[8] 蔡清富、黄辉映.毛泽东诗词大观[M].成都:四川人民出版社,2007年4月版.

[9] 苏桂.毛泽东诗词大典[M].桂林:广西人民出版社,1993年8月版.

[10] 陈一琴.毛泽东诗词笺析[M].福州:海峡文艺出版社,1997年2月版.

[11] 易孟醇.毛泽东诗词笺析[M].郑州:河南人民出版社,2003年12月版.

[12] 刘汉民.毛泽东诗话词话书话集观[M].武汉:长江文艺出版社,2002年10月版.

[13] 胡忆肖、鲍晓敏、胡兴武.毛泽东诗词白话全译[M].武汉:湖北教育出版社,2001年5月版.

[14] 张仲举.毛泽东诗词全集译注[M].西安:陕西人民出版社,2000年1月版.

[15] 陈安吉:毛泽东诗词版本丛谈[M].北京:中央文献出版社.南京:南京出版社,2003年12月版.

［16］季世昌.毛泽东诗词鉴赏大全［M］.南京:南京出版社,1998年8月版.

［17］费枝美、季世昌.毛泽东诗词新解［M］.北京:中央文献出版社,2003年12月版.

［18］季世昌、徐四海.独领风骚——毛泽东诗词赏析［M］.北京:社会科学文献出版社,2009年10月版.

［19］季世昌.毛泽东诗词书法艺术［M］.北京:中央文献出版社,2007年1月版.

［20］季世昌、费枝美.书法家毛泽东［M］.南京:江苏美术出版社,2003年12月版.

［21］季世昌、吴福林、季黄.毛泽东诗词掌故佳话［M］.珠海:珠海出版社,1999年9月版.

［22］徐四海.毛泽东诗词鉴赏［M］.昆明:云南人民出版社,2010年12月版.

［23］徐四海.毛泽东诗词书法艺术探微［J］.盐城工学院学报(社会科学版),2007(4).

［24］李树庭.毛泽东书法艺术［M］.武汉:湖北美术出版社,1989年12月版.

［25］王鹤滨.行草书圣毛泽东［M］.北京:中国人事出版社,1996年5月版.

［26］刘锡山.毛泽东的书法艺术［M］.济南:山东大学出版社,1991年6月版.

［27］王力.汉语诗律学(增订本)［M］.上海:上海教育出版社,1979年11月版.

［28］王力.古代汉语［M］.北京:中华书局,1981年6月版.

［29］王力.诗词格律［M］.北京:中华书局,2000年4月版.

［30］王力.诗词格律概要［M］.北京:北京出版社,1979年10月版.

[31] 陈明源.常用词牌详介[M].北京:人民日报出版社,1987年10月版.
[32] 程观林.古今诗歌韵律[M].上海:汉语大词典出版社,2001年5月版.